DER TOD UND ANDERE HÖHEPUNKTE MEINES LEBENS

Sebastian Niedlich

DER TOD UND ANDERE HÖHEPUNKTE MEINES LEBENS

ROMAN

SCHWARZKOPF & SCHWARZKOPF

Inhalt

Kapitel 1
PROLOG 9

Kapitel 2
DIE GESTALT MIT DER KUTTE 12

Kapitel 3
DER GAST BEI DER BEERDIGUNG 18

Kapitel 4
SPORT IST MORD 22

Kapitel 5
HEXE 31

Kapitel 6
DIE 80ER 37

Kapitel 7
LEBENSRETTER 42

Kapitel 8
ALTE FREUNDE 47

Kapitel 9
WIE MAN SICH AUF PARTYS MIT MÄDCHEN UNTERHÄLT 54

Kapitel 10
ZETTEL IM UNTERRICHT 66

Kapitel 11
SPORT IST MORD II 71

Kapitel 12
VERABREDUNGEN 76

Kapitel 13
IMMER IM FALSCHEN MOMENT 81

Kapitel 14
ALKOHOL IST DEIN SANITÄTER IN DER NOT 89

Kapitel 15
WAS FREUNDE SO TUN 98

Kapitel 16
EINE NÄCHTLICHE EXKURSION 104

Kapitel 17
SCHULSCHLAF 110

Kapitel 18
EINMAL UM DIE GANZE WELT 116

Kapitel 19
TEILEN MIT FREUNDEN 123

Kapitel 20
12 MONATE FÜRS VATERLAND 132

Kapitel 21
EINE MERKWÜRDIGE GABE 139

Kapitel 22
VERDAMMT 149

Kapitel 23
PHILOSOPHISCHE GESPRÄCHE UNTER LEIDENSGENOSSEN 153

Kapitel 24
VISIONEN UND ENTSCHEIDUNGEN 158

Kapitel 25
EIN MERKWÜRDIGES MÄDCHEN 165

Kapitel 26
EINE MERKWÜRDIGE FRAU 170

Kapitel 27
EIN STREIT UNTER FREUNDEN 174

Kapitel 28
MÄNNER IN UNIFORM 180

Kapitel 29
DER DUNKLE RITTER 186

Kapitel 30
IM KRANKENHAUS 195

Kapitel 31
FRAUEN IN DER DISKOTHEK 201

Kapitel 32
SEX, LÜGEN UND KEIN VIDEO 206

Kapitel 33
ZWEI FREUNDINNEN 210

Kapitel 34
EIN AKUTER FALL VON TOD 217

Kapitel 35
EINE NIEDERLAGE 222

Kapitel 36
BEZIEHUNGSKRAM 229

Kapitel 37
KRANKENHAUSBESUCH 233

Kapitel 38
DIE LETZTEN STUDIENTAGE 239

Kapitel 39
URLAUB 244

Kapitel 40
APOKALYPSE 249

Kapitel 41
ZURÜCK AUS DER ASCHE 253

Kapitel 42
SCHLECHTE NACHRICHTEN 258

Kapitel 43
TODS GESCHICHTE 265

Kapitel 44
KONSEQUENZEN 270

Kapitel 45
FREUDIGE EREIGNISSE 276

Kapitel 46
TOD IN DER FAMILIE 282

Kapitel 47
UNTERSTÜTZUNG 288

Kapitel 48
NEUES LEBEN 291

Kapitel 49
EINE BEMERKENSWERTE PATIENTIN 294

Kapitel 50
EINE FOLGENSCHWERE BEGEGNUNG 301

Kapitel 51
ALLEIN MIT TOD 308

Kapitel 52
DIE LETZTEN TAGE 313

Kapitel 53
DAS ENDE 318

Kapitel 54
EPILOG 323

NACHWORT

KAPITEL 1

PROLOG

Es hat etwas seltsam Beruhigendes zu wissen, dass ich in Kürze sterben werde. Ich muss mir keine Sorgen um Dinge mehr machen, die mir das ganze oder zumindest halbe Leben schon tierisch auf die Nerven gegangen sind. Steuern zum Beispiel. Versicherungen. Die Typen, die an U-Bahnhöfen stehen und einen anblöken, ob man noch alte Fahrscheine hat. Sardellen auf Schnitzeln. So was halt.

Selbstverständlich liegt in der Ruhe auch ein gewisser Anteil Panik. Habe ich alles geregelt? Habe ich den Wasserhahn der Waschmaschine abgedreht? Alle Zeitschriften-Abos gekündigt? Die Pflanzen gegossen? Ich will ja nicht, dass sich meine Familie hinterher um diesen ganzen belanglosen Kram kümmern muss. Überhaupt: Wie wird es meiner Familie ergehen? Nun gut, eventuell ist meine Panik doch größer, als ich mir selbst eingestehen will.

Im Gegensatz zu den meisten, wenn nicht sogar allen anderen Menschen habe ich eine ziemlich gute Vorstellung davon, wann ich ins Gras beißen werde. Mir ist nicht ganz klar, wie es passieren wird, aber den Zeitrahmen, das genaue Datum kenne ich. Ich gehe davon aus, nein, ich weiß bereits, dass ich bei einem Unfall sterbe, was gewissermaßen dem eingangs erwähnten Panikanteil zugutekommt. Aber das ist sicher nicht meine Idealvorstellung. Im Schlaf zu sterben wäre schön, aber die Möglichkeit kann ich ausschließen, denn es ist mitten am Tag, und ich sitze auf einer Bank im Lustgarten vor dem Berliner Dom. Die Wahrscheinlichkeit, bei meiner aktuellen Gemütslage einzuschlafen, noch dazu auf einem frequentierten, öffentlichen Platz, schätze ich eher gering ein. Abgesehen davon, weiß ich aus eigener Erfahrung, dass die Leute, die »im Schlaf« gestorben sind, eigentlich nicht schlafend starben, sondern zuerst wach wurden und dann das Zeitliche segneten. Meistens begleitet von einem unschönen Laut aus ihrer Kehle. Insofern ist meine Idealvorstellung vom Tod, schlafend sterben, also gar nicht so ideal – oder schlicht und einfach nicht machbar. Man könnte also sagen, dass es so etwas wie den idealen Tod nicht gibt. Und unausweichlich ist er auch, also versuche ich erst gar nicht mehr, etwas dagegen zu unternehmen.

Ich verbringe meine letzten Stunden und Minuten also damit, den Leuten beim Leben zuzuschauen. Auf der Bank neben mir stillt eine junge Mutter in Juteklamotten ihr Kind. Spontan schießt mir das Wort »Brustkrebs« durch den Kopf.

Eine Gruppe von Mittzwanzigern wirft sich eine Frisbee-Scheibe zu. Ob sie sich auch noch so amüsieren würden, wenn sie wüssten, dass sie nächstes Jahr zu dieser Jahreszeit nicht mehr vollzählig sind?

Ein Pärchen liegt auf der Wiese und knutscht so heftig an sich herum, dass man sich fragt, ob sie gleich alle Hemmungen fallen lassen. Der Typ wird die Frau mit Aids anstecken und sich in einem halben Jahr vor die U-Bahn werfen. Sie hat noch ein paar Jahre vor sich und wird es ihm gleichtun, was sie im Grunde ihres Herzens als romantisch empfindet.

Ein kleines Mädchen springt nur in Unterwäsche durch den feinen Nebel des Brunnens und lacht dabei, wie nur kleine Kinder es können. Ein älterer Mann, der sich mühsam an einem Stock fortbewegt, ergreift mit seiner freien Hand die seiner Frau, welche sie zärtlich zurückdrückt.

Meine Gabe, den Tod anderer Leute voraussehen zu können, hat schon was. Gibt ein prima Partyspiel. »Hey, ich sage euch, wer als Nächstes stirbt!« Spaß für die ganze Familie!

Während ich hier also so sitze und mich der Weltschmerz packt, versuche ich, mein Mitgefühl zu zügeln. Die Leute sind mir nicht egal, aber ich habe mittlerweile gelernt, dass ich nicht allen helfen kann. Früher, da hätte ich mich wohl in ihr Leben eingemischt. Jetzt? Jetzt freue mich einfach nur darüber, dass die Menschen hier das Leben in wenigstens diesem einen Augenblick genießen. Und irgendwie fühle ich mich deswegen besser. Weil die anderen sich wohlfühlen. Es beruhigt mich ein wenig.

Der Freund, auf den ich gewartet habe, taucht plötzlich neben der Bank auf und begrüßt mich. Für einen Moment versucht die Panik, wieder von mir Besitz zu ergreifen, aber ich unterdrücke den Impuls. Im Grunde freue ich mich sogar, ihn zu sehen.

Ein Schmetterling fliegt vorbei. Spontan schauen wir ihm beide hinterher. Ich bemerke, dass die Finger meines Freundes instinktiv nach dem Kescher greifen, den er an die Bank gelehnt hat, aber dann lässt er die Hände wieder in seinen Schoß sinken und lächelt mich an.

»War nur ein Schmetterling«, höre ich ihn sagen.

»Wann ist es so weit?«, höre ich mich sagen.

»Bald.« Er schaut interessiert zu den Menschen hinüber, die ich beobachtete. »Aufgeregt?«

»Kann's kaum erwarten«, entgegne ich sarkastisch.

»Ernsthaft, bitte.«

»Momentan weiß mein Körper nicht so richtig, was er fühlen soll, glaube ich.«

»Das Problem hast du dann nicht mehr.«

»Ich sag ja ... kann's kaum erwarten.«

Schweigend schauen wir dem Treiben zu, welches sich vor uns abspielt. Mein Freund fängt an, »Ob-La-Di, Ob-La-Da« zu pfeifen, und obwohl ich mich selbst dafür hasse, muss ich anfangen zu kichern.

»Weißt du, es ist irgendwie schön zu wissen, dass ein Freund bei einem ist, wenn man dorthin geht, wohin man eben geht, wenn man das Zeitliche segnet.«

Als er seinen von der Kapuze halb verdeckten Kopf zu mir herüberdreht, hört er auf zu pfeifen und grinst. Ebenso breit, wie er es bei unserer ersten Begegnung vor all diesen Jahren tat, bevor ich wusste, dass er der Tod ist.

KAPITEL 2

DIE GESTALT MIT DER KUTTE

Ich traf den Tod das erste Mal, als ich sieben Jahre alt war. Bis dahin hatte ich mein Leben einigermaßen normal verbracht, zumindest möchte ich das glauben. Ehrlich gesagt, kann ich mich nicht an viele Geschehnisse erinnern, die vor diesem Tag passiert sind. Fast kommt es mir vor, als hätte jemand mein Leben an diesem Tag angeknipst, während ein anderes ausgeknipst wurde. Bei Letzterem handelte es sich um das meiner Oma.

Soweit ich mich erinnern kann, war meine Oma eine sehr nette Frau. Zumindest meine ich, mich früher immer gefreut zu haben, wenn wir sie besuchten. Bis auf die Knutscherei. Die verwandtschaftliche Küsserei mochte ich als Kind schon nicht und bleibt mir bis heute ein Rätsel. Später habe ich mich über Besuche bei ihr dann nicht mehr so sehr gefreut, was wahrscheinlich daran lag, dass sie immer merkwürdiger wurde. Sie begann langsam alles zu vergessen, war allgemein ganz schusselig und wurde in der Küche zu einer Gefahr für sich und ihre Umwelt. Ihr Kassler Braten an Whiskey mit Schokolade bleibt unvergessen.

Zum Zeitpunkt ihres Todes hatte sie schon einige Zeit im Krankenhaus verbracht. Sie war abgemagert und sprach mittlerweile praktisch gar nicht mehr. Jeden Sonntag fuhren meine Eltern und ich zu ihr und verbrachten ein paar Stunden dort. Da das Krankenhaus am anderen Ende der Stadt war, gab es eine entsprechende Fahrzeit mit dem Auto. Für den kleinen Jungen von damals bedeutete dies, dass er für eine ganze Weile von seinen heiß geliebten »Star Wars«-Figuren getrennt war. Das klingt rückblickend wie eine arg herzlose Einstellung, aber meinem siebenjährigen Ich kann ich da keine Vorwürfe machen. Ich wollte meine Oma sehen, und ich habe sie auch wirklich gemocht, aber da die Gespräche zwischen meinen Eltern und ihr recht einseitig verliefen, in Anbetracht der

Tatsache, dass sie mit Augen zurückstarrte, in denen kein Funke des Erkennens zu finden war, empfand ich meine Großmutter bereits als halb im Jenseits. Und verdammt noch mal, ich mochte meine »Star Wars«-Figuren.

Das dunkle Gemäuer des Krankenhauses machte auf mein junges Ich bereits einen etwas jenseitigen Eindruck. Tiefrote Backsteine, die fast schwarz hinter den knochigen Bäumen an der Straße hervorlugten, die Innenräume beherrscht vom Geruch nach Körperflüssigkeiten und Putzmittel, der sich über den kalten Linoleumboden fortzupflanzen schien. Bei einigen Besuchen hatte ich Leichenwagen vor diesem oder jenem der Häuser stehen sehen. Glücklicherweise bemerkten dies wohl relativ wenige Patienten, sonst hätten die Bestatter gleich noch mehr Kunden mitnehmen dürfen. Instinktiv wurde ich als Kind kein Fan von Krankenhäusern, was rückblickend betrachtet eine Ironie des Schicksals ist, wenn man bedenkt, wie viel Zeit ich später in ihnen verbringen sollte.

Die Station, auf der meine Oma lag, befand sich im ersten Stock und schien nur gebrechliche oder verwirrte ältere Menschen zu beherbergen. Die eingefallenen Gesichter, langen Ohrläppchen und überdimensionalen Nasen ließen bei mir im Geist eine Art Horrorversion der »Muppet Show« ablaufen. Für mich waren Krankenhäuser eher Horte des Sterbens statt des Lebens, obwohl sie wahrscheinlich mehr Leben hervorbrachten und -bringen, da die meisten Kinder in Krankenhäusern auf die Welt kommen.

An diesem Tag trottete ich hinter meinen Eltern die Treppe in den ersten Stock hinauf, wie wir es, so empfand ich es damals, schon Hunderte Male getan hatten. Als wir am Schwesternzimmer vorbeikamen, saßen dort die Kaffeevernichter in ihren weißen Kostümen und begingen den täglichen Genozid an Kaffeebohnen und ihren Lungenbläschen in Form von besonders qualmigen Zigaretten. Aus dem Radio drang, wie so oft in diesen Tagen von 1982, »Ein bisschen Frieden«, was mir damals schon irgendwie sehr unecht vorkam. Unecht, weil es selbst mir als Kind, während wir die Übertragung des Grand Prix d'Eurovision de la Chanson im Fernsehen sahen, den Eindruck vermittelte, als wäre das Lied extra dafür gebastelt, zu gewinnen. Wie auch immer ... wenn ich heute an diese Melodie in Bezug auf diesen Tag und meine Oma denke, läuft es mir immer noch eiskalt den Rücken herunter. Jedenfalls nickten meine Eltern den Schwestern in ihrem Zimmer zu, und diese nickten durch den Nebel zurück, bevor wir im Zimmer meiner Oma verschwanden.

Wie gewohnt lag sie in ihrem Bett und fokussierte die Decke, als ob sie die Löcher in den Platten dort zählen würde. Meine Eltern gaben ihr einen Kuss, ich drückte ihre Hand. Was die Knutscherei mit meiner Oma anging, hatte ich wirklich genug für ein ganzes Leben. Sie schaute uns an, als wären wir wildfremde Menschen, während mein Vater erzählte, was sich in der letzten Woche so zugetragen hatte. Meine Blicke richteten sich vereinzelt auf die Dame, die in dem anderen Bett des Zimmers vor sich hin siechte. Noch nie hatte sie irgendetwas gesagt. Das einzige Geräusch, das sie von sich gab, war eine Art »Na-Nuff, Na-Nuff«, und sie wiederholte es wie ein Mantra.

Es war alles wie immer. Dann kam einer der Ärzte herein, der sich mit meinen Eltern über meine Oma unterhalten wollte. Sei es aus Pietäts- oder anderen Gründen gewesen, sie gingen vor die Tür und ließen mich mit Oma und der anderen Dame allein.

Waren es fünf Minuten? Zehn Minuten? Ich saß am Bett und streichelte die Hand meiner Oma, als plötzlich eine große Person neben uns stand. Unter dem schwarzen Umhang blickte ein Gesicht, welches definitiv etwas mehr Sonne vertragen konnte, mit durchdringenden Augen meine Großmutter an. Ich weiß noch ganz genau, dass er eine Hand auf das Gestell am Fußende legte, während er sich mit dem anderen Arm auf die große Stange mit dem langen Kescher am Ende stützte.

Man kann mit Sicherheit sagen, dass er eine beängstigende Erscheinung hätte sein können. Aber entgegen der landläufigen Meinung, er wäre ein Skelett, hatte er das Gesicht eines Mannes in seinen späten Zwanzigern oder anfänglichen Dreißigern und so gar nichts Bedrohliches. Im Gegenteil, sein Lächeln strahlte eine vollkommene Ruhe aus. Obwohl ich keine Angst verspürte, kam ich nicht umhin, ihn anzustarren.

»Wer bist denn du?«, fragte ich unschuldig.

Sein Kopf bewegte sich langsam, und sein Erstaunen zeichnete sich deutlich ab. »Hast du mit mir gesprochen?«

Seine Stimme war wie eine Mischung aus Barry White und Peter Lustig. Sie war ungewöhnlich tief für einen Mann seiner Statur. An Peter Lustig erinnerte sie mich, weil es mir vorkam, als könnte man ihm stundenlang zuhören, wie er einem die einfachsten Dinge erklärt. Mein Vater hätte das vermutlich als Gebrauchtwagenverkäuferstimme bezeichnet.

»Ja. Ich wollte wissen, wer du bist.« Mein siebenjähriges Ich hatte tatsächlich nicht die geringste Ahnung.

»Du kannst mich wirklich sehen? Und hören?«

»Klar. Du stehst doch da.«

Ein breites Grinsen zog sich über sein Gesicht. Das Grinsen, das ich in den folgenden Jahren noch oft sehen sollte. Mit einer schnellen Bewegung, die mich dann doch erschreckte, hatte er sich zu mir heruntergebeugt und starrte nun wiederum mich an.

»Du bist ein interessantes kleines Kerlchen.«

»Wieso?«

»Du bist anders.«

»Warum bin ich anders?«

»Weil mich Leute eigentlich nicht sehen können, du aber schon.«

»Aber du stehst doch direkt vor mir, warum sollte ich dich nicht sehen können?«

»Weil ich der Tod bin, Kind.«

Er hatte sich wieder zu seiner vollen Größe aufgerichtet. Rückblickend hätte es für mich nicht so imposant aussehen dürfen, aber für einen Siebenjährigen grenzen 1,80 Meter schon nahezu an einen Riesen.

»Aber der Tod ist doch kein Mensch. Menschen sterben einfach. Und dann sind sie tot. Oder bringst du die Menschen um?«, fragte ich wohl etwas naiv.

»Ich bringe niemanden um«, sagte er und wandte sich wieder meiner Oma zu. »Ich hole nur die Toten.«

Meine Großmutter hatte irgendwann in den letzten Minuten die Augen geschlossen und fing nun an, leicht zu keuchen.

»Machst du das?«, fragte ich, immer noch nicht begreifend.

»Nein.«

Ich drückte die Hand etwas fester. »Aber was tust du hier?«

»Warten.«

Er war damals überraschend kurz angebunden. Immerhin hatte er schon diese mysteriöse Nummer drauf, die mich später zur Weißglut bringen sollte. Zu dem Zeitpunkt aber begriff ich noch gar nicht, was gerade geschah.

Meine Oma fing an, nach Luft zu schnappen. Sie zuckte zwei-, dreimal. Dann war sie still und nur das »Na-Nuff, Na-Nuff« der Bettnachbarin war zu hören. Ich hielt immer noch ihre Hand, die sich jetzt schlaff anfühlte.

So richtig wollte mir nicht in den Kopf, was gerade passierte. Es wurde noch surrealer, als ich beobachtete, wie in ihrem Mundwinkel ein Fühler erschien, dann ein zweiter. Ein Tier zwängte sich aus dem nur leicht geöffneten Mund meiner Oma, um sich dann auf den Lippen zu entfalten und als bunter Schmetterling zu entpuppen. Mit einem Flügelschlag hievte er sich in die Luft und schwebte im Raum zwischen dem Tod und mir. Unwillkürlich streckte ich meine freie Hand aus, und der Schmetterling nahm darauf Platz.

»Wirklich ein interessanter kleiner Kerl«, sagte der Tod, streckte einen Finger aus, und der Schmetterling flog zu ihm hinüber. »Deine Großmutter war eine gute Frau. Möchtest du ihr Auf Wiedersehen sagen?«

Noch immer hielt ich die Hand meiner Oma in einer der meinen. Ich blickte zwischen dem Schmetterling, der Hand und dem Gesicht meiner Oma hin und her. Langsam begann ich zu verstehen, und obwohl ich meine Oma mehr oder weniger nur als verwirrten Pflegefall in Erinnerung hatte, schossen mir die Tränen in die Augen.

»Auf Wiedersehen, Oma«, hauchte ich dem Schmetterling zu und wischte mir den Rotz an meinem Ärmel ab.

Tod nahm seinen Kescher und setzte den Schmetterling darin ab, dann drehte er sich wieder zu mir. »Es tut mir leid, Knabe, aber es war an der Zeit für sie.«

Ich schluchzte. So weit dazu, dass ich sie ohnehin schon als halb im Jenseits betrachtet hatte.

»Verrätst du mir deinen Namen, Junge?«

»Martin.«

»Es war schön, dich kennenzulernen, Martin. Ich bin mir sicher, dass wir uns wiedersehen werden. Die Frage ist eher, ob wir uns auch schon vorher mal treffen könnten.«

»Wie meinst du das?«

»Könnte ich dich mal besuchen?«

»Stirbt dann wieder jemand?«

Tod dachte einen Moment darüber nach. »Nein, zunächst nicht.«

Ich nickte.

»Du solltest deinen Eltern sagen, dass deine Großmutter gestorben ist.«

Und dann war der Tod so schnell verschwunden, wie er gekommen war. Die erste von vielen Verschwindenummern, die ich noch erleben sollte. Ich legte die Hand meiner Oma neben ihr aufs Bett, öffnete die Tür und sagte meinen Eltern, dass Oma gerade gestorben war. Mein Gespräch mit dem Tod behielt ich instinktiv aber für mich.

KAPITEL 3
DER GAST BEI DER BEERDIGUNG

Die Tage nach dem Tod meiner Großmutter waren sonderbar. Meine Mutter war selbstverständlich über den Tod ihrer Mutter erschüttert, und auch meinem Vater ging es nahe. Bei mir allerdings wollte sich nach der anfänglichen Trauer, die ich noch im Krankenhauszimmer empfunden hatte, keine mehr einstellen. Bis heute bin ich mir nicht sicher, ob meine Eltern das nicht sehr merkwürdig fanden. Andererseits waren wir wohl alle der Meinung, dass es für sie das Beste gewesen ist, sofern wir das als »Außenstehende« beurteilen konnten. Wirklich etwas vom Leben hatte sie nicht mehr, und irgendwie frage ich mich bis heute, inwiefern geistig verwirrte Menschen noch die sind, die sie einmal waren.

Ein paar Wochen später, obwohl es mir wie eine Ewigkeit vorkam, fand schließlich die Beerdigung statt. Ich bekam für diesen Tag von der Schule frei, was mir den Neid meiner Mitschüler einbrachte, von denen aber der größte Teil noch seine Großeltern hatte. Wirklich nachvollziehen konnten sie den Verlust also nicht, bis auf Gerrit, der im Jahr zuvor seinen Opa verloren hatte und mir in der Pause sagte, wie leid es ihm täte und dass es »totale Scheiße« sei.

Es war die erste Beerdigung, die ich bewusst erlebte, und bis dahin war mir nicht klar, dass ich deswegen die guten Klamotten anziehen musste, die wohl jedes Kind verabscheut. Also wurde der Anzug herausgekramt, den ich schon im Jahr zuvor bei irgendeiner Familienfeierlichkeit anhatte und dessen Hosenbeine mir mittlerweile nur noch bis knapp unter die Schienbeine reichten. Außerdem musste ich ein Hemd anziehen, dessen Kragen in der Zwischenzeit auch recht eng geworden war. Mit frischem Scheitel und wie aus dem Ei gepellt, aber mit hochrotem Gesicht aufgrund des engen Kragens fand ich mich dann im Nieselregen auf dem Friedhof wieder. Selbstverständlich regnete es. Wie merkwürdigerweise auf allen Beerdigungen, bei denen ich jemals anwesend sein sollte.

Wir waren allein, meine Eltern und ich, wenn man von dem Urnenträger absieht. Freunde und Verwandte hatte meine Oma kaum noch. Ein paar Verwandte hatte sie noch im »Osten«, aber die durften entweder nicht ausreisen oder hatten jetzt, nachdem sie keine Pakete mehr schicken konnte, herzlich wenig Interesse an ihr. Der Urnenträger fragte, ob er ein paar Worte sagen sollte, und meine Mutter nickte nur. Bei der anschließenden generischen Rede, die auf so ziemlich jeden Menschen auf der Welt hätte zutreffen können, brachte er es tatsächlich fertig, meine Oma statt »Christel« immer »Christa« zu nennen. Meine Eltern schwiegen, aber ich zuckte innerlich bei jeder Nennung des falschen Namens zusammen. Als die Urne endlich versenkt war, drückte mein Vater dem Träger etwas Geld in die Hand, und wir liefen zurück zum Auto.

Als meine Eltern sich bereits umgedreht hatten, blieb ich noch ein paar Sekunden stehen und schaute zu der Gestalt im Umhang hinüber, die zwischen ein paar Büschen aufgetaucht war und mir zunickte. Ich winkte ihm zu, aber da riefen auch schon meine Eltern nach mir, und ich lief hinterher.

Daheim befreite ich mich aus der lästigen Bekleidung. Ich bekam wieder eine normale Gesichtsfarbe und vergrub mich in meinem Zimmer mit meinen Spielsachen. Ohnehin wusste ich nicht wirklich, was ich zu meinen Eltern, besonders zu meiner Mutter, an diesem Tag hätte sagen sollen. Aber auch ich stand etwas neben mir. Bis zu dem Tag war mir der Vorfall im Zimmer meiner Oma irgendwie unwirklich erschienen, aber nun hatte ich den Tod auf dem Friedhof wiedergesehen. Während ich noch vor mich hin grübelte, kam von meinem Bett die bekannte, freundliche Stimme, die mich vollends vom Spielen abhielt.

»Sei gegrüßt.«

Ich schaute auf und blickte unwillkürlich zur Tür, die wie üblich offen stand. Aus diesem Grund flüsterte ich. »Hallo.«

Tod saß auf meinem Bett, hatte ein Bein über das andere geschlagen und den Kescher ans Regal mit meinen Büchern gelehnt.
»Ich wollte nur mal schauen, wie es dir geht.«

Ich zuckte nur mit den Schultern.

»Es tut mir sehr leid wegen deiner Großmutter. Vorhin auf dem Friedhof wollte ich dich aber nicht stören.«

»Schon okay«, sagte ich und hantierte an Han Solo, meiner Lieblingsfigur von »Star Wars«, herum. »Wie bist du hier hereingekommen?«

»Oh, ich kann überall sein, wo ich will.«

»Häh? Wie geht das denn?«

»Na ja, ich bin technisch gesehen kein Mensch. Ich bin ... übernatürlich. Bei übernatürlichen Wesen geht das.«

»Dann kannst du überall hingehen?«

»Ja.«

»Dann kannst du auch zu meiner Oma gehen?«

»Äh, nun ja ... sie ist tot.«

»Ja, schon, aber sie muss ja irgendwo sein. Sie ist doch bestimmt in den Himmel gekommen. Mein Religionslehrer sagt jedenfalls immer, dass gute Menschen in den Himmel kommen und böse Menschen in die Hölle. Und du hast gesagt, dass meine Oma ein guter Mensch gewesen ist.«

»Das stimmt schon, aber ich denke, dein Lehrer ist da nicht unbedingt eine Koryphäe auf seinem Gebiet.«

»Eine was?«

»Ich wollte damit sagen, dass er nicht unbedingt Ahnung von der Materie hat. Was nicht verwunderlich ist, wenn man bedenkt, dass die meisten Leute, die sich mit Religion beschäftigen, bigotte Einfaltspinsel sind.«

»Was heißt bigott?«

Tod seufzte. »Ich glaube, wir sollten diese Konversation ein anderes Mal fortführen.«

»Aber wenn Oma nicht im Himmel oder der Hölle ist, wo ist sie dann?«

»Also vorhin wurde sie gerade auf dem Friedhof verscharrt. Ich schätze, dort wird sie immer noch sein.«

»Das meine ich doch nicht.«

Tod kratzte sich an der Kapuze. »Nein, das dachte ich mir schon. Ich weiß zwar, worauf du hinauswillst, ich weiß nur nicht, ob ich dir darauf jetzt eine befriedigende Antwort geben kann.«

»Ich hoffe nur, Oma geht es gut.«

»Darüber, Knabe, brauchst du dir wirklich keine Sorgen zu machen. Mach dir lieber um die Lebenden Sorgen.«

»Meinst du Mami und Papi?«

Tod zuckte halb mit den Schultern, halb nickte er.

»Mami geht es nicht gut, das weiß ich.«

»Und was willst du dagegen unternehmen?«

»Ich weiß nicht.«

»Also wenn ich einen Vorschlag machen dürfte … manchmal brauchen Mütter einfach eine feste Umarmung. Deine Mutter kann, glaube ich, wirklich gerade eine gebrauchen. Und wenn du gerade dabei bist, dann sag ihr doch, wie lieb du sie hast.«

»Ich hab sie sehr lieb.«

»Sag nicht mir das, sag ihr das. Na los.«

Ich stand auf, ging aus dem Zimmer und rannte meine Mutter fast um. Sie stand gleich neben der Tür und hatte offenbar gehört, was ich gerade eben gesagt hatte. Trotzdem schlang ich meine Arme um sie und sagte ihr, wie lieb ich sie hatte. Dann weinten wir beide.

KAPITEL 4

SPORT IST MORD

Der Fakt, dass mich meine Mutter belauscht hatte, kam nie zwischen uns zur Sprache, aber ich bemerkte, dass sie ab und an etwas kritisch vom Flur in mein Zimmer lugte, wenn ich spielte und mit meinen Figuren sprach. Oder wenn ich mit dem Tod, der mich gelegentlich besuchte, in eines unserer tiefgründigen Gespräche versunken war, bei denen er versuchte, mit mir hochklassige Konversation zu machen, und ich von »Star Wars« schwärmte. Meine Eltern fragten nie nach, ob ich einen imaginären Freund hatte, aber ich bin mir sicher, dass sie sich entsprechende Gedanken machten. Und weil ich mit Tod ungestört sein wollte, begann ich die Tür erst anzulehnen und ging später dazu über, sie immer zu schließen, wenn ich bei mir im Zimmer war. In gewisser Weise hatte ich damit begonnen, meine Eltern aus meinem Leben zu isolieren. Und ich hatte mich vom Tod das erste Mal zu etwas manipulieren lassen.

Tod merkte bald, dass ich mich weder für seine Analysen des Weltgeschehens interessierte, noch dazu in der Lage war, ihm geistig zu folgen. Unsere Freundschaft hatte also einen schwierigen Start. Mal ganz abgesehen davon, dass wir uns in dem Moment kennenlernten, als meine Oma starb. Tod gab trotzdem nicht auf. Als wollte er meine geistige Entwicklung beeinflussen, fing er an, mir über Monate hinweg das Schachspielen beizubringen. Meinen Eltern muss ich wie ein absoluter Sonderling vorgekommen sein. Da saß ich nun in meinem Zimmer und spielte scheinbar mit mir selbst das Spiel der Könige.

Der Vorteil des Schachspiels war, dass wir uns nicht viel zu unterhalten brauchten. Die meiste Zeit verbrachten wir in schweigsamer Konzentration. Viele unserer Gespräche von damals sind mir kaum noch im Gedächtnis, vermutlich weil es größtenteils um Belanglosigkeiten ging. Tod hatte bei mir zwar das Interesse am Schach geweckt, was uns eine Grundlage für die gemeinsame Zeit gab, aber ansonsten interessierte ich mich nicht sehr für das, was er tat, und umgekehrt war es im Grunde auch nicht anders. Das Leben eines Siebenjährigen ist für jemanden, der die Jahrhunderte durchlaufen hat, wahrscheinlich eher langweilig. Außerdem teilte er meine Faszination für alles, was mit »Star Wars« zu tun hatte, nicht. Er schwärmte dagegen von einem Film, der in Kürze herauskommen sollte und sich mit dem Thema Leben und Tod beschäftigte. Als ich den Film wenige Jahre später auf Video sah, fand ich ihn total langweilig, weil Harrison Ford darin nicht so cool war wie in seiner Rolle als Han Solo in den »Star Wars«-Filmen. Später, als ich die Geschichte dann auch tatsächlich verstand, sollte sich meine Haltung ihm gegenüber jedoch grundsätzlich ändern. Der Film hieß »Blade Runner«.

Ein Mann namens Deckard, gespielt von Harrison Ford, wird darin beauftragt, ein paar künstliche Menschen, Replikanten genannt, aufzuspüren und zu töten. Diese hatten sich gegen ihre menschlichen Aufseher gewandt und sie umgebracht. Nun suchten sie ihren Schöpfer und wollten herausfinden, ob sie ihr Leben verlängern können, da ihre eingebaute Lebensspanne nicht mehr als ein paar Jahre beträgt. Deckard gelingt es tatsächlich, die meisten Replikanten unschädlich zu machen, aber Roy Batty, der Anführer der Gruppe, kann vorher noch seinen »Schöpfer« töten, nachdem dieser ihm erklärt hat, dass sein Leben nicht verlängert werden kann. Es kommt zum Showdown zwischen Batty und Deckard, in dem Deckard, mit Verlaub, seinen Arsch versohlt kriegt. Batty hat nun die Möglichkeit, Deckard umzubringen, verschont ihn aber, während er selber im Regen sitzt und stirbt. Das Ende macht einem zwei Dinge klar: Batty akzeptiert seinen Tod und hat das Leben so zu lieben geschätzt, dass er nicht einmal seinen Feind umbringen kann. Und: Kinder unter einer bestimmten Altersgrenze und Leute unter einem bestimmten Intelligenzquotienten finden das sehr, sehr langweilig.

Während ich also von den pelzigen Viechern schwärmte, die im nächsten »Star Wars«-Film vorkommen sollten, versuchte mir der Tod, einen philosophischen Film nahezulegen. Unsere Zeit war, so schien es, einfach noch nicht gekommen. Er kam zwar zu Besuchen, aber diese waren spärlich und meistens kurz. Und in zumindest einem Fall tödlich.

✝✝✝

Nach dem Tod meiner Oma wurden Gerrit und ich Freunde. Das Fehlen von Großeltern auf beiden Seiten wurde so etwas wie der anfängliche Kitt, um uns zusammenzuhalten, aber bald schon fanden wir genug andere gemeinsame Interessen.

Er lebte allein mit seiner Mutter, deren Mann vor ein paar Jahren zum Zigarettenholen ging und vorsichtshalber nicht mehr nach Hause kam, weil sie ihm beinahe den letzten Nerv geraubt hatte. Gerüchteweise hatte er sich nach Tuvalu oder einer anderen Insel im Südpazifik abgesetzt, was so ziemlich dem Punkt entsprach, der am weitesten von ihr weg war. Seitdem war sie vielleicht etwas zu fixiert auf Gerrit und versuchte, ihn vor allem und jedem zu beschützen. Er durfte nur selten irgendwelche Filme sehen, geschweige denn mit einem Videospiel spielen. Da bei mir zu Hause sowohl ein Videorecorder samt vielen Filmen als auch eine Atari-2600-Spielkonsole standen, war Gerrit öfter bei mir als ich bei ihm. Sehr viel Interesse, zu ihm zu gehen, hatte ich ohnehin nicht, da seine Mutter mich mit ihrer Art irgendwie erschreckte. Damals dachte ich, dass sie gut die Hexe in »Hänsel und Gretel« spielen könnte, wenn die Geschichte verfilmt würde.

In der Schule saßen wir zunächst nicht zusammen, aber im folgenden Schuljahr änderte sich das, als wir einen neuen Klassenraum bekamen. Ohne mich groß anzustrengen, war ich ein sehr guter Schüler, Gerrit hingegen hatte immer irgendwie zu kämpfen. Mehr als einmal half ich ihm bei Klassenarbeiten oder

Hausaufgaben. Wenn er irgendwas gefragt wurde und nicht zugehört hatte, weil wir gerade unter dem Tisch Klebekarten von Fußballspielern tauschten, dann murmelte ich ihm die Antwort zu, sodass der Lehrer das nicht mitbekam. Allerdings ist es nicht so, dass sie es nie bemerkt hätten. Das Dumme daran war leider, dass sie offenbar nur Gerrit auf dem Kieker hatten. Zu mir sagten sie höchstens, dass ich nicht noch die »Faulheit von anderen Schülern« unterstützen sollte. So wurden wir bei Klassenarbeiten weit auseinandergesetzt, aber wenn ich sah, dass er Probleme hatte, dann schob ich ihm schon mal Zettel zu. Einmal wurden wir dabei erwischt, das heißt, eigentlich war nur wieder einmal Gerrit dran. Während ich mir die Standardaussage anhören durfte, wurde Gerrits Mutter in die Schule zitiert, was wiederum dazu führte, dass Gerrit daheim eine ordentliche Standpauke und Hausarrest bekam. Ich vermute, dass Gerrit zu diesem Zeitpunkt ebenfalls sehr über Tuvalu nachdachte.

Jedenfalls war Gerrit daraufhin auf mich sauer, und es kam während einer Pause zu einem Streit, bei dem er sich lautstark beschwerte, dass ich ihn immer in Schwierigkeiten bringen würde. Er fing an, mich zu schubsen, ich schubste ihn zurück, der aufsichtführende Lehrer bekam das mit, und am Ende war es wieder Gerrit, der den Ärger abbekam, weil er mit der Schubserei angefangen hatte. Unser Verhältnis war danach nicht mehr ganz so freundschaftlich. Sicher, wir spielten noch miteinander, aber längst nicht mehr so oft. Es war nie mehr so wie früher. Der Nutznießer war Tod, für den ich dann wieder öfter das Schachbrett abstaubte.

☦☦☦

Wie ich bereits erwähnte, war ich in der Grundschule ein sehr guter Schüler. Aber meistens kompensieren gute Schüler ihre Noten dadurch, dass sie im Sport totale Nieten sind. Von dieser Regel stellte ich keine Ausnahme dar. Drei Runden um den Sportplatz zu rennen, empfand ich nicht mal unbedingt als physische Qual. Es langweilte mich einfach nur. Wenn ich die rote Tartanbahn entlangtrabte, dachte ich lediglich: Ugh, wann ist dieser Mist endlich vorbei! Bis heute hat sich mir nicht erschlossen, was es im Alltag hilft, wenn ich auf einer bestimmten Strecke über eine bestimmte Anzahl Hindernisse hüpfen kann. Wenn ich irgendwo Hindernisse sehe, springe ich nicht darüber, ich gehe um sie herum. Ein praktischer Verwendungszweck für die Fähigkeit, schwere Kugeln von der Schulter zu stoßen, um einen Rasen zu ruinieren, fällt mir partout auch nicht ein.

Einmal im Jahr wurden die sogenannten Bundesjugendspiele abgehalten. Man musste sprinten, einen Ball möglichst weit werfen, eine Langstrecke laufen und vermutlich noch irgendetwas tun, was ich zu verdrängen versuche. Für alles gab es Punkte und ab einer bestimmten Punktzahl eine Siegerurkunde oder, wenn man wirklich gut war, eine Ehrenurkunde. Beide waren im Grunde ein einfaches Stück Papier, was einem in keinster Weise weiterhalf. In meiner gesamten Schullaufbahn habe ich, soweit ich mich erinnere, eine einzige Siegerurkunde bekommen. Wie ich das geschafft habe, ist mir noch heute ein Rätsel.

Meine Schule hatte nur einen kleinen Sportplatz, der zwar für ein Hockeyspiel oder Ähnliches ausreichte, aber nicht, um dort größere Veranstaltungen durchzuführen oder Dinge wie Speerwurf zu trainieren. Ebenfalls eine der Brauche-ich-täglich-Sportarten. Dafür gab es einen größeren Sportplatz, zu dem wir allerdings ein paar Minuten laufen mussten. Er war die Heimat des lokalen Fußballvereins, zu dem mich mein Vater eines Tages schleppte, damit ich mich in meiner Freizeit etwas sportlich betätigte, statt nur mit mir selbst Schach zu spielen. Meine Karriere dort beschränkte sich aber auf die eine Stunde des Probetrainings. Der Trainer sprach mich von jeglichem Talent frei, nachdem ich ihm überzeugend darlegen konnte, dass sich mir der Sinn, eine geflickte Kugel aus Leder quer über den Platz zu jagen, nicht wirklich erschloss.

Auf jeden Fall war der Platz recht groß, und die Teenager der angeschlossenen Oberschule hatten dort parallel zu unserem ihren Sportunterricht. Während die einen um den Platz liefen, konnten die anderen Bälle oder eben Speere werfen. Und wer jetzt eine Vermutung hat, was dort hätte schieflaufen können, der liegt wahrscheinlich richtig damit. Kleiner Tipp: Es hatte nichts mit Bällen zu tun.

☫☫☫

Das Wetter konnte sich an diesem Spätsommertag nicht entscheiden, ob es regnen oder einfach nur alles grau in grau halten sollte. Unser Sportlehrer, Herr Marwig, ein äußerst unangenehmer Enddreißiger, der aus uns allen Olympiateilnehmer formen wollte, weil er selber es nur zum Lehrer gebracht hatte, ließ uns abwechselnd Runden drehen. Eine Hälfte der Jungen unserer Klasse rannte um den Platz, die andere Hälfte machte, wie er es in einem Anflug von gequälter englischer Sprache ausdrückte, »Dehning und Stretching«. Bei mir bedeutete das meistens, dass ich einfach nur auf dem Boden saß, die Beine von mir streckte und die Leute beobachtete. Gerrit saß ein paar Meter weiter, presste die Füße zusammen und tat so, als würde er seine Beine auf den Boden drücken, aber sein Gähnen deutete an, dass er wieder die ganze Nacht lang »Lustige Taschenbücher« gelesen hatte.

Die andere Gruppe hatte etwa die Hälfte der Strecke zurückgelegt, als ich am Rand der Rasenfläche plötzlich den Tod stehen sah. Wie immer hatte er sich auf den Stock des Keschers gestützt und schaute sich um. Als er mich sah, winkte er mir freundlich lächelnd zu. Ich stand auf und ging so unauffällig wie möglich zu ihm hinüber, wobei ich weiterhin Streckübungen machte, damit Marwig nicht stutzig wurde.

»Was machst du denn hier?«, fragte ich, eventuell etwas zu barsch.

»Danke, freut mich auch, dich zu sehen.«

»Im Ernst, ich kann gerade nicht.«

»Ich bin nicht wegen dir hier.«

Ich wurde stutzig. »Du meinst, hier stirbt gleich einer?«

Er nickte. Die anderen Jungs hatten drei Viertel der Strecke zurückgelegt.

»Sag bloß, dass der Marwig gleich abkratzt. Das wäre zu schön, um wahr zu sein.« Sportlehrer waren mir schon immer die liebsten.

»Nein, dein Lehrer ist es nicht. Aber ich vermute, du kennst ihn.« Tod deutete auf die Jungs, die sich noch ausruhen. Ich folgte mit den Augen seinem Finger, und was ich sah, gefiel mir gar nicht.

»Gerrit?« Ein paar Augen meiner Mitschüler, darunter die von Gerrit, schauten in meine Richtung. Ich sah schnell weg und versuchte, mich zu beruhigen.

»Seine Zeit ist gekommen.«

»Was? Das kann doch gar nicht sein. Er ist gerade erst acht!«

»Deswegen kann es ihm trotzdem passieren.«

»Wie?«

Tod schaute in Richtung der Oberschüler. Deren Speere steckten kreuz und quer im Rasen, als hätte jemand talentfrei versucht, einen Haufen Zaunpflöcke aufzurichten. Mittlerweile trudelten die Jungs, die gerannt waren, nacheinander ins Ziel. Marwig hieß uns andere an die Startlinie zu gehen.

»Oh mein Gott!«, sagte ich. »Ich muss ihn irgendwie davon abhalten zu laufen.«

Marwig schaute argwöhnisch zu mir herüber, während ich zur Startposition neben Gerrit ging, der mich ebenso beäugte. Die Warnungen, die Tod mir nachbrüllte, hörte ich nicht. Wollte ich nicht hören.

Marwig pfiff. Wir liefen los. Die Oberschüler sammelten gerade ihre Speere wieder ein. Gerrit war mir etwas voraus, und ich gab Gas, damit ich ihn wieder einholte.

Keuchend zischte ich ihm zu: »Lass dich auf den Boden fallen und tu so, als ob du dir den Fuß gezerrt hast oder so.«

Gerrit runzelte nur die Stirn. »Was, warum?«

»Vertrau mir!«, sagte ich, aber Gerrit lief unbeirrt weiter. Die Oberschüler nahmen nun aufs Neue ihre Positionen ein. Tod gestikulierte, aber ich ignorierte ihn.

»Gerrit, lass dich fallen, oder es wird was Schreckliches passieren!« Ich sprach in Filmklischees und fasste ihn an die Schulter. Er schüttelte meine Hand ab und wurde böse.

»Lass mich in Ruhe. Ich hatte schon genug Ärger wegen dir.« Er legte noch einen Zahn zu. Meine Seiten schmerzten bereits, aber auch ich erhöhte mein Tempo und zog an seiner Linken vorbei, in der Hoffnung, ihn dadurch vom Platz und den Speeren abzulenken. Ich wollte ihn nach rechts drängen, aber er schob mich immer wieder zurück. Er wurde nur noch wütender, und schließlich rempelte er mich so stark, dass ich über die Rasenkante stolperte und er gleich mit.

Der Moment, in dem wir fielen, war der, in dem der Oberschullehrer seinen Schützlingen sagte, dass sie werfen können. Am rechten Rand der Werferreihe stand der unglückliche und untalentierte Hendrik Vogel, an dessen Namen ich mich so gut erinnern kann, weil er an diesem Tag ein Trauma verpasst bekam, von dem er sich nie richtig erholte. Er war einer dieser Schüler, die eigentlich gar nichts richtig können, außer essen vielleicht. Dinge geradeaus zu werfen zählte jedenfalls nicht zu seinen Stärken.

Als Gerrit und ich fielen, sah ich aus den Augenwinkeln den Speer direkt in unsere Richtung fliegen. Überzeugt davon, dass ich von ihm im nächsten Moment getroffen werde, schloss ich meine Augen, glücklich darüber, dass ich Gerrit gerettet hatte. Alle Sorgen fielen in diesem Augenblick von mir ab, obwohl die Sorgen, die ich als Siebenjähriger so hatte, wirklich kaum der Rede wert waren. Die Gewissheit, etwas Gutes getan zu haben und gleichzeitig zu wissen, dass es nun mit mir zu Ende ging ... nun, sagen wir, ich hatte Frieden mit mir gemacht.

In meiner Erinnerung spielt sich alles wie in Zeitlupe ab. Wir schlugen auf dem Boden auf, und kurz darauf hörte ich einen zweiten Aufschlag, gefolgt von einem hilflosen Atemgeräusch. Ich öffnete die Augen und sah Hendrik, wie er mit offenem Mund und ausgestreckten Armen auf dem Rasen stand. Ich drehte mich langsam um, meinen eigenen Leib nach dem Fremdkörper absuchend, der irgendwo in mir stecken musste. Aber ich fand nichts. Nachdem ich mich herumgedreht hatte, sah ich den Speer. Die weiße Metallstange ragte aus Gerrits Brust. Die Stelle, an welcher der Speer eingedrungen war, färbte sich rot, und Gerrit lag mit aufgerissenen Augen da. Er japste nach Luft. Zwei-, drei-, viermal. Dann war es vorbei. In der Ferne hörte ich jemanden schreien. Leute rannten auf uns zu, aber ich nahm das nur verschwommen wahr.

Aus Gerrits Mund kletterte ein farbenfroher Schmetterling, entfaltete seine Flügel und stieg in die Luft. Es kam mir fast so vor, als hätte er sich noch einmal umgedreht und mich angeschaut, aber ehe ich meine Hand nach ihm ausstrecken konnte, umfing der Kescher des Todes ihn.

»Ich habe dich gewarnt, dass du es nicht verhindern kannst.«

Was ich gezielt überhört hatte, war eingetroffen. Und ehe ich noch irgendetwas entgegnen konnte, war Tod verschwunden, und die anderen umzingelten Gerrit und mich.

KAPITEL 5

HEXE

Ich brauche wohl kaum zu erwähnen, dass nach dem Vorfall auf dem Sportplatz die Hölle hereinbrach. Der Lehrer von der Oberschule und Herr Marwig versuchten, Gerrit wiederzubeleben, was sich aufgrund des Speeres, der in seiner Brust steckte, eher schwierig gestaltete. Für mich war es offensichtlich, dass das nichts bringen würde. Die Feuerwehr kam, und über Gerrit wurde gleich ein Laken ausgebreitet, was Gerrits Leichnam wie ein Zelt aussehen ließ. Es verlieh dem Ganzen eine surreale Note. Selbstverständlich war die Polizei auch bald da, machte Fotos vom »Tatort« und befragte alle, was sich zugetragen hatte. Etliche Kinder brauchten psychologische Betreuung, obwohl sie gar nicht direkt betroffen waren. Hendrik war natürlich mit den Nerven völlig am Ende, und soweit mir bekannt ist, hat er später noch lange Psychopharmaka nehmen müssen.

Ich selbst blieb, nach dem anfänglichen Schock, relativ ruhig. Meine Rolle in dieser Tragödie war mir völlig klar. Ich hatte meinen besten Freund umgebracht, aber die Schuld gab ich nicht mir allein.

Als der Fall von der Polizei abgeschlossen wurde, wurde er eindeutig als Unfall klassifiziert. Die Lehrer bekamen eine Abmahnung wegen Vernachlässigung der Aufsichtspflicht. Von diesem Zeitpunkt an wurde festgelegt, dass Sportarten wie Speerwurf nicht mehr trainiert werden durften, wenn sich parallel dazu noch andere auf dem Platz befanden. Nicht, dass irgendwer überhaupt noch Lust hatte, Speerwurf zu trainieren.

Weder gegen Hendrik noch gegen mich wurden Vorwürfe erhoben. Nicht vonseiten der Justiz zumindest. Bei Schülern, Lehrern und Eltern sah das ganz anders aus. Meine lieben Mitschüler hatten alle bestätigt, dass zwischen Gerrit und mir während des Laufs ein Streit ausgebrochen war, der dann zu dem »Unfall« führte. Man zwang mich, einen Psychiater aufzusuchen, der beurteilen sollte, ob meine Aggressivität gegenüber Gerrit auf dem Sportplatz eine Gefahr für andere wäre. Dumm, wie ich war, erzählte ich, dass ich Gerrit vor dem leibhaftigen Tod hatte bewahren wollen. Das brachte mir ein paar Lacher ein und die Diagnose, dass ich eine rege Fantasie habe. Der Psychiater fand jedenfalls, dass ein imaginärer Freund in meinem Alter vielleicht etwas ungewöhnlich, ich aber ansonsten ein relativ normales Kind für mein Alter wäre. Einige der Eltern sahen das allerdings anders. Etliche wollten ihre Söhne und Töchter nicht mit dem »Killer-Kind« in einer Klasse wissen, und so wurde meinen Eltern nahegelegt, dass ich doch die Schule wechseln sollte.

Ein paar Tage lang dachten meine Eltern darüber nach, ob wir woanders hinziehen sollten, irgendwohin, wo keiner wusste, was vorgefallen war. Aber meine Mutter wollte sich keine neue Arbeit suchen, und mein Vater wollte das ohnehin lieber aussitzen, schließlich fand er nicht, dass ich etwas Falsches getan hätte. Also wurde diese Idee verworfen, und ich kam lediglich an eine neue Schule. Mitten in meinem dritten Schuljahr hatte ich also das zweifelhafte Vergnügen, mich an eine neue Umgebung gewöhnen zu müssen. Lag die alte Schule lediglich fünf Minuten zu Fuß von daheim entfernt, durfte ich jetzt jeden Morgen knappe 30 Minuten laufen. Das war zwar weniger bequem, aber nicht mein Hauptproblem. Da wir nicht umzogen, waren die Schüler und Lehrer an der neuen Schule verständlicherweise nicht völlig darüber im Unklaren, warum ich dort war. Ich musste mir nicht so viele dumme Sprüche wie an meiner alten Schule anhören, es war aber trotzdem schwierig, neue Freunde zu finden.

Noch schlimmer als mein Mangel an sozialer Interaktion war der wütende Sturm, der in Form von Gerrits Mutter über uns hereinbrach. Sie drohte meinen Eltern, dass sie uns verklagen würde, bis wir nur noch am Bahnhof Zoo um Almosen betteln könnten. So ihre blumigen Worte, die immerhin nicht darauf hinausliefen, dass sie mich verhexte, was ich zunächst befürchtet hatte.

Zum Glück für meine Eltern, wenn auch nicht für mich, hatte sie sich nicht unter Kontrolle. In der Zeit zwischen Unfall und Schulwechsel lief ich ihr über den Weg, als sie gerade zur Direktorin wollte, um dort erneut Stimmung gegen mich zu machen. Sofort brüllte sie mich an, dass ich ihren Sohn getötet hätte. Ich entgegnete, dass dies stimme und mir dies auch sehr, sehr leidtue. Ohne ein weiteres Wort zu verlieren, schlug sie mir derart heftig ins Gesicht, dass ich ein paar Meter durch den Raum segelte, direkt in einen Glasschaukasten. Es war eine derartig imponierende physikalische Leistung dieser recht schmalen Person, dass ich noch Jahre davon überzeugt war, dass es doch mit Hexerei zugegangen sein musste.

Zwei Lehrer, die zufällig auf dem Gang standen und Zeugen ihres Angriffs wurden, hielten sie daraufhin fest, um sie daran zu hindern, mir noch mehr anzutun. Ein Rechtsstreit stand danach nicht mehr zur Debatte, und wenn, dann höchstens gegen sie.

Ab und an sah ich sie noch zufällig auf der Straße, allerdings hielten sowohl sie als auch meine Eltern gebührend Abstand. Einige Zeit nach dem Vorfall, bei dem sie mich geschlagen hatte, wurde innerhalb von ein paar Wochen immer wieder mal das Auto meiner Eltern zerkratzt. Jemand hatte offenbar großen Spaß daran, seinen Schlüssel der Länge nach vom Radkasten des Vorderrades bis hinten zum Tankdeckel zu ziehen. Beweisen konnten wir es nie, aber ich bin sicher, dass es dieser Schrecken meiner Albträume gewesen ist. Jedenfalls stoppten die Kratzer, als sie die Stadt und damit auch mein Leben verließ.

☫☫☫

Tod ließ mit einem Besuch auf sich warten. Vermutlich ahnte er, dass ich nach der Nummer auf dem Sportplatz nicht gut auf ihn zu sprechen wäre. Sicher, er hatte mich gewarnt, und ich hatte beschlossen, ihn zu ignorieren, aber mein Freund war gestorben, und das in einem Alter, in dem man an den Tod noch nicht einmal denken sollte.

Unsere Wohnung lag im äußersten Westen Berlins in dem beschaulichen Bezirk Spandau. Damals war der Kalte Krieg noch in vollem Gang. Gorbatschow und seine Politik der Perestroika sollten uns erst in ein paar Jahren beglücken. Daher nahm die Berliner Mauer zu diesem Zeitpunkt noch einen nicht unerheblichen Teil unserer Bezirksgrenze ein. Von unserer Wohnung konnte man auf die Grenzanlagen schauen. Zu Fuß war die Mauer nur einige Hundert Meter entfernt, und jedes Mal, wenn wir eine Radtour durch den Wald machten, kamen wir früher oder später daran vorbei. In der Nacht konnte man deutlich die orangefarbenen Leuchten des Todesstreifens erkennen, die sich, so weit das Auge reichte, nach Nord und Süd erstreckten, um jedem Republikflüchtling die Illusion zu nehmen, er könne sich in der Dunkelheit davonstehlen. Trotzdem waren auch ab und an Schüsse zu hören. Mein Vater hatte mir schon früh erklärt, dass wir zwar überall hinfahren oder hinfliegen dürften, aber die Menschen in der DDR nicht. Verwandte meiner Oma kamen sie früher ab und an besuchen und durften das, weil sie bereits Rentner waren. Normalen Jugendlichen oder Erwachsenen war es jedoch verboten, hin und her zu reisen. Die, denen das nicht gefiel und die beschlossen hatten zu fliehen, mussten den verminten Todesstreifen durchqueren, während auf sie geschossen wurde. Soweit ich weiß, kam es in dem Grenzabschnitt, dem wir am nächsten waren, nie zu Todesfällen, aber damals nach Gerrits Tod hoffte ich fast, dass irgendwer bei der Flucht sterben würde, damit Tod in der Nähe wäre und mich eventuell besuchen käme. Schließlich wollte ich ihm mal richtig die Meinung geigen. Mein Wunsch ging glücklicherweise nicht in Erfüllung, aber nach zwei Wochen ließ er sich dann doch, auch ohne Grenztote, endlich blicken.

Ich hatte mich, wie oft zu dieser Zeit, in meinem Zimmer vergraben und spielte Schach gegen mich selbst, eine Tätigkeit, die eigentlich nur Superschurken oder totalen Losern zustand. Da ich keine Ambitionen hatte, die Weltherrschaft an mich zu reißen, war relativ klar, zu was ich tendierte. Tod schritt durch das Balkonfenster, als wäre es Luft, und plazierte sich mit einem Schwung seines Umhangs auf meinem Schreibtischstuhl, als wäre es ein Thron.

»Hallo«, sagte er und starrte mich unverwandt an. Ich antwortete lediglich mit einem Grummeln.

»Wie ich sehe, hegst du immer noch einen Groll auf mich, obwohl nicht ich es war, der den Fehler gemacht hat.«

»Gerrit hätte nicht sterben sollen. Er war noch viel zu jung!«

»Er war vielleicht jung, aber trotzdem war seine Zeit gekommen. Du kannst nichts dagegen unternehmen. Der Tod holt sich jeden, früher oder später.«

»Dann hättest du ihn eben nicht holen dürfen.«

Tod seufzte. »So funktioniert das nicht.«

»Warum nicht?«

»Auch ich bin an gewisse Regeln gebunden. Ich kann nicht einfach jemanden am Leben lassen, nur weil ich ihn besonders sympathisch finde. Ich kann auch niemanden mitnehmen, weil er mir besonders unsympathisch ist. Allerdings ist mir das größtenteils ohnehin gleich.«

»Dir ist es egal, dass Gerrits Mutter gemein zu mir ist und die Kinder in der Schule nicht mehr mit mir spielen wollen?«

Er beugte sich nach vorne. »Was genau ärgert dich denn eigentlich? Dass dein Freund tot ist oder dass dich die Leute nicht so mögen, wie du es gerne hättest?«

Ich war in der Defensive. Und er hatte mir etwas zum Nachdenken gegeben. »Ich will Gerrit zurück. Und ich will, dass mich die Leute wieder mögen.«

»Gerrit kommt nicht mehr zurück. Und an deinem anderen Wunsch wirst du wohl arbeiten müssen.«

»Aber warum musste er denn sterben? Er war erst acht! Leute sollten nicht sterben müssen. Hat dir Gott das befohlen?«

Tod lehnte sich wieder zurück und kratzte sich die Stirn. »Hatte ich dir die Sache mit Gott nicht schon einmal erklärt? Wie auch immer, ich habe eine Aufgabe, und die erledige ich, so gut ich kann. Es liegt nicht in meiner Entscheidungsgewalt, wer stirbt oder wann er das tut. Du kannst mir dafür die Schuld geben oder es lassen. Aber ich schätze, du brauchst noch etwas Zeit, um das zu verstehen.«

»Was soll das heißen?«

»Ich werde dich für einige Zeit nicht mehr besuchen. Ein paar Jahre vielleicht. Wir werden sehen.«

»Was?«

»Glaube mir, es ist besser so. Soviel ich mitbekommen habe, hast du diesem Hirndoktor erzählt, dass du Gerrit vor mir retten wolltest.«

»Ja«, sagte ich.

»Das war nicht unbedingt die schlaueste Entscheidung, oder? Er hätte dich deswegen auch als verrückt einstufen können.«

»Aber es war die Wahrheit!«

»Die Wahrheit liegt immer ein wenig im Auge des Betrachters. Wie auch immer, ich denke, dass du noch nicht wirklich bereit bist. Jedenfalls ist es vermutlich besser, wenn du mich vorerst vergisst.«

»Aber das will ich nicht!«

Tod lächelte. »Als ich vorhin durch das Fenster trat, da hättest du doch am liebsten auf mich eingeprügelt, stimmt's? Woher der Sinneswandel?«

Ich brauchte einen Moment, bis ich antworten konnte. »Ich will nicht noch einen Freund verlieren.«

Tod stellte sich ganz nah vor mich hin. Wir schauten uns in die Augen, und mir war, als erblickte ich die Unendlichkeit in den seinen. »Wir werden uns wiedersehen. Das kann ich dir versprechen.«

Daraufhin stand er auf, griff nach seinem Kescher und verschwand, wie er gekommen war. Ich saß noch immer auf meinem Bett, starrte ihm nach und fragte mich, wie genau ich seinen letzten Kommentar zu verstehen hatte.

KAPITEL 6

DIE 80ER

Die 80er-Jahre zogen ins Land. Die Frisuren wurden bescheuerter, die Musik zum Teil unausstehlich und die Politik immer verrückter. Immerhin gab es im Kino etliche Lichtblicke, die mir meine Kindheit erträglicher machten, wie z.B. »Ghostbusters«, »Zurück in die Zukunft« und mehr Teile von Reihen wie »Indiana Jones« oder »Crocodile Dundee«. Hinzu kam die Einführung des Kabelfernsehens in Deutschland, was für mich als Stubenhocker bedeutete, dass man nicht nur die drei Programme des öffentlich-rechtlichen Fernsehens schauen konnte, sondern nun auch noch Privatsender. Deren Vorteil war, dass sie viele amerikanische Actionserien zeigten, die genau auf meiner Wellenlänge waren. Bei den anderen Jungs in der Schule galt es als cool, wenn man Serien wie »Airwolf« oder »Knight Rider« sehen konnte, besonders bei denen, die selber keinen Kabelanschluss hatten. Plötzlich waren einige Mitschüler in der Lage, darüber hinwegzusehen, dass ich etwas merkwürdig war, und kamen zu mir nach Hause, um fernzuschauen. Ich begann also wieder so etwas wie Freunde zu haben.

Gerrits Tod rückte immer mehr in den Hintergrund und damit auch die Erinnerung an Tod selbst. Nach einiger Zeit war ich so weit, ihn nur noch als eine Art eingebildeten Freund von früher zu sehen. Ein eingebildeter Freund, der mir Schach beigebracht hatte, aber wer wundert sich schon über die Gedankengänge von Kindern? Das soll nicht heißen, dass es nicht Momente gab, wo ich glaubte, ihn tatsächlich zu sehen. Auf dem Weg in den Urlaub sah ich ein Fahrzeugwrack am Rand der Autobahn, und für einen Augenblick meinte ich, dort eine vertraute Figur hinter den Qualmwolken hervorlugen zu sehen. Ein anderes Mal hörte ich im Kino einen Mann in der letzten Reihe stark husten. Als ich mich umdrehte, hatte ich den Eindruck, als würde gerade ein dunkler Schatten in der Wand verschwinden. Ich dachte mir nichts weiter dabei, als der hustende Mann plötzlich ruhig wurde, sodass wir den Film ungestört zu Ende schauen konnten. So wurde es 1987, und ich fühlte mich in dieser Zeit wie ein normaler Junge mit Freunden, die nicht tagein, tagaus die Seelen Verstorbener holten. Dann wechselte ich nach der sechsten Klasse auf das Gymnasium.

☦☦☦

Als ich das erste Mal die Freiherr-vom-Stein-Schule betrat, weckte sie schon deshalb schlechte Erinnerungen in mir, weil sie wie das Krankenhaus, in dem meine Oma verstarb, ein Backsteinbau inmitten von dunklen Bäumen war. Es wurde auch nicht einfacher dadurch, dass dort ein strenges Regiment geführt wurde. Man könnte sagen, dass die Schule ihrem Namensgeber alle Ehre machte, handelte es sich bei Freiherr vom und zum Stein doch um einen preußischen Staatsmann. Preußisch der Name, preußisch die Einstellung. Viele der Lehrer waren recht konservativ in ihrem Weltbild und versuchten, das auch an die Schüler weiterzugeben. Viele, aber nicht alle. Bei einigen fragte man sich, ob sie nicht lieber daheim bleiben würden, um sich einen Joint nach dem anderen reinzuziehen.

Jedenfalls begann im Spätsommer 1987 mein neuer Lebensabschnitt auf der Oberschule, zusammen mit einer Handvoll Klassenkameraden meiner Grundschule und auch einigen der Mitschüler meiner alten Schule. Hatte ich mich daran gewöhnt, nicht mehr auf meine Vergangenheit angesprochen zu werden, so merkte ich nun doch an den Blicken meiner alten Mitstreiter, dass es nicht vergessen war. All die Selbstsicherheit, die ich mir die letzten paar Jahre aufgebaut hatte, fing nun an zu bröckeln. Wie schon in der Grundschule tendierte ich nun dazu, mich möglichst unauffällig zu verhalten, was auch bedeutete, dass ich im Unterricht nicht so viel mitmachte, wie ich vielleicht gekonnt hätte. Meine Zensuren waren entsprechend. Und Unauffälligkeit hilft ebenfalls nicht, wenn man gerade beginnt, das andere Geschlecht interessant zu finden.

✝✝✝

Es ist schwer festzulegen, ab welchem Alter aus kleinen Jungs, die nicht recht wissen, was sie mit kleinen Mädchen anfangen sollen, große Jungs werden, die nicht wissen, was sie mit großen Mädchen anfangen sollen. Ich meine, instinktiv hat schon jeder irgendwie eine Ahnung, was man mit den Mädchen machen kann, aber von einem Tag auf den nächsten gab es da diese Hürde, die es echt kompliziert machte, mit ihnen auch nur zu reden. In gewisser Weise wurden also aus großen Jungs wieder kleine Jungs, nur weil sie mit großen Mädchen sprechen wollten.

Im Grunde konnte man die Mädchen in drei Kategorien einteilen. Da gab es zum einen die Kicher-Fraktion. Das waren Mädchen, die ständig blöd kicherten, sodass ich mit ihnen ohnehin nicht ins Gespräch kam, weil ich mir nie sicher war, ob sie über mich lachten oder selbst einen an der Waffel hatten.

Zur zweiten Kategorie zählten die ernsten Mädchen, die mir immer so vorkamen, als wären sie in ihrer geistigen (und meist auch körperlichen) Entwicklung viel weiter als ich. Bei manchen von ihnen hatte ich den Eindruck, dass sie mich ständig taxierten und abwägten, ob ich denn würdig sei, mit ihnen zu sprechen. Tatsächlich habe ich mal ein Mädchen aus meiner Klasse zu jemandem sagen hören, dass er zu unreif sei, um mit ihr zu gehen. Wobei, wenn ich es recht überlege, derjenige gerne versaute Kreidemännchen in der Pause auf die Tafel malte, die dann manche Lehrerin mit hochrotem Kopf abwischen musste. Es hat die Klasse unterhalten, aber sonderlich »reif« war das nicht gerade.

In die dritte Kategorie fielen die Mädchen, die sich stinknormal anzogen, nichts Besonderes taten und unter- bis mitteldurchschnittlich aussahen. Bei diesen kam es unter Umständen vor, dass sie der

Wahrnehmung völlig entgingen. Bei einer Anwesenheitskontrolle musste ich feststellen, dass ich den Namen des Mädchens, welches zwei Jahre lang zwei Plätze von mir entfernt gesessen hatte, bisher gar nicht kannte.

Ich bin mir ziemlich sicher, dass man das männliche Geschlecht an einer Oberschule auf ähnliche Art und Weise einteilen kann. Hätte man mich in eine von diesen Schubladen gesteckt, so hätte ich zu dieser Zeit mit Sicherheit in die dritte Kategorie gehört. Anja hingegen in die zweite.

✝✝✝

Anja war sehr intelligent und wirkte viel älter, als sie eigentlich war. Sie gehörte eher zu den ernsten, mysteriösen Mädchen, war aber guten Witzen nicht abgeneigt und hatte ein strahlendes Lächeln. Dieses brachte mich mehr als einmal dazu, im Unterricht laut zu seufzen, während ich einem Tagtraum von ihr nachhing. Diese Tagträume wiederum hielten mich davon ab, dem Unterricht zu folgen, was meinen ohnehin moderaten Notenspiegel noch zusätzlich belastete. Meine Mitschüler und -schülerinnen quittierten das nur mit Augenrollen. Anja hingegen nahm nicht die geringste Notiz von mir.

Während der ersten eineinhalb Jahre auf der Oberschule lief eine typische Konversation zwischen uns ungefähr so ab:

Ich (nervös): »Hi.«

Sie (unbewegt): »Hi.«

Während ich versuchte, mich irgendwie selbst dazu zu bewegen, mehr als ein Stammeln hervorzubringen, hatten andere weniger mit sich zu kämpfen. Kurz vor Ende des ersten Schuljahrs am Gymnasium wurden Anja und Frank, der ebenfalls in meiner Klasse war, ein Paar.

Frank war ein recht lustiger und eigentlich auch netter Typ, den ich trotzdem eher in die Kategorie der Albernen und Unreifen eingestuft hätte, welche mit Anjas Kategorie überhaupt nicht kompatibel schien. Meine Hoffnung war immer, dass sie sich irgendwann mal in die Haare kriegen würden, aber im Gegensatz zu allen anderen Schülern hielt ihre Beziehung nicht nur Wochen, sondern Monate. Und aus den Monaten sollten Jahre werden. Sie schienen sich tatsächlich gesucht und gefunden zu haben.

Wegen seiner Beziehung zu Anja wünschte ich ihm die Pest an den Hals, dabei war er völlig okay und eigentlich viel zu cool für unseren Jahrgang. Als einziger Typ der ganzen Klasse musste er sich regelmäßig rasieren, und das bereits, als er 13 Jahre alt war. Mit 15 sah er dann praktisch aus, als wäre er erwachsen, was uns andere Jungs nur noch mehr wie Milchbubis erscheinen ließ. Hatte er den verwegenen Dreitagebart-Look von Indiana Jones, sahen meine Versuche in Richtung Gesichtsbehaarung so aus, als hätte ich mir Haarreste vom Friseur ins Gesicht geklebt. Er sah aus wie ein richtiger Kerl, hielt sich ziemlich gut in der Schule und war auch noch im Sport erfolgreich. Also eigentlich eine Person, die es gar nicht geben sollte.

☦ ☦ ☦

Kurz vor meinem 15. Geburtstag meinten meine Eltern, dass ich zu viel Zeit daheim verbringen würde. Sie fanden, dass »Fernsehserien schauen« kein adäquates Hobby für mich sei. Zudem hatte ich etwas Speck angesetzt. Also sollte ich Sport machen, und nach einem Besuch beim Steuerberater, der eine Info-Broschüre der Deutschen Lebens-Rettungs-Gesellschaft, kurz DLRG, herumzuliegen hatte, fragten sie mich, ob ich nicht Rettungsschwimmer werden wollte. Ich war zwar erst skeptisch, aber in Anbetracht der Tatsache, dass ich damit eventuell Eindruck auf Anja schinden könnte, änderte ich meine Meinung recht schnell. So wurde Anja indirekt der Grund, dass ich dem Tod wieder über den Weg lief.

KAPITEL 7
LEBENSRETTER

Als chronischer Sportmuffel hatte ich nicht im Geringsten damit gerechnet, dass mir die Ausbildung zum Rettungsschwimmer gefallen würde. Ich hatte sogar Spaß. Das soll keineswegs heißen, dass es nicht anstrengend war – das war es –, aber hier hatte ich zum ersten Mal das Gefühl, dass Sport einen Sinn hatte. Sicher, ich musste zum Teil Dinge tun, die mir zunächst idiotisch vorkamen, wie z.B. 100 Meter in Kleidung schwimmen oder einen sogenannten Rettungssprung ausführen, der in etwa so aussah, als würde man einen Bauchklatscher machen und hätte dabei einen epileptischen Anfall. Aber das Schwimmen der 100 Meter in Kleidung bereitete mich darauf vor, tatsächlich mal ins Wasser zu springen und jemanden zu retten, wenn ich zufällig nicht in Badehose durch die Gegend lief. In den Klamotten fühlte ich mich wirklich wie der buchstäbliche nasse Sack. Der Rettungssprung, so dämlich er auch aussah, half dabei, die verunglückte Person während des Sprungs ins Wasser nicht aus den Augen zu verlieren. Zum ersten Mal in meinem Leben war ich wirklich voll beim Sport dabei und überlegte nicht ständig, wie lange ich den Mist noch machen müsste.

Ein weiterer, nicht unwichtiger Teil der Ausbildung war der theoretische. Ich lernte eine ganze Menge über Biologie, was mir später in der Schule, ganz zu schweigen vom Beruf, half. Für die Herz-Lungen-Wiederbelebung gab es einen Plastiktorso, der einer Frau nachgebildet war, was man aber lediglich am Haarschnitt, nicht am Busen erraten konnte. Insofern hätte es sich also auch um die Nachbildung eines Mannes mit fragwürdigem Geschmack handeln können.

Ungefähr ein halbes Jahr fuhr ich jeden Dienstagabend in die Schwimmhalle, lernte und hatte Spaß. Dann nahm mich mein Ausbilder mit auf die Wasserrettungsstation, auf der er ehrenamtlich an den Wochenenden Dienst tat. Ich war sofort Feuer und Flamme.

Nachdem ich meine Prüfung abgelegt hatte, begann ich ebenfalls, Dienst auf der Wasserrettungsstation Bürgerablage im äußersten Norden von Spandau zu schieben. In der Schule sagte ich über mein Engagement bei der DLRG zunächst nichts. Ich war zwar Rettungsschwimmer, aber Rettungsschwimmer zu sein macht einen noch nicht zum Helden, der von den Frauen angeschmachtet wird. Vor meinem geistigen Auge sah ich mich schon Kinder und schöne Mädchen aus dem Wasser ziehen, die möglichst bei mir an der Schule waren und dann herumerzählten, was ich getan hatte. Irgendwann käme das dann Anja zu Ohren, sie würde Frank den Laufpass geben und mit mir über den Schulhof laufen, während sie sagt: »Das ist er, mein Held!« Ja, ich bin mir ziemlich sicher, dass ich damals zu viele und vor allem zu viele schlechte Filme gesehen hatte.

Mein Heldentum ließ allerdings auf sich warten. Offenbar wollten wesentlich weniger Leute ertrinken, als ich ursprünglich angenommen hatte. Frank und Anja waren weiter glücklich, und ich sah meine Chancen bei ihr kleiner und kleiner werden.

Der Mangel an zu rettenden Personen wurde mehr als genug durch Einsätze relativ banaler Natur wettgemacht. Da die Station im Norden Spandaus an einem der frequentiertesten Strände der Stadt lag, hatten wir die meiste Arbeit mit Erste-Hilfe-Leistungen zu tun. Irgendwer trat immer mal in eine Scherbe oder stellte sich sonst irgendwie dämlich an. Oft war ein Sanitäter vom Arbeiter Samariter Bund, kurz ASB, anwesend, der sich um die Verletzten kümmerte, aber manchmal eben auch nicht, dann mussten wir selber ran. In der Bucht gab es außerdem eine Sandbank, auf der sich Segler gerne mal festfuhren. Wir schleppten sie mit unserem Boot, bis sie sich befreien und aus eigener Kraft davonmachen konnten. Gleich danach kam in der Statistik wohl Hilfe bei gekenterten Seglern.

Waren wir nicht mit dem Boot draußen oder schoben gerade Dienst auf dem Wachturm, dann wurde hauptsächlich geputzt, irgendwas repariert oder Karten gespielt. Oder Blödsinn gemacht. Wirklich ruhig war es eigentlich nie. Im Grunde war es ein wenig wie unser aller Garten samt Häuschen, wo wir Spaß haben konnten, nur dass wir eben zwischendurch noch anderen Leuten halfen. Nur »Personen im Wasser« hatten wir so gut wie nie, und wenn, handelte es sich nur um Übungen.

Eine »Person im Wasser« oder kurz »PiW«, was man wie »Piff« ausspricht, ist der Fall, den man am ehesten mit der Organisation in Verbindung bringt und auf den ich, dummer- und verliebterweise, hoffte: Jemand droht zu ertrinken. In meinem ersten Jahr wurde genau zwei Mal eine PiW über Funk ausgerufen. Beim ersten Mal handelte es sich um einen Fehlalarm, bei dem die Person, von der vermutet wurde, dass sie irgendwo auf dem Niederneuendorfer See untergegangen war, recht bald an Land gefunden wurde. Ich schäme mich etwas dafür, enttäuscht gewesen zu sein, dass mein Heldenmoment wieder auf sich warten ließ. Das Interessanteste an dieser falschen PiW war für mich, wie wir mit dem Boot idiotische Kurven fahren mussten, um nicht auf DDR-Gebiet zu geraten. Die wachsamen Grenzer auf ihren Schnellbooten waren gar nicht amüsiert, wenn der Klassenfeind in ihren Hoheitsbereich eindrang. Beim zweiten Mal handelte es sich um eine Übung, bei der ich zumindest mitbekam, wie es bei einer richtigen PiW ablaufen würde. Das Ganze wurde direkt am anderen Ufer in Konradshöhe abgehalten, also praktisch direkt vor unserer Haustür, weswegen wir nicht mal eine längere Strecke mit dem Boot rasen konnten. Die anderen Stationen der DLRG an der Oberhavel hatten weitere Wege und insofern mehr Spaß bei der Anfahrt. Dummerweise war recht schnell klar, dass es sich um eine Übung handelte, nachdem unser Bootsführer einen Kameraden der Zentralstation mit Videokamera am Ufer bemerkt hatte. Von Zeit zu Zeit hielten es die beleibteren Herren der alten Garde für notwendig, dass große Einsätze geprobt werden müssten. Das war auch so in Ordnung, nur widerstrebte es uns jüngeren Rettungsschwimmern immer, dass wir ins Wasser mussten und die nicht. An einem heißen Sommertag machte es kaum jemandem etwas aus. Wenn es in Strippen regnete, saßen wir natürlich lieber in der trockenen Station. Trotzdem zogen wir die Übung durch, zu der es unter anderem gehörte, eine sogenannte Taucherkette zu bilden.

Eine Taucherkette ist eine oder zwei Reihen von Schwimmern, nicht Tauchern, die systematisch ein Gebiet durchsuchen. Sie tauchen gleichzeitig gerade herunter auf den Grund des Gewässers, schwimmen dort eine vorher definierte Anzahl von Flossenschlägen und suchen dabei mit den Armen den Grund ab. Anschließend wird wieder senkrecht aufgetaucht und sich ausgerichtet, was im Grunde nur heißt, dass man auf die Höhe der Person zurückschwimmt, die am weitesten hinten geblieben ist. So soll vermieden werden, dass manche Stellen nicht oder nur ungenügend abgesucht werden. Man ist wirklich darauf angewiesen, mit den Händen den Boden durchzuwühlen, da man in der Havel mit der Nase gegen die Titanic stoßen könnte, weil die Sicht keinen Meter reicht. Abgesehen davon, wird bei einer Taucherkette so viel Schlamm aufgewühlt, dass, selbst wenn man vorher etwas sehen könnte, innerhalb von wenigen Sekunden alles zur trüben Brühe wird. In diesem ersten Jahr habe ich dann auch sehr schnell gelernt, dass Taucherhandschuhe eine lohnende Investition sind, denn nach dem Wühlen im Havelschlamm hatte ich mir so viele Schnitte von Muscheln an den Händen zugezogen, dass ich dachte, Edward mit den Scherenhänden hätte sich daran zu schaffen gemacht.

Im zweiten Jahr verbrachte ich fast jede freie Minute auf der Rettungsstation. Während der Sommerferien sogar zwei Wochen am Stück, nachdem wir doch genug Leute gefunden hatten, um den Dienst aufrechtzuerhalten. Die Grenzboote, die uns im Jahr zuvor noch so misstrauisch beäugt hatten, schienen das Interesse komplett verloren zu haben. Es war mittlerweile ohnehin klar, dass die Wiedervereinigung nur noch eine Frage der Zeit wäre.

Im dritten Jahr war ich schon ein alter Hase auf der Station, der dem Nachwuchs zeigte, wie man richtige Seemannsknoten macht oder sich auf dem Boot verhält. Ich war zwar noch zu jung, aber zum Teil wurde mir schon das Steuer des Bootes überlassen, damit ich Übung bekäme, um im übernächsten Jahr meinen Bootsführerschein machen zu können. Fast ständig gehörte ich zur Mannschaft. Und irgendwann im August wurde dann wieder mal eine PiW ausgerufen. Wir waren gerade auf dem Weg zur Nachbarstation Hakenfelde, als die Nachricht durchgegeben wurde. Ich zwängte mich in den Neoprenanzug, der, obwohl ich mittlerweile viel schlanker war, mich immer noch wie eine Wurst in Pelle aussehen ließ. Als wir an der Unglücksstelle ankamen, waren einige Schwimmer schon im Wasser und machten sich für die Taucherkette bereit. Ich wollte gerade selber hineinspringen, als ich ihn sah.

In etwa zehn Meter Entfernung von der sich gerade bildenden Kette wandelte Tod über das Wasser und summte »Ob-La-Di, Ob-La-Da« vor sich hin.

KAPITEL 8
ALTE FREUNDE

Die Erinnerungen an den Vorfall mit Gerrit waren an diesem Tag nur noch ein dunkler Punkt in meiner Historie. An Tod hatte ich schon seit Jahren nicht mehr gedacht. Bis ich ihn über das Wasser laufen sah.

Ich saß auf der Bootskante und brauchte mich nur noch ins Wasser fallen zu lassen, aber ich war wie gelähmt. Das Gefühl ist vermutlich schlecht zu beschreiben und noch schlechter nachzuvollziehen. Es war ungefähr so, als hätte ein Kind ganz fest daran geglaubt, dass der Weihnachtsmann existiert. Dann kriegt es gesagt, dass kein übergewichtiger, bärtiger Mann Hausfriedensbruch begeht, um Geschenke unter den Baum zu legen, sondern dass die Geschenke von den eigenen Eltern und Großeltern stammen. Und schließlich steht es mit 17 plötzlich vor dem echten Weihnachtsmann, der gerade seinen von Rentieren gezogenen Schlitten gelandet hat. Ich war mir in dem Moment fast sicher, dass ich gerade den Verstand verlor.

Andreas, der schon zwei Jahre länger als ich auf der Station seinen Dienst tat, saß hinter dem Lenkrad und starrte mich ungeduldig an. »Springst du heute noch rein oder muss ich dich schubsen?«

Ich saß nur fassungslos da. Vom 40er, dem Boot des Einsatzleiters der Oberhavel, rief ebendieser herüber, ob ich eine Einladung bräuchte. Andreas hob nur die Hände zum Himmel und zuckte mit den Schultern.

Tod blieb unweit der Taucherkette stehen, die es mittlerweile aufgegeben hatte, auf mich zu warten. Das Signal zum Abtauchen wurde gegeben, und dann verschwand eine der Reihen. Sie tauchten von Tod aus weg, was bedeutete, dass sie in der falschen Richtung suchten. Tod schien arg gestresst zu sein und starrte so konzentriert auf das Wasser unter seinen Füßen, dass er mich gar nicht bemerkte. Ich löste mich aus meiner Starre und ließ mich ins Wasser fallen.

Andreas, der gerade neben mir stand, fluchte, weil er dabei nass gespritzt wurde.

Ich schwamm zu der Stelle, an der Tod stand. Als er mich sah, machte er große Augen und lächelte. Offensichtlich freute er sich, mich wiederzusehen. Ich konnte das Gefühl nicht erwidern.

»Hallo, alter Knabe! Lange nicht gesehen. Wie ist dein Befinden?«

»Sag mir bitte, dass ich mir das nur einbilde. Du bist nur ein Hirngespinst von mir, oder?«

»Du beliebst zu scherzen?«

»Bitte sei ein Hirngespinst.«

Tod stutzte. »Da ziehen ein paar Jahre ins Land, und schon denkst du, du hättest den Verstand verloren?«

Ich paddelte im Wasser, während die Taucherkette weitersuchte. Einige der Bootsführer von den anderen Stationen sahen zu mir herüber und schüttelten den Kopf.

»Der Typ ist also tot?«

»Was glaubst du, warum ich hier bin? Wenn die da nicht in die andere Richtung schwimmen würden, dann hätten sie ihn schon längst gefunden. Dabei wäre etwas weniger Arbeit heute schön gewesen. Auf den Philippinen habe ich heute schon die Leute en gros holen müssen. Oh, schau mal …«

Etwas, was wie eine runzelige Motte aussah, kam an die Wasseroberfläche, schüttelte sich und machte Anstalten davonzufliegen. Das Viech hatte etwas Ekliges an sich. Tod schwang seinen Kescher und hatte die Motte sofort gefangen.

»Ich würde ja gern noch schwatzen, aber auf den Philippinen gibt es einiges zu tun. Ich schaue die Tage mal vorbei.«

»Aber, das kann doch nicht …«

»Junge, du glaubst immer noch, dass du verrückt bist? Gut, tauch einfach genau hier runter und hol dir den Beweis, dass es nicht so ist. Wir sehen uns.«

Er ging ein paar Schritte über das Wasser und war dann urplötzlich verschwunden. Die Taucherkette war mittlerweile etliche

Meter entfernt. Ich schaute mich nach den Leuten um, die in den Booten geblieben waren. Einige sahen mich immer noch skeptisch an. Dann holte ich tief Luft und tauchte ab.

✝✝✝

Die Sicht unter Wasser war praktisch null. Nach etwa vier Metern stieß ich auf den Grund. Ich schwamm nicht drauflos, sondern tastete nach allen Seiten. Nach ein paar Sekunden fühlte ich etwas Weiches. Ich hatte den Arm des Ertrunkenen in der Hand und einen dicken Klumpen Steine in meinem Magen, wobei das nicht wörtlich zu nehmen ist. Ich griff nach dem zweiten Arm, stieß mich vom Boden ab und zog die leblose Masse mit.

Mein Kopf stieß durch die Wasseroberfläche, und meine Lungen füllten sich mit köstlicher Luft, die mir fast ausgeblieben war. Ich strampelte wie wild, um mich über Wasser zu halten. Andreas starrte mich mit mürrischem Gesichtsausdruck von unserem Boot aus an, wunderte sich darüber, dass ich so keuchte, und meinte: »Was zum Teufel, Mann?«

Es gelang mir mit Mühe, den Mann nach oben zu holen, und sobald meine Kameraden gesehen hatten, dass ich ihn hatte, war die Hölle los. Ein paar der Schwimmer aus der Taucherkette kamen herüber und assistierten mir dabei, den Typen in ein Boot zu heben. Es war zwar nicht unseres, aber das war in dem Moment egal. Ich schwamm zurück, und Andreas half mir, als ich mich über die Seite quälte. Die Bergung des Körpers hatte mich mehr Kraft gekostet, als ich gedacht hatte.

»Mann, das war ja Wahnsinn. Woher hast du gewusst, dass du da tauchen musst, um den zu finden?«

»Ich weiß nicht, ich hatte einfach so ein Gefühl«, log ich.

»Wenn du so ein Gefühl auch beim Lottospielen hast, dann lass es mich wissen, Mann.«

Ich beobachtete, wie die Kameraden von den anderen Stationen versuchten, den Leichnam zu reanimieren. Es war allen klar, dass die

Chancen schlecht standen, ihn wieder zu Bewusstsein zu bekommen, aber nur ich hatte die Gewissheit, dass es garantiert nichts werden würde. Die anderen Boote, die an dem Kahn festgemacht hatten, legten ab, damit man den Ertrunkenen so schnell wie möglich ans Ufer und somit zum dort wartenden Rettungswagen bringen konnte.

Nach und nach kamen auch meine anderen Stationskameraden wieder ins Boot, und wir machten uns auf den Rückweg. Der Einsatzleiter wollte uns zurückhalten, um noch eine Nachbesprechung durchzuführen, aber ich sagte Andreas, dass ich so schnell wie möglich zurück wollte. Er schlug dem Einsatzleiter vor, die Besprechung später nachzuholen, damit sich die Schwimmer auf den jeweiligen Stationen wieder aufwärmen konnten. Zwar herrschten an dem Sommertag angenehme Temperaturen, aber die Ausrede wirkte. Ich bedankte mich bei Andreas, der lediglich abwinkte.

»Alles klar mit dir?«

»Sicher«, war meine knappe Antwort.

»Sieht aber nicht so aus, Mann.«

»Wirklich, mir geht's gut. Ich klappe nicht gleich zusammen oder so was. Ist trotzdem 'n komisches Gefühl, 'nen Typen aus dem Wasser zu ziehen.«

»Kann ich mir vorstellen, Mann.«

Andreas gab per Funk durch, dass wir auf dem Heimweg waren. Die anderen beglückwünschten mich, zeigten mit dem Daumen nach oben oder nickten einfach nur und begannen sich wieder anzuziehen. Ich blieb, mit meinem Handtuch umwickelt, auf dem Boden des Bootes sitzen. Während die anderen darüber sprachen, wie cool doch die ganze Aktion gewesen sei, blieb ich ruhig und hing meinen Gedanken nach.

✞✞✞

Jemand vom Funkraum aus dem Landesverband der DLRG war so freundlich mitzudenken und hatte auf Bürgerablage angerufen, um Bescheid zu geben, dass wir wieder auf dem Rückweg waren. Als wir auf der Station ankamen, standen frischer Kaffee und Tee in der Küche, und die anderen Kameraden begrüßten uns und fragten, wie es war. Während die anderen noch erzählten, schwang ich mich unter die Dusche.

Das warme Wasser half mir nicht, mich von den Gedanken an Tod oder den Toten abzulenken. Länger als nötig stand ich einfach unter dem Wasserstrahl und starrte die Wand an. Schließlich seifte ich mich ein. Als ich gerade das Shampoo aus meinen Haaren gewaschen hatte und aus der Kabine trat, stand Tod vor mir.

»Guten Tag.«

Ich zuckte zusammen. Da ich völlig nackt war, griff ich instinktiv nach dem Handtuch und hielt es vor meine privaten Teile, die, wenn es nach mir ginge, auch lieber privat bleiben sollten.

»Du brauchst dich nicht zu bedecken. Vor dem Tod sind alle gleich.« Er schmunzelte.

»Du hast mich fast zu Tode erschreckt.«

»Nein, DAS hätte ich vorher gewusst.« Er grinste weiterhin. »Das Wasser war ziemlich kalt, was?«

Ich stutzte, bis ich begriff, was er meinte.

»Nicht witzig!«, entgegnete ich.

»Ich fand den Anblick schon witzig.«

»Danke, das ist sehr aufbauend.«

»Keine Ursache.«

Einen Moment lang standen wir uns beide gegenüber. Keiner sprach, wir starrten uns nur an.

»Wolltest du dich nicht anziehen?«

»Ich bevorzuge, das zu tun, wenn mir dabei keiner auf den Schniedel starrt.«

Er rollte mit den Augen und drehte sich um.

Schnell griff ich nach der trockenen Badehose, die ich bereitgelegt hatte, und zog sie mir über.

»Fertig?«

»Ja.«

Er drehte sich wieder um.

»Du bist ein wenig empfindlich.«

»Entschuldige bitte, aber ich finde es etwas beunruhigend, wenn ich nackt vor dem Tod stehen muss.«

»Okay, okay. Zumindest scheinst du dich wieder daran gewöhnt zu haben, dass ich kein Produkt deiner Einbildung bin.«

»Mir wäre es fast lieber gewesen, wenn es so gewesen wäre.«

»Oh, das verletzt mich jetzt aber.« Der sarkastische Tonfall war unüberhörbar.

»Ich hatte mich gerade damit abgefunden, dass ich wieder einigermaßen normal war.«

»Oh, normal, das bist du mit Sicherheit nicht.«

»Nur weil ich den Tod sehe?«

»Na ja, das ist doch immerhin schon ein ganz wesentlicher Punkt, findest du nicht?«

Mir fiel nicht ein, was ich dagegen hätte sagen können. Tod wartete gar nicht auf meine Antwort.

»Eigentlich wollte ich nur noch mal schnell vorbeischauen und fragen, ob wir nicht mal wieder eine Partie Schach spielen wollen. Ich habe das schon eine ganze Weile vermisst, weißt du.«

Ich zögerte. Jemand hämmerte an die Badezimmertür und rief, ob ich noch lange da drinnen brauchen würde.

»Komme gleich. Moment noch.«

Tod rotierte mit einer Hand, so als erwarte er jetzt endlich eine Antwort.

»Warum eigentlich nicht? Klar. Komm mal wieder vorbei.«

Tod freute sich sichtlich. »Soll ich ein paar Spezereien mitbringen?«

»Was?«

»Irgendwelche Leckereien für zwischendurch. Chips oder wie sich diese neumodische Kost nennt?«

»Äh, ja. Okay.«

»Gut. Ich muss auch wieder los. Heute ist erstaunlich viel zu tun.« Sein Blick nahm überraschend ernste Züge an.

»Du hast vorhin schon was in der Richtung gesagt. Was ist denn los?«

»Vulkanausbruch auf den Philippinen. Da haben eine ganze Menge Leute heute einen echt beschissenen Tag. Tirili!«

Und schon war Tod wieder verschwunden und doch wieder in meinem Leben. Erneut hämmerte es an der Tür.

»Ja, ist ja gut.«

Ich ging hinaus.

KAPITEL 9

WIE MAN SICH AUF PARTYS MIT MÄDCHEN UNTERHÄLT

Die Zeitungen berichteten von dem Ertrunkenen und davon, dass die DLRG den Mann gefunden hatte. Mein Name fiel dabei nicht, aber irgendwie machte mir das nicht das Geringste aus. Selbst wenn es mir möglich gewesen wäre, den Mann zu retten, hätte ich nicht in der Zeitung erscheinen wollen. Vielleicht wollte ich auch nicht mit dem Mann in Verbindung gebracht werden, da ich ihm nicht hatte helfen können. Vielleicht war ich auch erwachsen geworden, weil ich endlich erkannte, dass der Dienst auf der Station nicht nur lustig oder »heldenhaft« war. Vielleicht hatte mich die Begegnung mit Tod so aus dem Tritt gebracht, dass ich einfach keinen klaren Gedanken fassen konnte. Vielleicht alles davon. Ich weiß es nicht. Meine Warhol'schen 15 Minuten Ruhm hatte ich, wenn auch nur unter meinen Kameraden, aber das war genug. Ich erwartete auch nicht, in der Schule darauf angesprochen zu werden. Von Anja erwartete ich schon eine Weile nichts mehr und versuchte mir einzureden, dass ich keine Gefühle für sie mehr hegte, damit ich vielleicht mit einer anderen mein Glück finden würde.

Die DLRG kam mir zu manchen Zeiten wie ein Jagdgebiet der Geschlechter vor. Die Mädchenrate war in meinen Anfangsjahren gering, weswegen sich die weiblichen Retter oftmals wie das »Huhn im Korb« vorkommen mussten. Zumindest war ihnen vonseiten ihrer männlichen Kollegen immer jede Menge Aufmerksamkeit garantiert. Das bedeutete aber auch, dass die wenigen Mädchen, die ich halbwegs interessant fand, ohnehin schon nicht mehr zu haben waren. Nach ein paar Jahren glich sich dann das Geschlechterverhältnis aus. Wenn ich vermuten müsste, woran das lag, dann würde ich sagen: »Baywatch«. Diese Serie mit David Hasselhoff, der mir, seit er begonnen hatte zu singen, tierisch auf den Sack ging, war Fluch und Segen zugleich. Es war ermüdend, dass man immer bei Erwähnung der DLRG-Mitgliedschaft einen wissenden Blick mit dazugehörigem Kopfnicken und den Worten »Ah, ›Baywatch‹, was?« erntete. Aber es war ein Segen, dass einige Mädchen glaubten, der Glamour, der von den großbrüstigen Nebenfiguren wie Pamela Anderson oder Erika Eleniak ausging, würde auf sie übergreifen. Das soll nicht heißen, dass der DLRG deswegen Schönheiten mit Silikonpolstern zuliefen. Der Großteil der weiblichen Neuzugänge setzte sich aus ganz normalen Mitgliedern der Frauenwelt zusammen.

Cornelia hatte im Frühjahr auf unserer Station angefangen. Sie war ein süßes Mädchen, aber sie nahm kein Blatt vor den Mund und ließ sich nicht herumschubsen. Sie war nicht sonderlich groß, und offenbar versuchte sie, das zu kompensieren, indem sie wesentlich direkter als andere Mädchen war, die ich kannte. Mir war nicht entgangen, dass sie sich schon zu Beginn unserer Bekanntschaft in mich verknallt hatte. Sie hatte auch definitiv nicht den leisesten Schimmer davon, dass ich der Junge war, der an dem Tod des Schülers vor ein paar Jahren beteiligt gewesen war. Obwohl ich sie auch sehr mochte, war ich zum einen nicht der Typ, der den ersten Schritt machte, und zum anderen hing ich immer noch Anja hinterher. Mir war klar, dass es mit Anja vermutlich nie etwas werden würde, aber ich war mir nicht sicher, ob ich mich überhaupt in eine andere verlieben könnte.

Ich freundete mich mit Conny an, aber ich hielt sie zunächst auf Distanz. Sie sagte zwar nie geradeheraus, was sie von mir wollte, aber so subtil war es offenbar nicht, denn meine Stationskameraden begannen, mich schon bald mit ihr aufzuziehen. Einige wunderten sich, ob ich nicht sogar schwul wäre, weil ich nichts mit ihr anfing. Nun ist eine DLRG-Station nicht unbedingt der beste Ort, um tiefe psychologische Gespräche zu führen. Eher schon unterhielten wir uns darüber, welche Filme gut oder schlecht sind, wobei man auch da gewisse Abstriche machen musste. (Ich weigere mich bis heute, die Ansicht eines Kameraden zu akzeptieren, welcher der Meinung war, dass »Body Of Evidence« der beste Film aller Zeiten sei, weil Madonna darin nackt auftrat.)

Auf einer Wasserrettungsstation kann man einfach gut dämlich quatschen. Sorgen, Beziehungsprobleme oder anderer ernsthafter Kram sind eher etwas, was man mit einem echten Kumpel unter vier Augen beredet. Ich hielt mich mit meinen Bemerkungen über Conny den anderen gegenüber also zurück. Auch mit meinen Eltern wollte ich nicht über sie reden. Wer redet schon gern mit seinen Eltern über solche Dinge? Im Grunde blieb mir nur einer, mit dem ich sprechen konnte.

Tod hatte sich eine Weile rargemacht, schneite eines Abends aber mit einer Chipstüte im Arm herein.

»Guten Abend«, sagte er mit einem freundlichen Grinsen auf den Lippen.

Ich hatte ihn zunächst nicht bemerkt, weil ich auf meinem Bett lag und Musik hörte, und zuckte zusammen, als ich seine Stimme hörte. »Meine Güte, bitte schleich dich doch nicht wie ein Ninja an.«

Tod schüttelte die Chipstüte. »Ich habe Speisen mitgebracht.«

»›Speise‹ ist dafür als Begriff aber arg überstrapaziert.«

»Wie würdest du es denn nennen?«

»Knabberzeug.«

»Knabberzeug«, sagte er mit einem Ton der Enttäuschung.

Wir schauten uns einen Moment an, unsicher, wie sich jeder verhalten sollte.

»Okay«, sagte ich, »danke.« Ich nahm ihm die Tüte ab und riss sie auf. Als ich sie ihm hinhielt, winkte er ab.

»Ich weiß nicht, ob ich mit etwas verköstigt werden will, was sich Knabberzeug nennt.«

Darauf wusste ich nichts zu erwidern und stopfte mir stattdessen ein paar Chips in den Mund.

»Deine Stube hat sich verändert«, sagte Tod.

»Hast du erwartet, dass ich immer noch mit ›Star Wars‹-Figuren spiele?«, fragte ich. Dann fiel mein Blick auf das »Star Wars«-Poster an der Wand, und ich wünschte mir, ich hätte ein besseres Beispiel gewählt.

»Womit verbringst du denn jetzt deine Zeit, wenn du nicht gerade Leichen aus dem Wasser birgst?«

Ich erzählte ihm von der Schule, der DLRG und allem, was sich in den letzten Jahren zugetragen hatte. Seine Geschichten drehten sich hauptsächlich um die vielen Leute, die er getroffen hatte, welche aber hinterher nicht mehr darüber berichten konnten.

Letztendlich berichtete ich ihm von Anja und Conny. Er runzelte die Stirn.

»Du hast zwei Weiber?«

»Ich habe … nenne sie nicht Weiber. Das ist nicht cool.«

»Cool?«

»Ich meine … das ist nicht in Ordnung.«

»Cool«, Tod schien über das Wort nachzugrübeln.

»Ich habe keine Weiber. Ich bin in die eine verliebt, aber sie nicht in mich. Die andere ist, glaube ich, in mich verliebt, aber ich weiß nicht, ob ich das erwidern kann.«

»Cool«, sagte Tod.

»Äh«, stammelte ich.

»Willst du denn die eine freien, obwohl du sie nicht liebst?«

Ich verstand nicht, was Tod sagen wollte. »Freien?«

»Um ihre Hand anhalten.«

»Sie heiraten? Um Himmels willen, nein!«

»Was regst du dich so auf?«, fragte Tod. »Du bist doch im besten Mannesalter.«

»Ich bin 17 Jahre alt. Das mit dem Heiraten kann noch eine Weile warten.«

»In deinem Alter hatte man früher schon zwei Kinder«, sagte Tod. »Aber ich verstehe, du willst dir die Hörner abstoßen.« Er nickte wissend.

Mich überkam das Gefühl, dass mir Tod bei meinen Beziehungsproblemen keine große Hilfe sein würde.

»Vergiss einfach, was ich gesagt habe«, sprach ich und wollte das Kapitel abhaken.

»Cool.«

Wir verbrachten noch ein paar Minuten damit, über dieses und jenes zu reden, bevor ich wirklich zu Bett musste. Tod verabschiedete sich und ließ erneut wochenlang auf sich warten.

Im Spätsommer hatte mich Conny zu ihrer Geburtstagsfeier eingeladen. Sie fand bei ihr daheim statt, was für mich eine kleine Weltreise nach Kladow in Süd-Spandau bedeutete. Es waren etliche ihrer Schulfreundinnen anwesend, ein paar Mitschüler und jemand, den sie wohl noch von früher kannte und an dessen Namen ich mich nicht im Geringsten erinnern kann. Von der Station war ich der Einzige. Kurz gesagt: Ich kam mir unheimlich fehl am Platz vor. Es half auch nicht, dass ein paar der Mädchen gelegentlich zu mir herüberschielten und tuschelten.

Den ganzen Abend versuchte ich, mich in die Gespräche der Leute einzuklinken, was mir nur geringfügig gelang. Als dann irgendwann die Mädchen anfingen zu tanzen, war das wie ein Signal für die männlichen Anwesenden, sich auf der Couch festzuketten. Alle bis auf einen. Der Typ, den Cornelia von früher kannte, tanzte mit den Mädels und besonders häufig mit ihr. Alles, was ich tun konnte, war, zu ihr herüberzustarren und nervös zu werden.

Was in mir aufkeimte, war Eifersucht, und das, obwohl ich noch nicht einmal genau wusste, ob ich mich in sie verliebt hatte. Aber in diesem Moment war ich sehr verwirrt. Ich wollte sagen können, dass sie meine Freundin ist und er gefälligst nicht mit ihr zu tanzen hätte. Aber da gab es diesen imaginären Sandsack, der meinen Hintern auf die Couch gedrückt hielt.

Irgendwann war es mir zu viel. Ich stand auf und ging zu Conny hinüber. Erwartungsvoll schaute sie mich an.

»Ich ... entschuldige ... ich ... morgen ... also ... ich muss los«, stammelte ich ihr entgegen.

»Du willst schon gehen?« Sie hörte auf zu tanzen und nahm mich beiseite. Wir gingen in den Flur, wo wir ungestört waren.

»Tut mir leid, aber ich muss morgen früh raus. Meine Eltern wollen auf den Trödelmarkt, und ich soll ihnen helfen. Und die Busfahrt dauert ja auch noch.«

Was ich sagte, war nur halb gelogen, klang aber trotzdem wie eine Neudefinition der lahmen Ausrede. Meine Eltern wollten tatsächlich auf den Trödelmarkt gehen, hätten aber vermutlich nichts dagegen gehabt, wenn ich erst später nachgekommen wäre. Die Wahrheit war, dass ich es auf der Feier einfach nicht mehr aushielt. Ich kam mir vor wie der letzte Idiot und wollte nur noch weg.

»Das ist wirklich schade.«

»Ja, finde ich auch. Tut mir leid.«

»Kannst du nicht doch etwas länger bleiben? Wir haben noch gar nicht getanzt.«

Ich druckste rum. »Du hast doch schon einen Tanzpartner.«

»Der? Ach ... ich würde lieber mit dir tanzen.«

»Ich fürchte nur, dass ich kein großer Tänzer bin.«

Das war die Untertreibung des Jahres. Tatsächlich hatten sich bei einer früheren Party die meisten Leute in Sicherheit bringen müssen, als ich zu tanzen versuchte.

Conny schaute enttäuscht. Tatsächlich kam ich mir nun noch viel blöder vor.

»Vielleicht kann ich das ja wiedergutmachen, und wir gehen mal zusammen ins Kino oder so«, sagte ich schnell. Ihre Augen begannen zu leuchten. Sie hatte schon ein paarmal Andeutungen gemacht, dass sie diesen oder jenen Film gerne sehen wollte, aber ich hatte immer geschickt vom Thema abgelenkt.

»Das würde mir gefallen«, sagte sie.

»Gut, dann ... machen wir das bald.«

Sie lächelte. »Da freue ich mich drauf. Ich mag dich nämlich sehr.«

»Ich dich auch«, entgegnete ich.

»Aber ich mag dich wirklich SEHR«, sagte sie.

Ihre blauen Augen schauten hinauf in meine. Unwillkürlich musste ich an Anja denken. Im nächsten Moment nahm ich Conny in den Arm und küsste sie voll auf den Mund.

Für meinen ersten richtigen Kuss war es vermutlich gar nicht so schlecht, auch wenn kein Hollywood-Orchester den Soundtrack dafür lieferte. Vielleicht lag es daran, dass dieser Kuss eher eine Reflexhandlung war und ich einen Moment lang sogar dachte, dass ich komplett verrückt geworden sein musste. Aber sie erwiderte den Kuss, und alle meine Bedenken verflüchtigten sich so schnell, wie sie gekommen waren.

Nach einer Weile, die irgendwas zwischen drei Sekunden und drei Stunden gedauert hatte, lösten sich unsere Lippen voneinander. Sie lächelte.

»Das mit dem Kino sollten wir möglichst bald machen, denke ich«, war das Erste, was ich von mir gab. Sie nickte nur und zog mich dann noch einmal an sich.

Trotz des »Lippenvorfalls« verabschiedete ich mich und ging zum Bus. Was war da gerade geschehen? In meinem Kopf ging es drunter und drüber. Auf jeden Fall war die Busfahrt bei Weitem nicht ausreichend lang genug, um diesen Moment vor meinem geistigen Auge wieder und wieder ablaufen zu lassen. Auch als ich zu Bett ging, spielte sich die Szene immer und immer wieder in meinem Kopf ab.

✟✟✟

Bis ich das nächste Mal von Conny hörte, dauerte es ein paar Tage. Zu dieser Zeit, in denen Handys noch eine Seltenheit waren, telefonierte man eher über Festnetz. Da Conny das Wochenende über mit ihren Eltern beschäftigt und ich auf der Station beziehungsweise mit meinen Eltern auf dem Trödelmarkt war, hatte ich also zwei Tage lang Zeit, darüber nachzugrübeln, ob ich jetzt tatsächlich eine Freundin hatte oder nicht.

Offenbar hatte ich sie. Conny rief mich am Sonntagabend daheim an, und wir redeten eine ganze Weile, bis mein Vater irgendwann in mein Zimmer kam und fragte, ob mir schon Blut aus dem Ohr tropfen würde. Ich fand das einigermaßen amüsant, da er selber dazu neigte, Marathonsitzungen am Telefon abzuhalten. Deshalb, und um nicht den Apparat meiner Eltern andauernd zu belegen, besorgte ich mir bald eine eigene Telefonleitung. Außerdem wollten meine Eltern nicht die Rechnung bezahlen, die ich womöglich verursachen würde.

Während der Sommer dem Ende entgegenging, begann unsere Beziehung aufzublühen. Auf der Station sagten alle, sie hätten schon immer gewusst, dass wir irgendwann zusammenkämen. Wenn wir am Wochenende mehr als acht Leute waren, teilten Conny und ich uns eine Koje, allerdings spielte sich darin in sexueller Hinsicht nichts ab.

Dies war genau der Punkt, der Conny nervte. Sie schien es wirklich unbedingt zu wollen. Manchmal rieb sie sich in der Koje derartig an mir, dass ich sie daran erinnern musste, dass wir nicht allein waren. Wenn wir im Kino waren, konnte sie die Finger gar nicht von mir lassen. Wir knutschten so heftig rum, dass ich bis heute nur die ersten und die letzten fünf Minuten von »Gefährliche Brandung« gesehen habe. Und wir waren tatsächlich zweimal drin, weil zum einen ich den Film wirklich sehen wollte und zum anderen sie total auf Patrick Swayze abfuhr. Immerhin zwang sie mich niemals dazu, »Dirty Dancing« mit ihr anzusehen.

Tod hatte mich ein-, zweimal besucht, allerdings hatte ich ihn immer abgewimmelt, weil ich gerade mit Conny telefonierte oder ihren Anruf erwartete. Seine Reaktion belief sich neuerdings meistens auf ein »Nicht cool«.

Bis in den Herbst hinein hatten Conny und ich praktisch niemals Zeit irgendwo allein. Die Woche über sahen wir uns so gut wie gar nicht, weil unsere Eltern nicht wollten, dass einer von uns jeweils so lange an Schultagen unterwegs war. Hausaufgaben und das Lernen für das Abitur waren in den Vordergrund gerückt. An den Wochenenden waren wir beide auf der Station, und dort war man ohnehin nie alleine. Nachdem die Station allerdings in den Winterschlaf versetzt worden war, hatten wir die Wochenenden für uns. Ihre Eltern erlaubten ihr und mir nicht, beieinander zu übernachten, aber an einem Samstag wollten meine Eltern einen Ausflug nach Polen machen. Ich hatte gesagt, dass ich nicht mitkommen würde, weil ich etwas Zeit mit Conny verbringen wollte. Meine Eltern sahen das ein und fuhren ohne mich. Als ich ihr erzählte, ich hätte an dem Tag mehr Zeit, weil meine Eltern bestimmt erst spät nach Hause kämen, hatte sie darauf bestanden, dass wir nichts unternahmen und sie vorbeikommen würde.

Mittags stand sie vor der Tür, und ehe ich ihr richtig Guten Tag sagen konnte, besprang sie mich im wahrsten Sinne des Wortes und rammte mir ihre Zunge in den Hals. Unbeholfen schlug ich die Tür zu, während sie ihre Jacke abstreifte und mich weiterhin mit den Beinen umklammert hielt.

»Nimm mich!«, keuchte sie mich an, als sich ihr Mund für einen Moment von meinem löste.

»Mmmmmkay«, war alles, was ich hervorbrachte. Das schien ein sehr interessanter Tag zu werden.

Ich stolperte mit ihr in mein Zimmer und legte sie auf mein Bett. Ihr Pullover flog in die eine Ecke, meiner in eine andere. Sie streifte ihre Schuhe ab, und ich küsste sie vom Hals abwärts bis zur Hose, die ich aufknöpfte und ihr auszog. Sie tat dasselbe bei mir. Ihren BH zu öffnen stellte sich als reichlich kompliziert heraus, aber nachdem wir uns beide darüber lustig gemacht hatten, war auch dieses störende Kleidungsstück auf einem Haufen gelandet.

Meine Erregung war ihr nicht entgangen. Meine Unterhose spannte, und als sie einen Blick darauf warf, sagte sie nur: »Wird Zeit, dass wir ihn befreien.«

Sie zog die Hose nach unten und wollte sich gerade über ihn beugen, als Tod wieder einmal durch das Fenster gelaufen kam, als wäre es eine offene Tür.

»Heilige Scheiße!«, entfuhr es mir. Instinktiv hielt ich mir die Hände vors Geschlecht.

»Was ist los?« Conny war völlig verdattert.

»Ich habe Knabberzeug mitgebracht«, sagte Tod ganz unschuldig und schüttelte eine Chipstüte.

Einen Moment schnappte ich nach Luft. »Moment ... ich ... komme gleich wieder«, sagte ich zu Conny und tänzelte mit meinen Händen im Schritt in Richtung Badezimmer. Mit einer schnellen Geste machte ich Tod klar, dass er folgen sollte. Conny deutete das falsch und dachte, sie solle kommen, aber ich erklärte ihr, dass ich nur eine Fliege verscheucht hatte.

Ich schloss die Tür des Badezimmers hinter mir und griff mir ein Handtuch, das ich mir um die Hüfte wickelte. Tod kam kurz darauf mitten durch die Tür marschiert.

»Guten Tag!«, sagte er und grinste.

»Was zum Teufel?«

»Wie?«

»Was zum Teufel machst du hier?«

Tod zuckte mit den Schultern. »Ich wollte dich besuchen. Die letzten Male warst du immer recht kurz angebunden.«

»Weil ich beschäftigt war! So wie jetzt!«

Er schüttelte die Chipstüte. »Knabberzeug? Du magst das doch, oder?«, sagte er und drückte mir die Tüte in die Hand.

»Vielleicht ist es dir entgangen, aber ich habe ein Mädchen bei mir im Zimmer.«

»Habe ich gesehen. Hübsches Ding. Ist das das Weib, weswegen du mich immer versetzt hast?«

»Ja, und sag nicht Weib. So redet doch kein Mensch.«

»Wie sollte ich sie denn sonst nennen?«

»Meine Freundin. Sie ist meine Freundin.«

»Heißt das, es ist etwas Ernsthaftes?«

»Na ja, ernsthaft genug, würde ich sagen.«

»Ach, dann habe ich euch gerade beim Kopulieren gestört?«, fragte Tod unschuldig.

»Äh ... ja.«

»Gut, dann erledige das doch schnell, schick sie weg, und wir reden ein bisschen.«

»Aber ... das ... so doch nicht.«

»Warum nicht?«

»Weil Frauen es eben gerne haben, wenn man sie noch ein wenig im Arm hält, nette Sachen sagt und sie nicht gleich wieder auf die Straße scheucht, wenn man selbst fertig ist. Glaube ich jedenfalls. Außerdem will ich nicht, dass du dabei zuschaust.«

»Mach dir mal nichts vor, Bursche, so lange wird das schon nicht dauern.«

Ich wusste gar nicht richtig, was ich sagen sollte. Plötzlich meldete sich Conny durch die Tür.

»Martin? Ist alles okay?«

»Ja, sicher. Bin gleich wieder da. Behalt den Gedanken!« Ich patschte mir an die Stirn, nachdem ich das ausgesprochen hatte.

»Du musst nicht immer so unfreundlich zu mir sein, wenn ich mich schon zu dir her begebe. Immerhin habe ich etwas mitgebracht«, sagte Tod und zeigte auf die Chips in meiner Hand.

»Ach, komm schon. Das kann doch nicht dein Ernst sein.«

Von draußen meldete sich wieder Conny zu Wort: »Martin, das macht doch nichts. Das passiert doch jedem mal.«

»Was? Wovon redest du überhaupt?«

»Du hättest nicht wegzurennen brauchen. Es hätte mir nichts ausgemacht, weißt du.«

Irgendwie konnte ich dem ganzen Geschehen nicht mehr folgen.

»Ha, das Weib macht mir Spaß«, meinte Tod und grinste in Richtung Tür. »Sieht so aus, als würde die vom Knabbern etwas verstehen.«

»Würdest du jetzt bitte verschwinden? Du kannst gerne wieder vorbeikommen, aber nur, wenn ich gerade keinen Besuch habe. Und versuch doch bitte, mich nicht immer so zu erschrecken, okay?«

Tod war etwas enttäuscht. »Na gut, dann noch viel Spaß euch beiden.« Er ging auf die Wand zu und drehte sich noch mal um. »Sicher, dass ich nicht zuschauen kann?«

Ich scheuchte ihn mit einer Handbewegung weg. Ich atmete erst mal tief durch, bevor ich die Tür öffnete und wieder vor Conny stand. Sie zog mich zu sich herunter und küsste mich.

»Was sollen die Chips?«, fragte sie nach dem Kuss.

Ich zuckte nur mit den Schultern und stellte die Packung auf die Anrichte. Dann nahm sie meine Hand und zog mich zurück in mein Zimmer. Wir spielten aneinander herum, aber irgendwie kam bei mir nichts mehr zustande. Die ganze Zeit hatte ich das Gefühl, beobachtet zu werden.

KAPITEL 10

ZETTEL IM UNTERRICHT

Als Conny erkannte, dass es wohl nichts mehr werden würde, zog sie sich wieder an und ging. Sie war offenbar enttäuscht, und ich war es auch. Als meine Eltern nach Hause kamen, merkten sie, dass etwas nicht stimmte, aber irgendwie fiel es mir schwer, ihnen zu erklären, dass ich beinahe Sex gehabt hätte, dieser aber vom leibhaftigen Tod unterbrochen wurde. Ich sagte also lieber gar nichts.

Das Wochenende ging und die Schulwoche begann. Unser Schulleiter unterrichtete uns montags eine Doppelstunde in Deutsch. Er sah immer so aus, als würde er gerade von der Pirsch kommen, wobei ich glaube, dass er einfach seit Jahren vergessen hatte, die Klamotten zu wechseln. Er stand kurz vor der Pensionierung und nie hatte ich ihn in etwas anderem als diesem Jagdoutfit gesehen. Er hatte außerdem die Angewohnheit, mit einer extrem gebrechlichen Stimme zu sprechen und dabei alles in die Länge zu ziehen, wobei ihn große Pausen mitten im Satz unterstützten. An diesem Tag kam er in den Raum und begrüßte uns mit den Worten: »Hallo … heute … werden wir … das ›Vaterunser‹ … auf Alt-Mittelhochdeutsch … durchnehmen.«

Mir sagte das zweierlei: a) Ich bräuchte ab jetzt nicht mehr aufzupassen, und b) Ich sollte mir eine Polsterung auf den Tisch packen, damit ich mir den Kopf nicht aufschlagen würde, wenn ich einnickte. Zumindest war klar, dass ich geistig abschalten konnte. Vor meinem geistigen Auge ließ ich das Wochenende Revue passieren und dachte über den Tod nach. Immer kam er im denkbar ungünstigsten Augenblick. Mir war aber auch nicht klar, wie ich ihn selbst kontaktieren konnte. Bei der nächsten Gelegenheit wollte ich ihn darauf ansprechen.

Während der Schulleiter den halben Raum zum Einschlafen brachte, dachte ich auch über Conny nach. Ich hatte sie am Sonntag nicht mehr erreicht, und sie hatte sich auch nicht mehr bei mir gemeldet. Ich redete mir ein, dass es nichts weiter zu bedeuten hatte.

Als ich meinen Blick durch den Raum schweifen ließ, fiel mir Frank auf, der auf einer der hinteren Bänke saß und ebenfalls mit irgendwas beschäftigt schien, was nichts mit dem Unterricht zu tun hatte. Er kritzelte auf seinem Block rum, riss dann das beschriebene Stück ab, faltete es und gab es seinem Sitznachbarn, der es weiterreichte. Ich beobachtete, wie das Papier von Tisch zu Tisch wanderte, bis es schließlich bei Astrid landete, die es aufklappte, las und mit einem seligen Lächeln quittierte. Quer durch den Raum warfen sie und Frank sich einen vielsagenden Blick zu.

Ich war schockiert. Frank turtelte ganz offenbar mit Astrid herum, dabei war er immer noch mit Anja zusammen, zumindest soweit ich wusste. Wenn sie sich getrennt hätten, hätte ich mit Sicherheit davon gehört. Die Gerüchteküche brodelte immer, und man bekam mit, wer mit wem was hatte, ob man wollte oder nicht. Frank wusste das sicher auch, was es umso sonderbarer machte, dass er ganz offen Nachrichten und Blicke mit Astrid austauschte. Vermutlich wollte er von Astrid etwas ganz Bestimmtes, wenn man dem Ruf Astrids Glauben schenkte, der größtenteils von den Jungs weitergetragen wurde, die auf all die coolen Partys gingen, auf die ich zum Beispiel nie eingeladen wurde. Allerdings bin ich mir ziemlich sicher, dass zumindest an dem Gerücht mit dem Esel nie wirklich etwas Wahres dran war.

Nach der Doppelstunde klingelte es zur großen Pause, und aus einer stillen Ecke des Hofes beobachtete ich Frank. Wie gewöhnlich traf er sich mit Anja an dem großen Baum, es gab einen kleinen Kuss, und dann schien sich jeder mit seinen eigenen Freunden zu unterhalten. Astrid stand mit einer anderen Truppe ein paar Meter entfernt und schaute unverhohlen zu Frank herüber, der mit seinen Blicken allerdings wesentlich subtiler war.

»Na, überlegst du, ob du ihr sagen solltest, dass ihr Freund sie betrügt?«

Tod war urplötzlich neben mir aufgetaucht, und ich musste wieder einmal meinen Puls auf Normalmaß runterregeln.

»Verdammt noch mal, hör auf, mich immer so zu erschrecken. Irgendwann bleibt mir das Herz stehen«, sagte ich vorwurfsvoll.

»Glaub mir, daran wirst du nicht sterben.«

Ich seufzte. »Warum hast du dich nicht gestern gemeldet, als ich Zeit hatte. Jetzt ist wieder ein denkbar ungünstiger Zeitpunkt.«

»Bei dir sind immer alle Zeitpunkte ungünstig, oder?«

»Ich wäre halt froh, wenn die Leute, die dich nicht sehen können, nicht denken würden, dass ich bescheuert bin.«

»Wer weiß, vielleicht denken sie es ja bereits.«

»Witzig.«

»Also, wirst du es ihr sagen?«

»Was? Anja? Dass Frank sie betrügt?«

»Ja.«

Ich grübelte nach. »Ich hab es zwar gesehen, aber ich kann es ihr ja kaum beweisen.«

»Was hast du gesehen?«

»Er schreibt Astrid Zettelchen, und sie werfen sich vielsagende Blicke zu.«

»Vielsagend. Hört, hört.«

»Was?«

»Du weißt es also nicht genau.«

»Was weiß ich nicht genau?«

»Ob er sie betrügt oder nicht.«

»Na ja, es ist doch recht offensichtlich.«

»Zettelchen und vielsagende Blicke?«

»Na ja, ich weiß nicht, ob sie miteinander schlafen oder so was, aber das ist doch schon mal ein Indiz.«

Tod lächelte. »Also, noch mal die Frage: Wirst du es ihr sagen oder nicht?«

Ich seufzte. Anja hatte es nicht verdient, dass ihr Freund so mit ihr umsprang, aber eigentlich ging es mich gar nichts an. Natürlich bestünde die Chance, dass sie wieder solo wäre, was eventuell eine Chance, wenn auch eine ganz kleine, für mich bedeuten würde. Ich seufzte erneut.

»Lass es«, sagte Tod.

Ich schaute ihn an.

»Wenn du dich so lange wie ich auf dieser Erde herumgetrieben hast, dann wirst du lernen, dass manchmal eben doch der Überbringer der Nachricht dran glauben muss. Du wärst immer derjenige, der dafür gesorgt hat, dass sie ihre erste große Liebe verloren hat.«

Ich schaute hinüber zu Anja, die gerade herzlich lachte und sich dabei die Haare hinter die Ohren strich. Es war diese typische Bewegung, die mir einen kleinen Stich ins Herz versetzte und die meine Gefühle für Anja erneut aufleben ließ.

»Außerdem dachte ich, dass du bereits ein Weib hättest«, sagte Tod und spielte mit dem Kescher herum.

Ich glaube, ich lief bei der Erwähnung von Conny rot an. Ich machte zwar meinen Mund auf und zu, aber es kamen keine Worte heraus.

»Da stellt sich doch die Frage, ob er so viel schlimmer ist als du, nicht wahr?«, sagte Tod.

Ich erwiderte nichts.

»Wenn es dich beruhigt ...«, setzte er fort, »... sie wird es bald ganz von allein herausbekommen. Es gibt eine Menge Tränen, aber auch das wird bald vergessen sein. Frank und Astrid werden übrigens zusammenkommen und den Rest ihres Lebens miteinander verbringen. Zumindest das restliche Leben von Astrid.«

Ich schaute Tod an. Er machte den Eindruck, als könnte er sich gerade nicht entscheiden, ob er unendlich amüsiert oder unendlich traurig sein müsste.

»Brustkrebs«, sagte er und zuckte mit den Schultern. »Keine schöne Sache. Vorsorgeuntersuchungen helfen.«

Die Glocke läutete zum Ende der Pause, und ich starrte Tod noch immer an, der Astrid und Frank mit den Augen verfolgte, wie sie zur Schultür gingen.

»Ich glaube, du musst wieder zum Unterricht.«

»Ach, ja. Sport.«

»Ja, pass auf dich auf. Heute ist Speerwurf dran.«

Ich riss meinen Kopf mit schreckgeweiteten Augen herum, aber Tod hatte sich bereits wieder in Luft aufgelöst.

KAPITEL 11

SPORT IST MORD II

Unser Sportlehrer, Herr Matte, war ein großgewachsener, sportlicher Kerl mit einem breiten Schnauzer. In den Sommermonaten hatte er öfter Muskelshirts an, die seinen Oberkörper betonten, den man am ehesten mit dem von Superman vergleichen könnte, wenn dieser ausgeprägte Brustbehaarung gehabt hätte. Im Grunde hätte er besser bei den Village People mitmachen können, um die fehlende Rolle des Sportlehrers auszufüllen, allerdings war Herr Matte zu heterosexuell für die Band.

Er hatte uns zu dem großen Sportplatz, der etwa einen Kilometer von der Schule weg war, gelotst und wollte uns Speerwurf beibringen. Eigentlich wollte ich noch vor Unterrichtsbeginn mit Herrn Matte sprechen, aber er verscheuchte mich nur und meinte, dass ich mich beeilen sollte. So standen wir alle auf dem Platz und lauschten seinem Vortrag über Sicherheit beim Speerwurf. Ich bemerkte ein paar Blicke von Schülern, die meine Vergangenheit kannten, aber keiner sprach ein Wort. Wir wussten alle, dass Herr Matte manchmal recht impulsiv werden konnte.

Schließlich sollten wir alle einen Speer nehmen und uns an der Rasenkante aufstellen. Ich blieb stehen, wo ich war, und rührte mich nicht vom Fleck.

»Nun mach schon, Martin«, sagte Herr Matte.
»Nein, ich verzichte«, entgegnete ich.
»Nimm jetzt einen Speer und stell dich neben die anderen.«
»Nein.«
»Wie bitte?«
»Ich werde nicht an den Übungen zum Speerwurf teilnehmen.«
»Heißt das, dass du den Unterricht verweigern willst?«
»Wenn Sie das so nennen wollen.«

Mittlerweile hatten sich die anderen Schüler zu uns umgedreht und starrten uns an.

»Wenn ich vielleicht erklären dürfte, weswegen ich ...«

Herr Matte stand schon mit hochrotem Kopf vor mir. Die Adern an seinem Hals sprangen hervor und pulsierten.

»Du gehst jetzt sofort da rüber, nimmst dir einen Speer und stellst dich zu den anderen, sonst kriegst du richtig Ärger.« Herr Matte wurde langsam lauter.

»Nun lassen Sie mich doch erst mal erklären ...«

»Ich will deine fadenscheinige Erklärung nicht hören. Du tust jetzt, was ich sage.«

»Ich dachte, wir wären hier in der Schule und nicht beim Militär.«

»Sehr witzig. Mal sehen, wie witzig du es findest, wenn du am Ende des Jahres eine Fünf in Sport auf dem Zeugnis stehen hast. Außerdem ist ein Tadel angebracht, finde ich.« Er spuckte mich fast an, als er mir das ins Gesicht schrie.

Einen Moment lang schluckte ich. Eine Fünf auf dem Zeugnis wäre nicht gut. In Sport war ich ohnehin ein Vierer-Kandidat, und die Zensur scherte mich denkbar wenig, aber da ich in Französisch auf Vier minus stand, bestand die Gefahr, mit zwei Fünfen auf dem Zeugnis zu landen. Damit war die Chance sitzenzubleiben relativ hoch. Aber ich hatte einen guten Grund, weswegen ich keinen Speerwurf machen wollte. Ich nahm meinen Mut zusammen.

»Wenn Sie Ihre feuchte Aussprache nicht zügeln können, dann werde ich mich bei der Schulleitung über Sie beschweren. Ich wollte Ihnen erklären, dass ich einen guten Grund habe, nicht am Unterricht teilzunehmen, aber Sie wollen mir nicht zuhören.«

Daraufhin ließ er mich einfach stehen und ging zu den anderen Schülern. Mir war ganz schön flau im Magen. Ich setzte mich auf einen Treppenabsatz in der Nähe und schaute zu. Herr Matte würdigte mich keines Blickes, obwohl ich ihn nicht aus den Augen ließ.

Die ersten Speere wurden geworfen. Innerlich war ich sehr angespannt, aber es passierte nichts. Nach der zweiten Runde, bei der Herr Matte einigen Schülern Tipps gab, wie sie ihre Position und Stellung verbessern könnten, sah ich schließlich den vertrauten Umhang von Tod am anderen Ende des Platzes stehen. Panik kam in mir auf.

Außer Herrn Matte und seinen Schülern war niemand auf der Rasenfläche oder der dazugehörigen Laufbahn. Aber der Platzwart trieb sich am Schuppen am anderen Ende herum.

Die Schüler nahmen wieder ihre Stellung ein, und Herr Matte begab sich ans Ende der Reihe, um das Signal zu geben, als ich aufsprang.

Ich fühlte mich, als ob ich in Zeitlupe rannte. Herr Matte hatte den Arm oben und senkte ihn langsam. Wenn der Arm unten ankäme, würden meine Mitschüler werfen. Ich schrie laut »Neeeeeeeeiiiiiiiiiin!«, was für mich im Rückblick so klingt, als wäre es wie im Film, ganz langsam und verzerrt.

Der Arm fiel, die Speere flogen, und ich rannte mitten durch die Reihe der Werfer hindurch den Speeren hinterher.

Als die Speere aufkamen, steckten die meisten im Rasen, und einige lagen einfach nur so herum. Direkt neben mir zuckte einer von ihnen mit leichtem metallischen Summen, den Kopf in der Erde vergraben. Der Platzwart am anderen Ende schaute zu mir herüber und schüttelte den Kopf. Herr Matte kam sogleich zu mir angerannt.

»Bist du völlig verrückt geworden? Du hättest getroffen werden können!«

Die Blicke der anderen sprachen ebenfalls Bände. Eine voll zurechnungsfähige Person würde diese Blicke niemals spüren müssen. Noch während Herr Matte mich anherrschte, dass ich gefälligst zum Rektor gehen sollte, suchte ich nach Tod, der nirgends zu sehen war.

☥☥☥

Im Sekretariat des Rektors wartete ich eine ganze Weile und sah der Schulsekretärin zu, wie sie krampfhaft versuchte, beschäftigt zu wirken. Bis heute ist mir nicht klar, was die Schreibkräfte an unserer Schule eigentlich den ganzen Tag machten. Zu dem Zeitpunkt war jedenfalls nur eine da, und irgendwann tauchten der Schulleiter in seiner Jagduniform und Herr Matte im Sportanzug auf.

Im spartanisch eingerichteten Zimmer des Rektors erläuterte Herr Matte, was vorgefallen war. Außerdem wollte er mich mit einem Tadel bestrafen. Der Schulleiter antwortete in seiner üblichen, ruhigen Weise, und ich merkte, dass Herrn Matte das ebenso auf den Geist ging wie mir.

»Wieso ... hast ... du ... das getan ... Martin?«, fragte der Schulleiter leiernd und zittrig.

»Ich hatte in der Grundschule ein sehr unschönes Erlebnis, was mit Speerwurf zu tun hatte. Es ist jemand gestorben, und ich befürchtete, dass es wieder passieren würde.«

»Ach du Scheiße«, rutschte es Herrn Matte heraus. »Du bist der Junge, dessen Kumpel bei diesem Gerangel vor ein paar Jahren umgekommen ist.«

Ich nickte nur. Beim Schulleiter fiel der Groschen pfennigweise. Er wollte gerade den Mund aufmachen und fragen, als Herr Matte ihn unterbrach und erzählte, was er vor ein paar Jahren über mich in der Zeitung gelesen hatte.

»Entschuldige, Martin, aber das habe ich nicht gewusst«, sagte er zu mir.

»Ich wollte es ja erklären, aber Sie haben mich nicht gelassen.«

Er zögerte einen Moment. Dann wiederholte er: »Entschuldigung. Ich kann verstehen, weshalb du nicht am Unterricht teilnehmen wolltest. Aber wie eine Furie auf den Rasen zu rennen erschien mir doch etwas übertrieben.«

»Ich hatte befürchtet, dass der Platzwart getroffen werden könnte. Er war am anderen Ende des Platzes.«

»Wie du schon sagtest, am anderen Ende. Wer hätte den denn treffen sollen? Ich kann ja schon froh sein, wenn meine Schüler das Ding ein paar Meter weit schmeißen.«

Ich grübelte einen Moment nach. Das machte natürlich Sinn. Die Speere hätten niemals so weit fliegen können.

»Ich schätze, ich habe überreagiert«, sagte ich schließlich. »Dafür möchte ich mich entschuldigen.«

Herr Matte wandte sich schließlich an den Rektor und sagte, dass wir den Vorfall einfach vergessen sollten. Dieser wimmerte nur eine Antwort, die ich als Einverständnis interpretierte. Wir verließen das Zimmer.

Als ich in der nächsten Pause auf den Schulhof trat, mieden mich meine Mitschüler und warfen mir sonderbare Blicke zu.

KAPITEL 12
VERABREDUNGEN

Beim nächsten Training der DLRG lief ich Conny über den Weg, die sich mir sofort an den Hals warf. Ich erzählte ihr nichts über den Vorfall auf dem Sportplatz. Auf die Frage, warum sie sich nicht meldete, nachdem ich mehrmals versucht hatte, sie anzurufen, erklärte sie, dass sie Stress mit den Eltern hatte, die ihr daraufhin das Telefon weggenommen hatten. Mich beruhigte das etwas, denn ich hatte schon befürchtet, das Intermezzo vom Wochenende hätte sie an unserer Beziehung zweifeln lassen. Sie war aber immer noch sehr interessiert an mir, so sehr, dass sie sich nach dem Training in meine Umkleidekabine schlich und hemmungslos zu fummeln anfing.

Die meisten anderen waren schon weg, und offenbar hatte sie vor, eine schnelle Nummer zu schieben, aber kurz bevor wir loslegten, rüttelte jemand kräftig an der Tür.

»Was ist denn?«, fragte ich, aber niemand antwortete.

»Hallo?«, fragte ich nochmals. Ich öffnete die Tür und blickte in den Gang, aber es war niemand zu sehen.

Ich wollte mich gerade wieder Conny zuwenden, als es wieder an der Tür rüttelte. Wieder schaute ich nach und sah niemanden.

»Bin ich bescheuert? Da hat doch gerade jemand die Tür angefasst, oder nicht?«

Conny zuckte nur mit den Schultern. Ich warf noch einmal einen Blick auf den Gang. Der Bademeister stand dort und rief mir zu, dass ich mich beeilen solle.

Ich küsste Conny und sagte ihr, dass es mir leidtäte, aber es würde wieder nichts werden. Sie streifte ihren Badeanzug über und ging sich in der nächsten Kabine umziehen.

Ich legte mich abends ins Bett und hörte mir mit geschlossenen Augen noch eine CD über Kopfhörer an, als mir Tod auf den Bauch tippte. Erschrocken fuhr ich hoch.

»Du solltest wirklich mal deine Nerven untersuchen lassen«, sagte Tod. Er hielt mir eine Packung Chips hin. »Hunger?«

»Danke, aber ich habe mir schon die Zähne geputzt.«

Er zuckte mit den Schultern und stellte die Packung neben das Bett. »Vielleicht, wenn du nachts noch was naschen willst. Lust auf eine Runde Schach?«

»Eigentlich nicht.« Wir schauten uns einen Moment an, bis ich ihn fragte: »Warst du heute auf dem Sportplatz?«

»Ich war heute auf einem Sportplatz. Welchen meinst du denn?«

»Den, auf dem ich heute Unterricht hatte.«

»Nein, da musst du dich irren.«

»Ich könnte schwören, dass ich dich gesehen habe.«

»Vermisst du mich so sehr, dass du dir einbildest, ich wäre irgendwo bei dir? Ich fühle mich geehrt.«

Ich überlegte.

»Was macht deine Freundin?«, fragte Tod.

»Hm, läuft nicht ganz so gut, nachdem du uns neulich gestört hast.«

»Ach, das wird schon wieder. Und was ist mit Anja?«

»Was soll schon sein?«

»Du hast sie doch nicht etwa angesprochen, oder?«

»Nein, natürlich nicht.«

»Gut.«

»Gut?«, fragte ich.

Tod zuckte nur mit den Schultern. Er drehte den Kescher mit den Fingerspitzen. Sein Gemüt schien mir unergründlich zu sein. Er machte fast den Eindruck, als wäre er über irgendwas unglaublich traurig.

»Etwas zähe Konversation, was?«, meinte er schließlich.

»Entschuldige bitte, dass ich kein guter Gesprächspartner bin, aber ich werde einfach nicht schlau aus dir«, entgegnete ich und richtete mich im Bett auf. Ich schaltete die Anlage aus und legte die Kopfhörer weg. »Du tauchst immer mal wieder urplötzlich auf, erschreckst mich halb zu Tode …« – Tod wackelte mit dem Kopf – »…, drückst dich kryptisch aus und hast eine Tendenz dazu, mir das Leben schwerzumachen.«

»Ich bin dein größter Albtraum!«, sagte Tod und lachte. Plötzlich war er wieder die Fröhlichkeit in Person.

»Ich habe nur gedacht … wenn ich wüsste, wie ich dich erreichen kann, müsstest du nicht immer unangemeldet auftauchen. Wir könnten uns dann einfach verabreden, so wie normale Menschen.«

»Wie normale Menschen.« Wieder war da ein Anflug von Traurigkeit in seinem Blick.

»Du weißt schon, was ich meine.«

»Du meinst, ich soll mir eins von diesen klobigen Dingern holen, mit denen man unterwegs telefonieren kann?«

»Ein Handy? Das wäre eine tolle Idee. Da könnte ich dich immer anrufen, und wir könnten was ausmachen.«

Tod schaute mich zweifelnd an. »Und wie stellst du dir vor, dass ich an so ein Teil komme? Ich kann ja schlecht in einen Laden gehen und mir eins bestellen.«

Ich überlegte. »Mist.«

»Du könntest mir natürlich eins besorgen.«

»Die Teile kosten um die 3.000 Mark! Das kann ich mir nicht leisten!«

»Es war deine Idee, nicht meine.«

Ich grübelte einen Moment lang.

»Okay, wenn es nicht anders geht, dann kannst du mich ja jeden Tag in der zweiten großen Pause in der Schule besuchen, und dann sprechen wir ab, ob wir uns am Abend sehen oder nicht. Ist das okay?«

»Warum lassen wir es nicht so wie bisher?«

»Weil du nicht einfach immer aus heiterem Himmel auftauchen kannst. Ich brauche auch mal Zeit für mich.«

»Du meinst beim Masturbieren?«

Ich sah vermutlich aus wie ein Fisch, der gerade nach Luft schnappt. Mein Mund ging auf und zu, aber ich sagte nichts, bis ich meine Fassung wiederhatte.

»Ich hatte mehr an so etwas wie letztes Wochenende gedacht, wo Conny hier war.«

»Gut. Aber das war am Wochenende. Keine große Pause.«

Ich stöhnte. »Okay, dann … schaust du eben mal kurz morgens vorbei, und wir machen was klar.«

»Was klar machen«, murmelte Tod.

Ich wollte gerade zur Erklärung ansetzen, als Tod abwinkte.

»Schon gut, ich habe es verstanden und bin einverstanden.«

»Toll!«, sagte ich. Tod lächelte.

Keiner von uns sprach einen Moment. Tod fing irgendwann an, mit den Füßen zu wippen.

»Ich werde dann mal wieder«, sagte er schließlich.

»Eine Sache noch«, unterbrach ich ihn. »Wir kennen uns nun schon so lange, aber du hast mir nie gesagt, wie du eigentlich heißt. Du hast doch einen Namen, oder?«

Tods Gesicht wurde ernst. »Darüber habe ich lange nicht mehr nachgedacht.«

Es entstand eine unangenehme Pause. Ich unterbrach die Stille. »Äh, alles klar?«

»Ich … ich kann mich nicht erinnern.«

Es sah fast so aus, als würde er ein Stück weit in sich zusammensacken, aber er hielt sich am Kescher fest.

»Ich meine, ich weiß gar nicht so genau, was du bist. Bist du ein Engel? Ein Gott? Irgendwas?«

»Nichts von alledem. Ich … bin einfach.«

Er wirkte recht barsch in seinem Ton. Offenbar hatte ich etwas ausgesprochen, was einen wunden Punkt bei ihm berührt hatte.

»Ich glaube, die alten Griechen nannten mich Thanatos.«
»Thanatos?«, fragte ich ungläubig. »Tanny?«
Tod zuckte zusammen, als ich »Tanny« sagte.
»Bietet sich nicht gerade für Kosenamen an, oder?«, warf ich ein, und Tod schüttelte nur den Kopf.
»Wenn du willst, kannst du mich Thanatos nennen, wenn es dir gefällt. Ansonsten reicht ›Tod‹.«
»Okay. Thanatos«, sagte ich.
Tod sah aus, als wäre er beunruhigt, und tatsächlich sprang er sofort auf. Er umfasste seinen Kescher mit beiden Händen und schaute zu mir herüber.
»Wir sehen uns dann in der Schule.«
»Mach's gut«, sagte ich, und ein Augenblinzeln später war er auch schon wieder verschwunden.

KAPITEL 13
IMMER IM FALSCHEN MOMENT

Tod ließ sich eine ganze Woche nicht blicken. In jeder der späteren großen Pausen stand ich allein in einer Ecke des Schulhofs und wartete. Ich kam mir dabei etwas dämlich vor, aber falls Thanatos auftauchen sollte, wollte ich nicht, dass meine Mitschüler sahen, wie ich vermeintlich mit mir selbst redete. Mein unsoziales Verhalten fiel aber gar nicht weiter auf, da ich offenbar immer noch wegen meines kleinen Ausrutschers auf dem Sportplatz gemieden wurde. Das Wochenende konnte gar nicht schnell genug kommen.

Am Freitag war klar, dass sich Anja von Frank getrennt hatte. Donnerstag hatte Anja urplötzlich die letzten zwei Stunden gefehlt, und am Morgen des nächsten Tages giftete sie unverhohlen Astrid im Unterricht an, die am anderen Ende des Raumes saß. Als der Lehrer sie etwas zu einer Kurvendiskussion fragte, antwortete sie kryptisch, dass X ein verlogenes Stück sei, über das sich nicht zu diskutieren lohne. Der Blick, den sie dabei Astrid zuwarf, sagte dem Lehrer wohl genug, sodass er sie für den Rest des Unterrichts in Ruhe ließ.

Anja schrieb kleine Zettelchen, die zu Astrid durchgereicht werden sollten, aber als sie zu mir kamen, hielt ich sie zurück. Ich las die Zettel nicht, konnte mir aber denken, was drinstand, und hatte irgendwie das Gefühl, Anja vor sich selbst schützen zu müssen. Natürlich bemerkte sie das Ganze und schien noch ärgerlicher zu werden.

Nachdem die Stunde vorbei war und es zur Pause klingelte, dachte ich, dass sie sich gleich wie eine Furie auf Astrid stürzen würde. Ich trat dazwischen, und Astrid war so schnell verschwunden, dass es fast unheimlich war.

»Was soll das, Martin?«, fragte mich Anja und sah aus, als wollte sie stattdessen mir die Augen auskratzen.

Ich nahm ihre Hand, die sie erst zurückziehen wollte, und gab ihr die Zettel zurück.

»Obwohl du sicherlich das Recht hast, auf Astrid sauer zu sein, werden dir diese hasserfüllten Schnipsel nicht helfen, mit der Situation umzugehen. Ich bin sicher, dass du und Frank dachtet, sehr glücklich zu sein, aber wenn es so kam, wie es kam, dann sicherlich nicht, weil alles in eurer Beziehung total toll gewesen ist. Und ich mag dich zu sehr, um zuzulassen, dass du eine verbitterte Person deswegen wirst oder gar zur Furie.«

Dem Ausdruck auf ihrem Gesicht nach zu urteilen, war Anja genauso baff wie ich, dass ich wagte, so etwas zu ihr zu sagen. Auch die restlichen Leute im Raum starrten uns an. Ich hatte nun aber mein Kontingent an Charisma und Courage aufgebraucht und machte mich ohne Verabschiedung schnell davon.

Nachdem ich die Pause damit verbracht hatte, quer durchs Haus zu laufen, um Anja nicht zu begegnen, fing sie mich vor dem Physikraum ab. Mir war flau im Magen.

»Du hast recht«, sagte sie nur. »Danke.«

»Keine Ursache.«

»Aber … warum? Ich hätte nie gedacht, dass … nun …«

»Du in irgendeiner Form wichtig für mich bist?«

»Äh, ja.«

»Du warst zwar immer ziemlich unnahbar, aber doch eine der nettesten Personen an der Schule. Ich finde, das sollte so bleiben.«

Es klingelte bereits zur Stunde.

»Hast du selbst so etwas schon einmal durchgemacht? Ich meine … was ich sagen will … hast du eine Freundin?«

Der Lehrer schaute mich schon mit hochgezogenen Augenbrauen an, also musste ich mich beeilen.

»Ja, die habe ich«, sagte ich, bevor ich kurz die Hand hob, um ihr zuzuwinken und die Tür hinter mir zu schließen. Wer hätte gedacht, dass ich es so schnell bereuen würde, eine Freundin zu haben?

☦ ☦ ☦

Am Samstag konnte ich immer noch nicht so richtig glauben, was ich am Tag zuvor zu Anja gesagt hatte. Ihre Frage nach der Freundin beschäftigte mich eine Weile, aber ich war mit Conny zusammen, Punkt. Und Anja war ohnehin noch nicht reif für etwas Neues. Oder? Ich verwarf den Gedanken.

Ich traf mich mit Conny bei ihr zu Hause, wo sie mir ohne Umschweife mitteilte, dass sie jetzt unbedingt ihre Unschuld verlieren wollte. Ihre Eltern waren im Haus, aber das hielt sie nicht davon ab. Allerdings setzte mich dieser Punkt sehr wohl unter Druck. Ihr Vater war eher der beschützerische Typ, mit anderen Worten: Ich könnte ganz schön Ärger bekommen.

Wie gewohnt war Conny äusserst stürmisch. Machte es mich beim ersten Versuch noch an, begann es mich jetzt langsam abzutörnen. Ich hatte ein relativ neues Hemd an, was ich erst zum zweiten Mal trug, und sie zerrte daran herum, als gäbe es kein Morgen. Mit der anderen Hand fummelte sie mir am Schritt, was ebenfalls unbeholfen auf mich wirkte und eher unangenehm als sexy war. Ich versuchte, sie kurz zu unterbrechen, um mir das Hemd abstreifen zu können, aber ihre Lippen hatten sich an meinem Gesicht festgesaugt, als wäre sie ein Oktopus. Dann sah ich aus dem Augenwinkel, wie Thanatos im Raum stand und ernst dreinblickte.

Ich stiess Conny kurz von mir weg, was sie irritierte, und sagte zur Entschuldigung, dass ich kurz aufs Klo gehen müsste. Sie meinte, dass ich das doch hinterher erledigen könnte, und stürzte sich wieder auf mich. Wieder schob ich sie weg.

»Was zum Teufel?«, schimpfte sie.

»Einen kleinen Moment, okay?!«, sagte ich und stand auf. Sie blieb bockig auf dem Bett sitzen.

Ich verschloss die Tür zum Klo hinter mir. Tod wartete bereits. Ich nahm auf dem zugeklappten Sitz Platz und versuchte, meinen Kiefer wieder zu richten, den Conny mit ihren Küssen fast ausgerenkt hatte.

»Du kannst dich nicht einfach mal an Verabredungen halten, oder?«

Tod schien tatsächlich nervös zu sein.

»Ich habe nachgedacht. Und ich kann es nicht länger für mich behalten, also musste ich dich jetzt so schnell wie möglich sehen«, sagte Tod.

»Okay, was gibt's denn?«

»Nun, die Frage ist etwas schwierig für mich, aber ich weiß nicht, wie ich es besser umschreiben könnte, also sage ich es einfach geradeheraus.«

Stille.

»Ja?«, sagte ich.

»Willst du mein Nachfolger werden?«

Ich war einen Moment vollkommen perplex.

»Äh, was?«

»Willst du meine Tätigkeit als Tod übernehmen?«

Ich wartete auf das Signal, dass dies ein Witz sein sollte.

»Äh, nein?«, antwortete ich schließlich.

»Verdammt. Warum nicht?«

»Ich ... ich weiß nicht. Ich bin einfach nur etwas überrascht. Ich meine, ich hab nicht mal gewusst, dass das einfach so geht. Den Tod ersetzen, meine ich.«

»Na ja, es kommt vor.«

»Es kommt vor?«

»Ich war auch nicht immer der Tod. Ich mache das erst seit circa 500 Jahren«, sagte Thanatos.

»Erst?«

»Na ja, ich bin halt noch nicht länger dabei.«

»500 Jahre? Dann warst du gar nicht bei den alten Griechen aktiv? Dein Name ist also nicht Thanatos?«

»Thanatos war nicht mein Name, das ist eher die Bezeichnung für ... meinen Beruf, sozusagen. Aber lass uns nicht abschweifen. Die Frage steht noch.«

»Welche Frage?«

»Na ja, ob du die Aufgabe übernehmen willst oder nicht.«

»Nein.«

»Aber ...«

»Ich hab's nicht so mit den Toten. Lebend sind mir die Menschen lieber.«

»Du kennst nicht genug Menschen, glaube ich.«

Sein Blick schien auf einmal abwesend, als schaute er in die Ferne und als würde ihm nicht gefallen, was er da sah.

»Soll mich das jetzt überzeugen?«

»Sieh es mal so, du könntest deinem Dasein noch 500 Jahre oder mehr hinzufügen.«

»Das ist ja alles schön und gut, aber irgendwie habe ich nicht das Gefühl, dass der Job sehr gut bezahlt ist.«

»Pah, Bezahlung«, spuckte Thanatos aus. »Weißt du denn schon, was du später mal machen willst und wie viel du dafür bekommen wirst, hm?«

»Vielleicht Forschung oder so. Mal sehen. Das ist doch jetzt auch völlig irrelevant. Es dauert noch eine Weile, bis ich mich festlegen muss. Außerdem ist da diese Sache mit dem Unsichtbarsein für den Rest der Menschheit.«

»Ach das ... Kleinigkeit.«

»Für dich vielleicht, für mich nicht«, entgegnete ich.

»Du musst die Vorteile beachten. Wenn du unsichtbar bist, kannst du Leute viel besser beobachten. Zum Beispiel unter der Dusche oder beim Sex.«

»Meine voyeuristische Ader ist vermutlich nicht so ausgeprägt wie bei dir. Du solltest schon versuchen, es mir auf andere Art schmackhaft zu machen.«

»Schmackhaft?«

»Na ja, was wären denn die Vorteile, von der langen Lebensdauer mal abgesehen?«, fragte ich.

»Nun ...« Tod zögerte. »Man kommt ganz gut herum.«

»Man kommt herum?«

»Na ja, man sieht buchstäblich die ganze Welt. Dauert nur einen Wimpernschlag.«

»Okay«, sagte ich. Ich wusste nicht recht, was ich antworten sollte. »Und?«

»Das war es eigentlich.«

»Du unterbrichst mich bereits zum zweiten Mal dabei, Sex zu haben, überfällst mich damit, ob ich dein Nachfolger werden will, und kannst mir dann nicht mal den Job richtig verkaufen?«

Tod kratzte sich am Kinn.

»Du meinst, ich hätte mehr darüber nachdenken sollen?«

Ich hob nur die Arme. Tod nickte.

»Nun, das Angebot steht weiterhin, vielleicht überlegst du es dir ja doch noch.«

Ich rollte mit den Augen.

»Ich habe jetzt einen wichtigen Termin.« Ich zeigte auf die Tür. »Es wäre schön, wenn Conny und ich diesmal ungestört wären.«

Tod nickte.

»Okay?«, fragte ich.

Tod nickte erneut. Er tippte sich an die Stirn, und in einem Wimpernschlag war er wieder verschwunden.

Ich trat aus dem Badezimmer heraus und ging wieder zu Conny ins Zimmer. Sie saß noch immer auf dem Bett und starrte mich mit einem Blick an, der nichts Gutes verhieß.

»Was?«, fragte ich, setzte mich neben sie und legte ihr eine Hand auf den Oberschenkel.

»Was … was machst du immer im Badezimmer?«

Ich musste einen Moment überlegen.

»Mir war übel«, sagte ich.

»Übel? Wirke ich etwa Übelkeit erregend auf dich?«, fragte sie und zerknautschte ihr Kopfkissen.

In meinem Kopf entstand ein Bild unserer weiteren Konversation. Ich würde versuchen, sie zu beschwichtigen, sie würde mir aber vorwerfen, dass ich sie nicht genug liebte. Daraufhin würde ich beteuern, dass es so nicht wäre, wäre aber nicht sehr überzeugend. Sie würde daraufhin anfangen zu weinen, mit den Fäusten auf mich einprügeln und mir sagen, dass es aus ist, woraufhin ich nach Hause gehen und niedergeschlagen sein würde. Nach einer Weile würde sie sich bei Andreas von der Station ausheulen, der ihr zuhört, die richtigen Dinge sagt und schließlich mit ihr im Bett landet.

»Nein, das ist doch Quatsch«, sagte ich ganz automatisch.

»Aber warum findest du immer irgendeinen Vorwand, wenn es ernst wird?«

»Das tue ich doch gar nicht«, beteuerte ich.

»Liebst du mich denn?«

Für den Bruchteil einer Sekunde schoss mir das Lächeln von Anja in den Kopf.

»Klar liebe ich dich!«, sagte ich schwach. Die Art, wie ich das sagte, hätte nicht mal mich selbst überzeugt.

Conny atmete tief durch. Es war ihr nicht möglich, das Kopfkissen noch mehr zu knüllen, als sie es bereits tat.

»Ich verstehe«, sagte sie.

Ich stellte mich dumm. »Was verstehst du?«

»Du liebst mich nicht wirklich. Ich hätte es wissen müssen. Du hast mich so oft abgewiesen. Es gibt eine andere, habe ich recht? Ich habe recht, oder?«

»Nein, das ist doch Blödsinn. Du weißt doch noch, dass ich dich zuerst geküsst habe, oder?«

»Das sind doch nur Ausflüchte. Gibt es eine andere, ja oder nein?«

Ich zögerte einen Moment zu lang. »Nein!«

»Schon gut.«

»Nein, wirklich.«

Sie fing an zu weinen.

»Ich habe keine andere Freundin.«

Sie schluchzte: »Vielleicht ist sie nicht deine Freundin, aber deine Gefühle für sie sind größer als für mich.«

»Aber ich ... nein ... das war doch ganz anders.«

Plötzlich fing sie an, mit den Fäusten auf mich einzuprügeln. Sie brüllte mich an, dass ich weggehen sollte.

»Es ist aus! Ich will dich nicht mehr sehen!«

Sie stieß mich aus dem Bett und holte noch ein paarmal mit der Faust aus, die auf meiner Brust oder dem Oberarm landete. Am nächsten Tag würde ich aussehen, als hätte ich eine Runde gegen Mike Tyson durchgestanden.

Sie öffnete die Tür, schubste mich hinaus, schlug die Tür hinter mir wieder zu und schloss ab. Einen Moment lang starrte ich die Tür an, bis mir auffiel, dass ich immer noch sehr spärlich bekleidet war. Dann hörte ich hinter mir jemanden die Treppe heraufkommen. Connys Vater wollte schauen, was es für einen Aufstand gab. Ich hätte vor Scham im Boden versinken können.

Er schaffte es nach ein paar Minuten, sie dazu zu bringen, meine Klamotten nach draußen zu werfen, wo ich mich schnell anzog und unter dem strengen Blick ihrer Eltern auf den Weg nach Hause machte.

KAPITEL 14

ALKOHOL IST DEIN SANITÄTER IN DER NOT

Als ich daheim auftauchte, waren meine Eltern etwas überrascht. Da ich so früh zurückkam, vermuteten sie bereits, dass irgendwas nicht in Ordnung war. Ich erzählte, dass Conny und ich uns getrennt hatten. Meine Mutter nahm mich in den Arm und wollte mich trösten. Mein Vater machte den Vorschlag, dass wir beide uns ordentlich betrinken sollten. Meine Mutter war davon nicht sehr begeistert, aber dachte auch, ein Schluck könne nicht schaden. Ich befand mich im Zwiespalt mit mir selbst. Seit Jahren lebte ich eher distanziert zu meinen Eltern, und plötzlich spielten wir uns jetzt die heile Familie vor. Aber wollte ich diese Distanz überhaupt?

So kam es, dass ich zum ersten Mal Alkohol trank. Gut, tatsächlich hatte ich schon vorher mal an Gläsern genippt, aber ich hatte nie gezielt getrunken. Und nun wurde ich sogar von meinen eigenen Eltern dazu gebracht. Jedes Mal, wenn ich ein Glas heruntergewürgt hatte, goss mein Vater nach. Im Fernsehen lief »Wetten, dass ..?«, und wir waren irgendwann so voll, dass wir uns nur noch über die Wetten lustig machten. Gegen Ende der Sendung war mir so schlecht, dass ich ins Badezimmer ging und mich dort gefühlte 20 Minuten lang ununterbrochen übergab. Ich schaffte es noch, mir den Mund mit einer Lösung auszuspülen, und fiel dann angezogen ins Bett, wo ich am nächsten Morgen mit einem Kopf aufwachte, der die Ausmaße eines Kompaktwagens zu haben schien.

Tod saß auf meinem Bürostuhl und beobachtete, wie ich mir die Hände an den Kopf hielt und versuchte, mit der Zunge den Geschmack aus meinem Mund zu bekommen.

»Interessante Nacht gehabt?«, fragte er.

Ich stöhnte nur.

»Ist jetzt der richtige Zeitpunkt, um dir zu sagen, dass Alkoholkonsum zu ziemlich schweren Krankheiten oder gar zum Tod führen kann?« Thanatos lächelte.

»Was willst du?«

»Sollte ich an den Wochenenden nicht frühmorgens vorbeikommen, damit wir absprechen können, ob wir uns später noch sehen oder nicht?«

Ich brauchte einen Moment. »Ja, schon. Aber ich vermute, ich bin heute nicht in der Verfassung, irgendwen zu sehen.«

»Habe ich eigentlich schon erwähnt, dass du als mein Nachfolger so viel Alkohol trinken kannst, wie du willst? Du müsstest keine Leberschäden oder sonstige Symptome befürchten.«

»Versuchst du mir immer noch deinen Job aufzuquatschen?«

Tod zuckte nur mit den Schultern.

»Ehrlich gesagt, weiß ich nicht, ob ich nach dem heutigen Tag jemals wieder Alkohol anfassen werde, insofern ist das völlig egal, was du sagst«, fügte ich hinzu.

Tod lächelte. »Das wird man sehen. Vielleicht sagst du deinen Eltern, zumindest deinem Vater, dass er mich wesentlich früher sehen wird, wenn er so etwas öfter macht.«

Ich hatte das Gefühl, schlagartig nüchtern zu sein, und wollte Tod noch etwas fragen, aber er hatte mal wieder seine Verschwindenummer durchgezogen.

✝✝✝

Ich stand auf, um zu schauen, wie es meinen Eltern ging. Beide waren bereits auf den Beinen, und ihnen schien der letzte Abend nicht so viel auszumachen wie mir. Gut, meine Mutter hatte bei Weitem auch nicht so viel getrunken wie ich oder mein Vater. Aber selbst er schien einigermaßen okay zu sein.

»Guten Morgen, Schlafmütze. Wie geht es dir?«, fragte meine Mutter, während sie ein paar Brötchen aus dem Ofen holte.

»Hab mich schon besser gefühlt.«

»Dicken Kopp, wa?«, sagte mein Vater und lachte.

Ich sah ihn an und lächelte, aber innerlich musste ich an die Worte von Thanatos denken. Die Vorstellung, dass er irgendwann nicht mehr da wäre, dass beide Elternteile irgendwann nicht mehr da wären, behagte mir gar nicht.

»Lass uns das nie wieder tun«, sagte ich zu ihm.

Er lachte laut. Ich ging zu ihm und drückte ihn.

»Ernsthaft. Lass uns das nie wieder tun«, wiederholte ich und ging ins Badezimmer, ihn mit einem verwunderten Gesicht zurücklassend.

✞✞✞

Das nächste halbe Jahr an der Schule war genauso wie vorher, aber dann auch wieder nicht. Das Gros der Schüler ignorierte mich, wie ich auch sie ignorierte, insofern gab es da nichts Neues. Anja hatte jetzt jedoch Notiz von mir genommen und grüßte mich freundlich, aber nach der Trennung von Frank wurde sie bald zum Ziel etlicher Jungs, die sich Chancen bei ihr ausrechneten. Immerhin dauerte es fast ein halbes Jahr, bis sie anscheinend jemanden gefunden hatte, den sie interessant genug fand. Es war ein Typ aus der Stufe über uns, dessen Namen ich längst vergessen habe. Ich hatte nie das Gefühl, dass die Geschichte zwischen den beiden von längerer Dauer wäre. Ich wusste es einfach.

Manchmal kam es mir so vor, als würde Anja sich gerne mit mir unterhalten oder in meine kleine Ecke auf dem Schulhof kommen, aber ihre Freundinnen und die Typen, die sie umschwärmten, schienen sie davon abzuhalten. Ich nahm an, dass generell viel über mich getuschelt wurde, da ich in der großen Pause regelmäßig in der Ecke stand und vermeintlich mit mir selbst diskutierte.

Tod hatte tatsächlich begonnen, sich wieder öfter mit mir zu treffen. Jeden Tag kam er in der zweiten großen Pause. Auch er bemerkte die Blicke von Anja und begegnete ihnen mit Argwohn. Er murmelte deswegen ab und zu etwas vor sich hin, aber wenn ich ihn darauf ansprach, dann wechselte er schnell das Thema.

Die richtigen Gesprächsthemen waren für Tod und mich seit jeher ein Problem, da sich unsere Interessen und Lebensumstände nur bedingt überlappten. Sein Leben, wenn man das so nennen konnte, bestand daraus, mit sterbenden Menschen umzugehen, mein Leben war dagegen geradezu belanglos.

Neuerdings interessierte ich mich mehr für Musik, was nicht zuletzt an der kleinen Revolution der Rockmusik lag, die im Jahr zuvor in Seattle ihren Anfang nahm. Bands wie Pearl Jam, Alice In Chains und Soundgarden mischten die Charts und MTV auf. Nachdem ich ein paar der Jungs an der Schule darüber hatte reden hören, hatte ich mir ein paar CDs besorgt und war gleich Feuer und Flamme. Pearl Jam war ganz klar mein Favorit, besonders das Lied »Jeremy«, das von einem Jungen handelt, der sich vor seiner Englischklasse in den Kopf schießt. Als ich irgendwann mit einem Pearl-Jam-T-Shirt in die Schule kam, gab es etliches Getuschel, ob denn von mir ein ähnliches Verhalten zu erwarten wäre. Es kam mir fast so vor, als würde ich einige Leute enttäuschen, da ich es nicht tat.

Tod teilte meine Leidenschaft für diese Art von Musik nicht. Wenn überhaupt, mochte er die Beatles. Er meinte, nur einmal etwas zu dem Thema Grunge-Musik sagen zu müssen, als es um diese andere Band aus Seattle ging, die sich Nirvana nannte.

»Ich finde den Namen der Band lustig«, sagte er.

»Wieso?«, fragte ich.

»Weil die Art und Weise, wie der Sänger versucht, das Nirwana zu erreichen, recht spektakulär ist.«

Ich dachte, dass er die Drogen ansprach, die offenbar vom Sänger konsumiert wurden. Erst zwei Jahre später sollte ich erfahren, was Tod wirklich damit meinte, als sich Kurt Cobain mit der Schrotflinte in den Kopf schoss.

Gegen Ende des vorherigen Jahres waren einige berühmte Leute gestorben, wie z.B. Gene Roddenberry, der Erfinder von »Star Trek«, oder Freddie Mercury, der Sänger der Rockgruppe Queen. Ich wollte wissen, ob es irgendwelche interessanten Dinge gab, die bei ihrem Tod passiert waren, aber Thanatos blieb recht schmallippig in dieser Hinsicht. Er meinte, wenn mich das so interessieren würde, dann könnte ich ja seine Nachfolge antreten, aber ich lehnte jedes Mal wieder ab. Auf die Frage, ob es denn irgendwelche interessanten letzten Worte von Berühmtheiten gegeben habe, antwortete er mir nur, dass die meisten Leute recht profanen Kram im Moment des Todes sprachen.

»Meist ist es nur ein ›Argh!‹ oder ein simples ›Scheiße!‹«, sagte Thanatos. »Irgendwelche philosophischen oder existenziellen Erkenntnisse sind es jedenfalls nicht.«

✞✞✞

Als das Frühjahr kam, war es wieder an der Zeit, die Rettungsstation für die Saison vorzubereiten. Das bedeutete auch, dass ich mit Conny mehr Zeit verbringen müsste. Seit unserem Streit hatten wir uns praktisch nicht gesprochen, auch wenn wir uns beim Training in der Woche über den Weg liefen.

Anfang April holten wir unser Boot aus dem Winterquartier. Während der Arbeiten, um das Boot wieder diensttauglich zu machen, bemerkte ich die Blicke zwischen Conny und Andreas. Irgendwas nagte in meinem Hinterkopf, aber ich versuchte, es so weit wie möglich zu ignorieren. Schließlich wurden Conny und eine andere Kameradin dazu eingeteilt, Döner vom Imbiss an der Ecke zu holen, und als die beiden weg waren, wandte sich Andreas an mich.

»Alter, warum haste die denn sausen lassen?«

»Sie hat mich verlassen, nicht umgekehrt.«

»Sie hat mir gesagt, dass du eine andere oder so hattest.«

Ich seufzte: »Oder so.«

»Jedenfalls verstehe ich dich nicht. Die ist 'ne verdammte Granate im Bett, Mann.«

Ich hörte mit dem Streichen auf und schaute Andreas an.

»Und du denkst, das war jetzt das, was ich hören wollte?«

Ich pfefferte den Pinsel auf den Boden und ging weg. Andreas wollte mir noch hinterher und sich entschuldigen, aber ich zeigte ihm, dass er bloß bleiben sollte, wo er war. Ich hörte einen anderen Kameraden Andreas ein ironisches »Gut gemacht« zuwerfen.

Ich ging auf den langen Steg des Landesverbands, der zu der frühen Jahreszeit lediglich mit zwei Booten und den zwei schwimmenden Stationen der Unterhavel belegt war. Auf der dem LV abgewandten Seite setzte ich mich auf die Kante der einen Station und starrte auf die Bucht hinaus. Nebel lag noch immer über dem spiegelglatten Wasser, über das Thanatos nun auf mich zuschritt.

»Na, Junge, alles klar?«

Ich schüttelte den Kopf. »Ich dachte, ich wäre über sie hinweg, aber irgendwie habe ich sie wohl doch mehr gemocht, als ich dachte.«

»Ich sag dir ... Weibsvolk. Macht nur Ärger. Du solltest dich lieber davon fernhalten.«

»Ja? Ich dachte, dass Frauen auch viel Freude machen könnten.«

»Meistens nicht.«

»Und darüber weißt du genauestens Bescheid?«

Wir schauten uns einen Moment lang in die Augen, schließlich sagte Tod: »Hey, ich habe täglich mit Frauen zu tun.«

»Ich habe dir schon einmal gesagt, dass ich die lebendigen Menschen interessanter finde.«

»Lebendige Menschen verletzen dich nur. Das Problem habe ich nicht mehr. Was ist denn eigentlich passiert?«

Ich erzählte ihm von Conny und Andreas.

»Das Sonderbare daran war eigentlich, dass ich das Gefühl hatte, schon vorher zu wissen, dass die beiden was miteinander anfangen würden.«

Tod kratzte sich die Stirn.

»Was?«, fragte ich.

»Nichts«, sagte Tod und schob gleich die Frage hinterher, ob wir am Abend Schach spielen wollten.

»Ich denke nicht. Ich bin auf der Station.«

»Du willst mit dem Mädchen und dem Typen, die dich so verletzt haben, auch noch den Abend verbringen?« Tod schien wahrhaft überrascht.

»Sie bleiben doch trotzdem meine Freunde.«

»Nicht sehr freundschaftlich, einem Freund die Freundin wegzunehmen, oder?«

»Andreas hat sie mir nicht weggenommen. Sie hat mich verlassen, schon vergessen?«

»Du hast eine seltsame Auffassung von Freundschaft. Sag mir, glaubst du, deine ganzen ›Freunde‹ …«, er betonte das Wort fast spöttisch, »… würden alles stehen und liegen lassen, nur um dir zu helfen? Würden für dich sterben?«

Ich dachte einen Moment darüber nach.

»Nein, ich vermute nicht. Kommt wohl darauf an, wie man Freundschaft definiert. Du hast da offenbar etwas konkretere Vorstellungen als ich.«

»Schaut so aus.«

»Würdest du denn alles für mich stehen und liegen lassen? Die Menschen am Leben lassen und nicht die Schmetterlinge fangen, die sie hinterlassen?«

Tod lächelte.

»Was meinst du, was ich jedes Mal tue, wenn ich mich mit dir treffe, Junge?«

»Willst du damit sagen, dass niemand stirbt, wenn du dich mit mir triffst?!« Die Vorstellung verschlug mir den Atem.

Jetzt lachte Tod.

»Nein, sterben tun sie ganz von allein. Ich bin nur der Sammler. Außerdem brauche ich die Schmetterlinge nicht zu vernachlässigen. Ich bin überall.«

»Wie das?«

»Das zeige ich dir ein anderes Mal. Jetzt ist vermutlich kein guter Zeitpunkt. Deine ›Freunde‹ suchen nach dir.«

Tatsächlich hörte ich irgendwo irgendwen meinen Namen rufen.

»Ich schätze, die Mädels sind mit den Dönern zurück.«

»Eine Frage hätte ich allerdings noch«, sagte Tod. »Würdest du denn für mich alles stehen und liegen lassen oder gar sterben?«

»Ich kann mir gerade kein Szenario vorstellen, bei dem du in Gefahr kommen könntest.«

»Nicht direkt Gefahr, aber ...«

»Aber?«

»Aber was wäre, wenn ich zum Beispiel deine Hilfe bräuchte und du dafür auf deine ›Freunde‹ hier verzichten müsstest. Deine Eltern. Die Schule.«

»Auf die Schule könnte ich verzichten«, sagte ich.

»Die Frage war durchaus ernst gemeint.«

Ehrlich gesagt, wusste ich nicht, was ich dazu sagen sollte.

»Kann ich darüber nachdenken?«

Tod schaute mich mit leicht zusammengekniffenen Augen an.

»Wenn du erst darüber nachdenken musst, dann heißt das, dass du es nicht sofort ohne Überlegung tun würdest. Ein echter Freund müsste darüber nicht nachdenken.«

Plötzlich fühlte ich mich schlecht.

»Ich ... ich ... schätze, ich bin kein guter Freund.«

Plötzlich pikte Tod mir den Kescher in die Seite.

»Ich veräpple dich doch nur. Wir sehen uns Montag in der Schule«, sagte Tod, und ehe ich noch was erwidern konnte, war er wieder einmal verschwunden.

Ich saß noch einen Moment dort und starrte auf das Wasser hinaus, bis ich mich schließlich aufraffte und zu den anderen zurückging. Die saßen bereits in der Ecke und machten sich über die Döner her.

»Mann, wo warst du, ich hab dich gesucht, Mann.«

Andreas schien von Jahr zu Jahr die Häufigkeit des Wortes »Mann« in seinen Sätzen erhöhen zu wollen.

»Ich hab hinten auf einer der schwimmenden Stationen gesessen. Musste nur kurz über was nachdenken.«

Die anderen schauten Andreas an.

»Was? Ehrlich, ich war da hinten und hab nach ihm gesucht.«

»Vielleicht solltest du das nächste Mal beim Suchen etwas ordentlicher sein. Wenn du bei einer Taucherkette ebenso aufmerksam bist, na dann, gute Nacht«, sagte einer meiner Kameraden.

»Mann, hast du dich versteckt, Mann?«, sagte Andreas zu mir, und ich schüttelte nur meinen Kopf, während ich den letzten Döner nahm und auswickelte.

»Na ja, ist ja auch egal, Mann.«

Dann herrschte nur noch gefräßiges Schweigen.

KAPITEL 15
WAS FREUNDE SO TUN

»Du willst mit mir ausgehen?«, fragte Tod.

»Ins Kino«, erwiderte ich.

»Warum?«

»Weil ich mir seit Tagen darüber Gedanken gemacht habe, was Freunde so miteinander machen. Unter anderem gehen sie ins Kino, und da dachte ich … lass uns mal ins Kino gehen.«

»Die Logik ist bestechend. An was hattest du denn gedacht?«

»Also, es läuft der neue Star-Trek-Film …«

Tod schnaubte.

»… dann so ein Film mit Bruce Willis, wo er einen Pfadfinder oder so spielt …«

Tod gähnte oder tat zumindest so.

»Robin Williams als Peter Pan, irgendwas mit einem sabbernden Hund, worauf ich allerdings keine Lust habe, und so ein sonderbarer französischer Film.«

Tod saß auf meinem Schreibtischstuhl und sah wenig begeistert aus. Er drehte den Stock des Keschers, wie immer, wenn er nachdachte. Ich beobachtete ihn vom Bett aus.

»Zeig mal her«, sagte Tod und nahm mir die Seite aus der Zeitung ab, auf der die Spielzeiten der Filme abgedruckt waren.

»Den schauen wir«, sagte er schließlich und tippte auf eine Stelle, mit einem ganz besonders sonderbaren Poster.

»Der französische Film also. ›Delicatessen‹. Nicht unbedingt ein Film, den ich ausgesucht hätte.«

»Ich hab so ein Gefühl, dass du den mögen wirst.«

Ein Blick auf die Uhr sagte mir, dass ich mich bald zur Haltestelle begeben musste, wenn ich den Bus noch bekommen wollte.

»Dann lass uns gehen.«

»Wir haben es nicht eilig«, entgegnete Tod.

»Na ja, wenn wir weiter so trödeln, dann verpassen wir den Bus und kommen zu spät zur Vorstellung.«

»Wir brauchen ihn nicht.«

»Vielleicht brauchst du den Bus nicht, aber ich muss da auch irgendwie hinkommen.«

»Du kommst mit mir.« Er stand auf. »Bereit?«

Als Tod plötzlich aufsprang, tat ich automatisch dasselbe.

»Vielleicht sollte ich mir erst mal Schuhe anziehen.«

»Du hast doch Hausschuhe an.«

»Na ja, aber ...«

»Wir sind doch dort auch in einem Haus, oder?«

»Schon, aber ...«

Ich blickte Tod in die Augen, als er blinzelte.

☥☥☥

Es war, als wäre die Welt um mich herum nur aufgemalt und jemand hätte eine Lösung auf die Wände gespritzt, die alles zerfließen ließ. Während sich das Zimmer vor meinen Augen auflöste und in eine Pfütze Matsch zu meinen Füßen verwandelte, die schließlich restlos verschwand, schien jemand mit breiten feuchten Pinselstrichen das Innere des Royal Palastes am Ku'damm auf die frisch befreiten Wände zu malen. Gleichzeitig war es, als ob jemand mein Inneres nach außen stülpen würde.

»Da wären wir«, sagte Thanatos.

Als Antwort übergab ich mich in den nächsten Mülleimer.

»Was zum Teufel ...«, stöhnte ich.

Tod grinste nur. »Man gewöhnt sich dran.«

Als Bestätigung kotzte ich erneut in denselben Eimer. Eine Frau, die vorbeiging, schaute mich an, als hätte ich nicht den Eimer, sondern sie getroffen. Schließlich kam auch noch einer der Aufseher vom Kino zu mir und fragte nach meinem Wohlbefinden. Ich entgegnete, dass es mir schon wieder besser gehe und dass es mir leidtue. Als der Mann mit dem Eimer beschäftigt war, huschten Tod und ich, ohne zu bezahlen, in den Saal und suchten uns Plätze. Wir hatten relativ viel Auswahl, gingen aber gezielt zum Rand, da uns dort weniger Leute stören würden.

»Meine Fresse. Das heutige Essen war mal für'n Arsch«, sagte ich und wischte mir mit einem Taschentuch die Mundwinkel ab.

»Dein Arsch sitzt an einer ungewöhnlichen Stelle«, sagte Tod und deutete auf meinen Kopf. Die Vorhänge gingen auf, und das Licht wurde gedimmt.

Die Trailerauswahl vor dem Film war recht sonderbar. Zum einen wurde Werbung für Filme wie »Die Liebenden von Pont-Neuf« gemacht, aber gleich hinterher folgten »Batman's Rückkehr« und »Otto der Liebesfilm«. Schließlich kam die Langnese-Werbung mit dem Song »Like Ice In The Sunshine«, woraufhin zwei Leute mit einer Kühltasche durch den Saal liefen, um einem überteuertes Eis anzudrehen.

»Einmal Eiskonfekt«, sagte Tod.

»Was?«

»Ich nehme einmal Eiskonfekt.«

»Kauf es dir doch selber«, sagte ich. Tod bedachte mich mit einem Blick, der so viel wie »Ist das jetzt wirklich dein Ernst?« bedeutete. Mir wurde bewusst, wie dumm meine Aussage war, winkte den Typen herbei und kaufte für drei Mark das Eis.

»Danke«, sagte Tod und machte sich darüber her.

»Sicher«, antwortete ich, und der Eisverkäufer, der noch neben mir stand, warf mir einen verwirrten Blick zu. Ich winkte ihm, dass alles okay sei.

Mir war immer noch übel von dem plötzlichen Transport, aber als der Film begann, hatte ich mich wieder gefangen. Derweil hatte Tod schon das ganze Eis aufgegessen.

»Du hast mir nicht mal ein kleines Stück übrig gelassen?«

»Ich dachte, dir ist schlecht.«

»Es geht mir wieder besser. Aber vielen Dank für die freundschaftliche Geste, mir ein Stück von dem Eiskonfekt aufzuheben. Hab dir das ja auch nur gekauft.«

»Genau. Hat auch prima geschmeckt. Cool?«

Ich hatte mich immer noch nicht ganz daran gewöhnt, Worte wie »cool« aus Tods Mund zu hören. Ich nickte nur, denn der Film fing an. Der Film war eher von der surrealen Art. Am Anfang versucht ein Typ, sich in einer Mülltonne zu verstecken, wird dann aber von einem Metzger gefunden, der ihn laut lachend mit einem Fleischerbeil niederstreckt. Es gab allerlei wilde Kameraeinstellungen, vor allem mit Weitwinkellinsen, die die durchaus als sonderbar zu bezeichnenden Gesichtszüge der Schauspieler äußerst betonten. Trotzdem mochte ich den Film. Wir liefen nach dem Kinobesuch noch über den Breitscheidplatz und unterhielten uns, was für mich peinlich war, denn ich steckte immer noch in meinen Hausschuhen. Aber ich nahm an, dass unsere Konversation genau dem entspräche, was Freunde nach dem Kino tun würden.

»Findest du es nicht auch interessant, dass die Menschen so viele Filme über Gewalt und Tod drehen, anstatt sich auf die positiven Seiten des Lebens zu konzentrieren?«, sagte Tod.

»Nun ja, es gibt ja auch romantische Komödien.«

»Okay, da geht es meistens nur metaphorisch um Leben und Tod.«

»Metaphorisch?«, fragte ich.

»Nun, sie handeln schon von Leben und Tod, aber eben vom Leben und Tod einer romantischen Beziehung.«

»Bisschen weit hergeholt, findest du nicht?«

»In den meisten romantischen Komödien geht es doch darum, dass irgendwer seine große Liebe findet und dann verliert, oder nicht? Das halte ich für einen metaphorischen Tod.«

»Mann, ich hoffe, du bist nicht auch für Beziehungstode verantwortlich, ansonsten hätte ich da ein Wörtchen mit dir zu reden«, witzelte ich.

Tod schaute mich kurz an, so als überlege er, was er zu sagen hätte, schien dann aber zu bemerken, dass ich nur scherzte.
»Damit habe ich nichts zu tun.«
»Schon gut.«
»Wo war ich stehen geblieben?«, fragte Tod.
»Metaphorische Tode.«
»Eher Tod im Allgemeinen. Die Menschheit ist besessen vom Wechselspiel zwischen Leben und Tod. Und sie verarbeitet dies in Geschichten.«
»Sprach die physische Manifestation des Todes.«
»Ja, und?«, fragte Tod.
»Nichts, war nur eine Feststellung.«
»So wie die von mir. Der Punkt ist doch, dass die Menschheit sich über Gebühr mit Gewalt und Tod beschäftigt.«
Ich dachte einen Moment lang nach. »Okay, richtig, aber du musst doch zugeben, dass eine Geschichte, in der es um Leben und Tod geht, viel interessanter ist als eine Geschichte, in der alle Händchen haltend über grüne Wiesen hüpfen, fröhliche Lieder singen und nichts Schreckliches passiert.«
»Ich nehme an, du bist kein Freund von ›The Sound Of Music‹«, sagte Tod.
»Irgendwann musst du mir mal erklären, woher du die Zeit nimmst, um Musicals zu schauen.«
»Aber du stimmst mir grundsätzlich zu, wenn ich sage, dass Menschen von Gewalt und Tod fasziniert sind?«
»Solange es sich dabei um fiktionale Gewalt und Tod handelt, ja. Bei realer Gewalt bin ich mir nicht so sicher.«
»Ich mir schon.«
»Was willst du mir eigentlich beweisen?«
»Ich will gar nichts beweisen. Ich wollte nur etwas feststellen.«
Irgendwie hatte ich mittlerweile keine Vorstellung mehr davon, in welche Richtung dieses Gespräch ging.

»Hat dir der Film gefallen?«, fragte er mich. Endlich eine Frage, die weniger hintergründig erschien.

»Ja«, sagte ich dennoch vorsichtig.

»Hat dich die Gewalt gestört?«

»Nein, nicht wirklich.« Ich war immer noch skeptisch.

»Wenn du so etwas wie in dem Film in der Realität sehen würdest, meinst du, es würde dich stören?«

»Auf jeden Fall!«

Tod schaute mich an und murmelte irgendwas vor sich hin. Schließlich sagte er: »Da bin ich mir nicht so sicher. Wir sollten das ausprobieren, denke ich.«

»Wie bitte?«

»Nicht jetzt. Demnächst.«

»Was zum Teufel …«

»Ich glaube, es wird Zeit, dass du wieder nach Hause kommst. Das war ein netter Abend. Lass uns das wiederholen.«

✝✝✝

Die Welt um mich herum zerfloss auf einmal, und im nächsten Moment fand ich mich in meinem Zimmer wieder.

»Alles klar?«, fragte Tod.

Mir kam es schon wieder hoch, und ich schüttelte nur den Kopf, riss die Tür auf und rannte ins Bad. Während ich über der Schüssel hing, stand plötzlich mein Vater in der Tür.

»Wo zum Teufel warst du denn?«

Ich stöhnte nur und spuckte ein paar Brocken aus.

Nachdem er sich erkundigt hatte, ob ich gesoffen hatte, hielt er mir eine kleine Predigt, warum und wieso ich nie wieder, ohne Bescheid zu geben, verschwinden sollte. Ich ließ die Standpauke über mich ergehen. Er verschwand irgendwann im Schlafzimmer und ich nach einer Weile in meinem. Tod war nicht mehr da.

KAPITEL 16
EINE NÄCHTLICHE EXKURSION

Das »Demnächst« von Tod war übertrieben. Er nahm mich zunächst nicht auf irgendwelche sonderbaren Exkursionen mit, aber wir schlichen uns öfter in Kinos, vor allem in Filme, die ab 18 waren, was sein Argument unterstützte, dass Menschen Gewalt und Tod lieben würden. Ich hingegen wollte einfach nur sehen, was ich eigentlich noch nicht durfte. Ich gewöhnte mich auch recht schnell an Tods eigentümliche Art zu reisen. Eine leichte Übelkeit blieb nach einem »Sprung«, aber mit der Zeit hatte ich es unter Kontrolle.

Mein Geburtstag kam und ging und somit auch bald das Schuljahr. Die Sommerferien verbrachte ich praktisch wieder auf der Station, wo ich die Tiefen und Höhen der Beziehung von Conny und Andreas mitbekam, die dann zum neuen Schuljahr endete und Conny dazu veranlasste, die Station zu wechseln. Irgendwann sagte Andreas zu mir, dass er nun verstehen könne, weshalb ich nichts von Conny wissen wolle.

»Die Alte hat 'nen Knall, Mann.«

Irgendwie schien er all den Ärger, von dem er glaubte, dass ich ihn hatte, als Conny sich von mir trennte, wiedergutmachen zu wollen. Jedenfalls ließ er mich fast immer mit dem Boot fahren, so dass ich auch genügend Stunden für die Bootsprüfung im nächsten Frühjahr haben würde.

Die Zeit, die ich nicht auf der Station verbrachte, hing ich vor dem Computer, da das neue Indiana-Jones-Spiel von Lucasarts herausgekommen war. Es war die Blütezeit der Adventurespiele, bevor sie in wenigen Jahren von der Bildfläche verschwinden sollten. Ansonsten versuchte ich zu begreifen, was so besonders an dem frischen Betriebssystem Windows 3.1 war und warum die alte DOS-Kommandozeile nicht ausreichen sollte. Und dann waren da noch

Berichte über diese tolle Sache namens Internet, von der kaum einer etwas Genaues wusste. Tod sagte einmal, dass das Internet irgendwann dazu benutzt werden würde, um die dunkelsten Abgründe der menschlichen Seele auszuleben. Mein Interesse am Internet wurde damit über Jahre eher gedämpft.

☦☦☦

Das neue Schuljahr begann, und man konnte beobachten, wie die Interessen der Leute sich immer mehr in unterschiedliche Richtungen bewegten. Viele hatten bereits im Jahr zuvor begonnen, sich über ihre berufliche Zukunft Gedanken zu machen. Kurse mussten gewählt werden, um auf ein eventuelles Studium optimal vorbereitet zu sein. Einige nahmen das sehr ernst, andere überhaupt nicht. Und ich hatte nicht die geringste Idee, was ich mit mir selbst anfangen sollte.

Aus einer Laune heraus hatte ich entschieden, dass ich eventuell später mal in die Genetik wollte. Das bewog mich dazu, Physik und Biologie als meine Leistungsfächer zu wählen. Rückblickend nicht die schlauste Idee. Ich hätte mir das Leben so viel leichter machen können, hätte ich Kurse wie Englisch oder Geschichte belegt, aber offenbar hatte ich einen unterschwelligen Hang zum Masochismus. Es wurde jedenfalls nicht einfach für mich. Und eine weitere Verkomplizierung setzte ein, als Tod versuchte, mich wieder für die Idee zu erwärmen, seinen Job zu übernehmen.

»Du musst doch an deine Zukunft denken«, sagte er eines Nachts, als er wieder einmal in meinem Zimmer aufgetaucht war, während ich vor dem Rechner saß.

»Vielleicht kümmere ich mich gerade um meine Zukunft«, entgegnete ich, wobei er nur sein Gesicht verzog.

»Am Computer zu spielen ist kein Beruf.«

»Doch, als Spieletester. Oder vielleicht werde ich ja Redakteur bei einer Spielezeitschrift. Was weiß ich.«

»Wirst du nicht.«

»Du weißt das natürlich schon wieder alles im Voraus.«

»Mit ziemlich hoher Wahrscheinlichkeit.«

»Aha, und was werde ich später deiner Meinung nach tun?«

»Meinen Job.«

»Das war jetzt genau die Antwort, die ich erwartet hatte. Nicht sehr originell.«

Tod seufzte.

»Ich habe eigentlich überhaupt keinen Bock, über meine Zukunft nachzudenken. Die kommt schon früh genug. Momentan interessiert mich eigentlich nur, wie ich Indy hier quer durch die Welt jage.«

»Spielst du immer noch dieses Indiana-Jones-Spiel?«, fragte Tod, und ich nickte zur Antwort. Er blickte auf den Bildschirm und schaute sich an, wo ich gerade unterwegs war. »Ah, die Azoren. Schöne Gegend. Warst du da schon mal?«

»Nein.«

»Da gibt's einen schönen Sonnenuntergang.«

»Aha.«

Tod schaute auf eine Uhr an der Wand. »Okay, los.«

»Was?«

Aber die Antwort kam schon von allein. Ehe ich protestieren konnte, hatte sich der Raum um mich herum aufgelöst, und wir fanden uns an einem Strand wieder. Ich saß immer noch auf meinem Schreibtischstuhl und schaute nun hinaus aufs Meer, wo sich tatsächlich ein spektakulärer Sonnenuntergang abzeichnete.

»Klasse, oder?«, sagte Tod.

»Könntest du mich eventuell das nächste Mal vorher fragen, bevor du mich einfach irgendwohin transportierst?«

»Nun genieße doch einfach mal den Moment. Du musst doch zugeben, dass das wirklich toll aussieht, oder?«

»Ja«, sagte ich mürrisch und kletterte aus dem Stuhl, der im Sand feststeckte.

»Außerdem war es an der Zeit, dass wir etwas anderes machen, als immer nur ins Kino zu gehen.«

»Na ja, was bleibt uns schon groß übrig. Wir können ja schlecht bowlen gehen, oder? Die Leute würden schon sonderbar schauen, wenn da eine Kugel durch die Gegend schweben würde.«

Tod blickte zu mir rüber. »Komisch, dass du gerade Bowling erwähnst. Das wäre tatsächlich etwas, was wir machen könnten, findest du nicht?«

»Wie gesagt, die Leute würden ganz schön gucken.«

»Wir können ja irgendwohin gehen, wo es spät genug ist, das Etablissement geschlossen ist und uns niemand bemerkt.«

Nun war es an mir, Tod anzusehen. »Ja, das können wir mal machen.«

Tod war wieder dabei, der Sonne nachzuschauen, deren letzter Zipfel gerade im Meer versank. »Wirklich schön, oder?«

»Fehlt nur der ›Farbe von Technicolor‹-Slogan.«

»Also, dann wollen wir mal.«

Mir blieb keine Zeit, etwas zu entgegnen. Um mich herum verflüssigte sich alles, und als die Realität mich eingeholt hatte, stand ich mitten auf einer Bowlingbahn. Erschrocken sah ich mich um, ob jemand in der Nähe wäre, aber Tod, der hinter dem Tresen war und an irgendwas rumfummelte, beschwichtigte mich: »Keine Bange, hier ist kein lebendes Wesen anzutreffen.«

Ich beruhigte mich ein wenig. Es war eine übliche Bowlinghalle mit ungefähr 20 Bahnen. Die Wände waren mit sonderbaren Figuren bemalt, und erst nach einer Weile fiel mir auf, dass die Schriftzeichen, die sich an den Bahnen und Schildern befanden, alle kyrillisch waren.

»Wo zum Teufel sind wir hier eigentlich?«, fragte ich.

»Moskau.«

»Moskau?!«

»Ja, hier ist es schon spät und der Laden nicht mehr auf. Wir sind also ungestört. Außerdem hatte ich hier zu tun.«

Er hatte eine Bahn angestellt, woraufhin dort die Anzeige zu blinken anfing und die Pins aufgestellt wurden.

»Cool!«, sagte Tod.

✞✞✞

Wir spielten mehrere Runden, und ich vergaß die Zeit. Unsere Würfe waren etwas unbeholfen, immerhin hatten wir beide so gut wie keine Erfahrung im Bowling. Das Wichtigste war jedoch, dass wir Spaß hatten. Es waren wirklich zwei Freunde, die dort spielten und sich köstlich amüsierten.

Nach einer Weile bemerkte ich, dass ich ziemlichen Durst bekommen hatte. Tod meinte, dass ich mir einfach etwas vom Tresen nehmen könnte, schließlich würde es ohnehin keiner bemerken. Also ging ich um die Theke herum und wollte gerade auf der Rückseite eintreten, als ich die Leiche auf dem Boden liegen sah.

»Verfluchte Scheiße!«

Tod sah sich zu mir um, bemerkte mein überraschtes Gesicht und sagte nur: »Oh, du hast ihn gefunden.«

»Ist der tot?«

»Selbstverständlich. Ich hab doch gesagt, dass ich hier zu tun hatte.«

»Ich dachte, du hattest in der Gegend zu tun. Ich konnte doch nicht ahnen, dass hier die ganze Zeit ein Toter liegt.«

»Ja, und? Macht es einen Unterschied?«

»Na ja, es gibt dem ganzen Abend eine etwas traurige Wendung, findest du nicht?«

»Eigentlich nicht.«

»Ich will bloß noch weg hier.«

»Wolltest du nicht etwas trinken?«

»Und vielleicht noch Spuren am Tatort hinterlassen? Nein, danke. Ich will die Polizei nicht noch auf Ideen bringen.«

»Tatort? Der Mann hatte einen Herzanfall. Außerdem würde die Moskauer Polizei bestimmt nicht nach einem Schüler aus Berlin suchen, der eigentlich daheim auf dem Nachtlager liegt.«

»Ach du je, wie spät ist es?«

Tod zeigte auf die Uhr am Tresen. »Kurz vor drei.«

»Und wie spät ist es in Deutschland?«

»Kurz vor fünf.«

»Ach du Scheiße. Morgen ist Schule. Ich muss in eineinhalb Stunden aus dem Bett.«

»Dann sollten wir dich wohl zurückbringen«, sagte Tod.

Ich warf noch einen letzten Blick auf den toten Mann am Boden, als sich alles verflüssigte. Kurz darauf fand ich mich in meinem Zimmer wieder, das nur durch das Leuchten des Computermonitors, auf dem immer noch Indiana Jones zu sehen war, erhellt wurde.

Tod sah zerknirscht aus.

»Es hat mir wirklich gefallen, aber das nächste Mal müssen wir früher Schluss machen. Und irgendwas ohne Leichen wäre auch nicht schlecht«, bemerkte ich.

»Mal sehen«, sprach Tod, winkte mir zu und war verschwunden.

Ich atmete tief durch und begann, mich auszuziehen. Als ich meinen Pullover wie gewohnt über den Stuhl legen wollte, stellte ich fest, dass er fehlte. Irgendwo auf den Azoren stand mein Bürostuhl noch im Sand.

KAPITEL 17
SCHULSCHLAF

Mein Wecker riss mich am nächsten Morgen aus dem Schlaf, wobei sich der »Morgen« wie »fünf Minuten, nachdem ich ins Bett gefallen war« anfühlte. Mit dicken Augen machte ich mich auf den Weg ins Bad. Ich kam an der Küche vorbei, wo mein Vater mir gerade ein paar Stullen strich. Als er mich sah, schüttelte er nur den Kopf.

»Hast du wieder die halbe Nacht vor dem Rechner gesessen? Das geht so nicht weiter.«

Ich versprach ihm, dass es nicht wieder vorkommen würde, und stolperte ins Bad. Die Dusche war eiskalt und brachte meinen Kreislauf auf Trab, aber mein Gesicht sah immer noch so aus, als hätte mir jemand auf die Augen gehauen. Während ich mir die Zähne putzte, lief mal wieder »Die da« von den Fanta 4 im Radio, was sich gerade zu einem gigantischen Hit entwickelte.

Ich zog mich an und ging zum Frühstück ins Wohnzimmer, wo der Fernseher lief. Seit kurzer Zeit gab es das Morgenmagazin, so hatte man auch in der Frühe eine Entschuldigung, die Glotze anzustellen. Ich erwartete, dass mich meine Eltern auf den fehlenden Stuhl in meinem Zimmer ansprechen würden, aber offenbar hatte es noch keiner gemerkt. Ich hatte ganz bestimmt nicht vor, es ihnen auf die Nase zu binden, denn mir fiel partout keine gute Erklärung ein, wo das Ding geblieben sein könnte. Ihnen zu sagen, dass der Stuhl irgendwo auf den Azoren stand, ging nicht, ohne einen Schwall von Folgefragen beantworten zu müssen. Also schwieg ich und machte mich nach dem Essen schnell auf den Weg in die Schule.

Schon im Bus wurde mir klar, dass es extrem schwierig werden würde, die Augen im Unterricht aufzuhalten. Und dann fiel mir ein, dass ich gleich zu Anfang Deutsch bei unserem Schulleiter hatte – und somit ein Problem.

Wie immer kam er gekleidet wie ein Waldschrat und sprach in diesem nasalen Ton, der, wäre er nicht so einschläfernd gewesen, mich wohl zur Weißglut gebracht hätte. Ich gab mir wahrhaftig die größte Mühe, aber irgendwann verschränkte ich die Arme auf dem Tisch, mein Kopf landete darauf, und ich schlief ein.

Wach wurde ich erst wieder nach der Stunde, weil Anja mich an der Schulter rüttelte.

»Martin? Martin, wach auf.«

Ich schreckte hoch und starrte sie an. Die anderen Schüler waren entweder schon halb aus dem Klassenraum raus oder warfen mir kopfschüttelnd einen Blick zu.

»Oh mein Gott, bin ich eingeschlafen?«

»Du hast praktisch die ganze Stunde verschlafen.«

»Ach du meine Güte. Hat der Waldschrat gar nichts bemerkt?«

Anja schüttelte den Kopf.

»Das ist das Sonderbare. Er ist direkt an dir vorbeigelaufen und hat nichts gesagt. Er hat überhaupt nicht auf dich geachtet. Wie auch sonst keiner. Es gab kein Kichern oder Lachen. Niemand hat Notiz von dir genommen. Ich hab auch erst gedacht, dass du gar nicht da wärst, hätte ich nicht deinen Platz beobachtet«, erläuterte sie.

»Ich bin schon daran gewöhnt, dass mich keiner beachtet«, sagte ich.

»Aber es war so, als wärst du Luft«, entgegnete Anja.

»Das würde die meisten Reaktionen von Mädchen mir gegenüber erklären«, murmelte ich mehr zu mir selbst als zu ihr. »Ich … keine Ahnung. Es gibt bestimmt eine einfache Erklärung dafür. Danke jedenfalls. Ist mir ein wenig peinlich.«

»Na ja, ich dachte auch nur, dass ich dich wach mache, bevor du noch die Pause verschläfst und dann vom nächsten Lehrer gefunden wirst.«

»Ja, vielen Dank«, entgegnete ich schüchtern und setzte ein gequältes Lächeln auf.

Anja war auf dem Weg nach draußen und lächelte mir noch einmal zu, sodass mein Magen kleine Luftsprünge machte. Dann dachte ich über das eben Gesagte noch einmal nach und sprang schließlich auf, um ihr zu folgen. Ich holte sie an der nächsten Ecke ein und zog sie beiseite.

»Entschuldige, aber hast du gesagt, dass du mich im Unterricht beobachtet hast?«

Sie wurde nervös. »Nein, nein. Das musst du falsch verstanden haben. So war das nicht.«

»Wie war es dann?«

»Ich weiß auch nicht. Ich muss zur nächsten Stunde. Entschuldige bitte.«

Sie ließ mich stehen, und ich schaute ihr hinterher, als es anfing zu klingeln und ich mich auch auf den Weg zum Raum des nächsten Kurses machte. Ich erntete sonderbare Blicke, weil ich grinste wie ein Honigkuchenpferd.

✞✞✞

Den Rest des Tages überstand ich, ohne noch einmal einzuschlafen. Der Mini-Schlaf in Deutsch und die Tatsache, dass mich Anja offenbar doch mehr beachtete, als ich dachte, hatten offenbar geholfen. In der großen Pause beobachtete ich sie, als sie mit ihrem Freund zusammenstand. Es kam mir fast so vor, als würde sie mir ebenfalls ein paar Blicke zuwerfen, aber immer wenn ich den Eindruck hatte, dass sie zu mir rüberschaute, schien sie im nächsten Moment nur noch enger mit ihm zu kuscheln. In der zweiten großen Pause tauchte Tod wie gewohnt auf und gesellte sich zu mir.

»Vergiss sie«, sagte er zu mir, als ich gerade wieder zu Anja hinübersah. »Die spielt in einer anderen Liga.«

»Ich weiß.«

»Warum quälst du dich dann immer wieder?«

»Sie geht mir einfach nicht aus dem Kopf.«

»Eieieieieieieieiei«, machte Tod und kratzte sich am Kopf.

Ich schielte zu ihm hinüber, weil mir gerade eingefallen war, was ich ihn fragen könnte.

»Du bist doch sonst immer so schlau und weißt alles im Voraus. Was wird mit mir und Anja in der Zukunft?«

Tod schaute auf einmal recht ernst.

»Das willst du nicht wissen.«

»Doch, will ich. Ich habe dich doch gerade gefragt.«

»Nein, wirklich. Du willst es nicht wissen.«

»Nun mach doch nicht immer so einen auf geheimnisvoll!«, sagte ich.

Tod brauchte einen Moment, um zu antworten.

»Hör mal ... ich könnte dir eine Menge über die Zukunft sagen, aber ich glaube nicht, dass du Dinge, die dich persönlich betreffen, wissen solltest.«

»Dinge, die mich persönlich betreffen? Du meinst, Anja ist ein Teil meiner Zukunft?«

In mir drin schien mein Herz gerade einen Satz zu machen und meinem Magen ein High-Five zu geben. Trotzdem spürte ich, dass Thanatos eventuell etwas meinen könnte, was nicht allzu positiv für mich wäre. Er schaute jedenfalls ein wenig unglücklich drein, was mir nicht viel Mut machte.

»Was? Was ist?«, fragte ich.

»Es hat mit deinem Tod zu tun.«

Die Schulglocke läutete das Ende der Pause ein. Ich blieb aber wie angewurzelt stehen.

»Sie ... sie hat mit meinem Tod zu tun?«, fragte ich.

»Ich sagte dir doch, dass du es nicht wissen willst«, erwiderte Tod und schaute zu Anja hinüber, die sich gerade auf den Weg ins Innere des Gebäudes machte.

»Ist sie dafür verantwortlich?«

»Wenn ich dir das sage, dann könntest du daraus schließen, wann du stirbst. Willst du das wirklich wissen?«

Der Schulhof leerte sich rapide, und ich stand immer noch auf meinem Platz und schwankte von einem Bein auf das andere. Gerade als ich den Mund aufmachte, um laut »Ja!« zu sagen, streckte mir Tod plötzlich seinen knochigen Finger entgegen und sah mir bestimmt in die Augen.

»Du wirst von mir nichts erfahren, bevor du nicht genau weißt, was du willst. So, wie du momentan noch kein Freund ohne Bedingungen sein kannst, bist du viel zu unsicher in deinem Drang nach Wissen und der Stärke, mit diesem umzugehen. Würde ich dir jetzt sagen, was ich weiß, würdest du daran zerbrechen. Und zumindest ich bin dir ein zu guter Freund, als dass ich dir das antun würde. Geh.«

»Aber ...«

Tod schüttelte nur den Kopf. Er ging, und ich rief ihm nach, ob er den Spruch geprobt hätte, aber er war kurz darauf verschwunden, und ein Lehrer schaute mich an, als würde er gleich die Männer in den weißen Kitteln rufen wollen.

✟✟✟

Als Tod weg war, ging ich zurück ins Gebäude und durfte mir einen Rüffel von meinem Physiklehrer anhören, weil ich zu spät zum Unterricht erschienen war. Es gab einen unangekündigten Test, den ich total versiebte, weil meine Gedanken andauernd abschweiften. Nach der Schule sah ich gerade noch Anja mit ihrem Freund um die Ecke biegen. Ich schaute ihr nach und stand so anderen Mitschülern im Weg, die an mir vorbei wollten. Schließlich schubste mich einer beiseite, und ich fiel hin. Ich rappelte mich wieder auf und wurde andauernd angerempelt, als würde man mich total ignorieren. Langsam lief ich zur Haltestelle und bemerkte nicht, dass der Bus kam. Das letzte Stück rannte ich zwar, aber der Fahrer schloss die Tür vor meiner Nase und fuhr ab.

Irgendetwas Sonderbares ging vor sich. Ich war es gewohnt, dass ich nicht sonderlich beachtet wurde, aber das ging weit darüber hinaus. Ich wollte Tod darauf ansprechen, wenn ich ihn das nächste Mal sehen würde.

Ich kam ungewöhnlich spät nach Hause, aber es schien meinem Vater, der Hausmann war, gar nicht weiter aufzufallen. So konnte ich in mein Zimmer gehen, wieder herauskommen und ganz unschuldig fragen, wo denn mein Bürostuhl abgeblieben sei. Am nächsten Wochenende gingen wir einen neuen kaufen.

KAPITEL 18

EINMAL UM DIE GANZE WELT

Mehrere Wochen wartete ich vergeblich auf Thanatos, aber er besuchte mich weder auf dem Schulhof noch zu Hause. Ich begann mich zu fragen, ob ich irgendetwas falsch gemacht hätte. Sicher, er schien aufgebracht gewesen zu sein, aber auch er musste verstehen, was für eine Verlockung es ist, etwas über die eigene Zukunft zu erfahren. Auch wenn es den eigenen Tod betrifft. Es brauchte eine Weile, bis ich auf mein Bauchgefühl hörte, das mir sagte, ich solle das Ganze lieber ruhen lassen. Vorsichtshalber begann ich, mich von Anja fernzuhalten, auch wenn es mir schwerfiel. Sie lächelte mir ab und an mal zu, aber ich tat so, als würde ich es nicht sehen. Wenn wir uns über den Weg liefen, huschte ich an ihr vorbei.

Das Phänomen, dass mich keiner zu bemerken schien, tauchte in den Wochen, die ich auf Tod wartete, nicht noch einmal auf. Ich vergaß sogar, dass ich Tod danach fragen wollte.

Mit den länger werdenden Nächten hatte der Bootsführerlehrgang bei der DLRG begonnen. Unterricht gab es an einigen Wochenenden und immer mal wieder auch an Wochentagen. Es richtete sich natürlich danach, wie die Ausbilder Zeit hatten, schließlich machte das keiner von ihnen hauptberuflich. Jedenfalls hatte ich neben meinen schulischen Aufgaben nun noch zusätzlich Stoff über Geschwindigkeitsbegrenzungen auf Schifffahrtswegen, Motorenlehre und Flaggenkunde zu bewältigen. Und da mich der Test, den ich in Physik so voller Inbrunst in den Sand gesetzt hatte, in arge Bedrängnis bezüglich meiner Schulnoten gebracht hatte, sorgten meine Eltern dafür, dass ich auch etwas mehr für die Schule tat. Das dafür allseits beliebte Druckmittel für alle Schüler in meinem Alter war der anstehende Autoführerschein, den sich die meisten von ihren Eltern erbetteln mussten, da sie selbst nicht das Geld dafür hatten. Ich war da keine Ausnahme.

Tod begann mich erst wieder ab Weihnachten zu besuchen. Auf die Frage, wo er denn die ganze Zeit gesteckt habe, antwortete er nur, dass er zu tun gehabt hätte. Es war die Art von Antwort, die kein weiteres Nachfragen zuließ, und ich tat ihm den Gefallen.

Ich gab ihm zu verstehen, dass ich in den nächsten Monaten sehr damit beschäftigt sein würde, mein Abitur, den Boots- und den Autoführerschein unter einen Hut zu bekommen, und er sah es ein. Trotzdem fanden wir immer noch Zeit, etwas gemeinsam zu unternehmen. Wir waren noch einmal beim Bowling in Moskau, diesmal allerdings auf einer Bahn, deren Besitzer nicht tot hinter dem Tresen lag. In Paris zeigte er mir ein gutes Restaurant, in dem wir relativ ungestört waren. Einen Abend saßen wir auf einer gigantischen Düne in Namibia, aßen Snacks, die wir Minuten zuvor in Indien besorgt hatten, und beobachteten die Sonne, wie sie im Atlantik versank. Im Januar war ich dabei, als Bill Clinton seinen Amtseid schwor. In einem kleinen kroatischen Dorf beobachteten wir Kinder beim Spielen, während ein paar Kilometer weiter ein Krieg tobte. Langweilig war es mit Thanatos jedenfalls nie.

Ich feierte meinen 18. Geburtstag auf der Station und das Bestehen diverser Führerscheine gleich mit. Da sich mein Freundeskreis im Grunde auf die Leute bei der DLRG beschränkte, war die Zahl der Gäste recht übersichtlich, aber solange es Bier und etwas zu essen gab, war ohnehin alles in Ordnung. Thanatos besuchte mich auch an diesem Tag. Zum ersten Mal in meinem Leben erhielt ich ein Geschenk von ihm. Es war eine kleine handgenähte Puppe, die ich kurz zuvor bei einem der Mädchen aus dem kroatischen Dorf gesehen hatte.

»Die Kleine braucht sie jetzt nicht mehr«, sagte Tod lediglich. Kurz danach sprachen mich Kameraden auf meine geröteten Augen an, aber ich entgegnete nur, dass ich etwas ins Auge bekommen hatte. Abgesehen davon, wurde darüber getuschelt, wer mir wohl eine Puppe geschenkt haben mochte.

Diese Puppe fand einen Platz in meinem Schrank und erinnerte mich stets daran, dass es Elend und Krieg auf der Welt gab. Und weil ich nun die magische 18 überschritten hatte, erhielt ich bald einen Brief, der mich dazu aufforderte, mich zu einem bestimmten Datum und zu einer bestimmten Zeit im Kreiswehrersatzamt einzufinden, wo man bei mir die Wehrtauglichkeit feststellen wollte. Man könnte also sagen, dass mich der Krieg daheim eingeholt hatte.

Die deutsche Einheit war für das Land sicherlich Segen und Fluch zugleich. Für Berliner bedeutete sie, dass man nicht mehr von allen Seiten aus eingeschlossen war und dass die Stadt, die fast 30 Jahre von einer Mauer zerschnitten gewesen war, nun endlich die Gelegenheit bekam, wieder zu der Weltstadt zu werden, die sie schon immer hatte sein sollen. Für die männlichen Westberliner bedeutete es aber auch, dass sie jetzt zur Bundeswehr eingezogen werden durften.

Meine Musterung kam einer Fleischbeschau am Fließband gleich. Etliche junge Männer meines Jahrgangs und einiger Jahrgänge davor wurden ärztlich untersucht und nach Tauglichkeitsgrad eingeordnet. Dazu war es unter anderem nötig, dass einem an den Sack gefasst und in den Arsch geschaut wurde, während man sich mit gespreizten Backen vorbeugte. Ein Erlebnis, woran jeder Junge sicherlich gern zurückdenkt.

Ich wurde als wehrtauglich befunden und konnte nun entscheiden, ob ich nach meinem Abitur zur Bundeswehr gehen oder verweigern würde. Damals dauerte der Wehrersatzdienst allerdings noch 15 Monate, sodass ich arge Probleme bei einer Verweigerung bekommen hätte. Die Zeitpunkte, ein Studium oder eine Lehre anzufangen, wären dann vorbei, und ich könnte bis zu einem Jahr verlieren. Ich entschied mich also, die zwölf Monate fürs Vaterland durchzuziehen. Vorher musste ich aber erst einmal die Schule schaffen.

✞✞✞

Die Abiturklausuren wurden in der eisigen Kälte der Aula geschrieben. Irgendwie gelang es dem Hausmeister nie, die Heizungen richtig anzuwerfen, oder unser Waldschrat war der Meinung, dass die preußischen Schüler hart genug sein müssten, um auch Temperaturen wie in Stalingrad auszuhalten. Also nahmen wir zitternd unsere Bogen entgegen und begannen damit, einen Mischmasch des bisher gelernten Unterrichtsstoffes wiederzugeben. Und während alle still, bis auf das Zähneklappern, auf ihren Plätzen saßen, marschierte Tod durch die Reihen, direkt auf mich zu. Ich versuchte, meine Panik, so gut es ging, zu verbergen, als er mich ansprach.

»Ich könnte deine Hilfe gebrauchen.«

»Siehst du nicht, dass ich gerade mitten in einer wichtigen Klausur bin?«, nuschelte ich leise vor mich hin. Die Aufsicht kräuselte die Stirn.

»Na ja, davon will ich dich auch gar nicht abhalten.«

»Geh einfach weg«, zischte ich leise. Der Mitschüler links neben mir drehte sich etwas von mir weg.

»Du schreib ruhig deine Arbeit weiter, aber helfen kannst du mir trotzdem«, sagte Tod.

Offenbar hatte ich nicht heftig genug protestiert, denn ich sah das vertraute Bild der zerfließenden Umgebung und fand mich kurz darauf irgendwo in Kalifornien wieder. Allerdings nicht ausschließlich.

»Oh mein Gott, ich glaube, ich muss kotzen«, sagte ich und hielt mir gleichzeitig Kopf und Bauch.

»Ist Ihnen nicht gut?«, fragte der Lehrer, der Aufsicht hatte, und ich lief zur Antwort weiß an. »Gehen Sie. Schnell!«, sagte er, und ich tat, wie mir geheißen. Als ich hinausstürmte, schauten mir ein paar Mitschüler nach. Einige kicherten.

Ich schmiss die Toilettentür hinter mir zu und bekam gerade noch den Toilettendeckel hoch, bevor ich mich übergab.

»Bist du völlig bescheuert geworden? Was hast du jetzt mit mir gemacht?«, fragte ich in Berlin, aber meine Worte kamen in Kalifornien aus meinem Mund.

»Ich wollte dir schon eine ganze Weile zeigen, wie ich das mache, dass nirgendwo Schmetterlinge verschüttgehen«, antwortete Tod in Kalifornien, irgendwo unter einer Brücke.

»Ich hab eine wichtige Arbeit zu schreiben!«

»Und ich habe dir bereits gesagt, dass dich davon keiner abhält. Du bist ja immer noch da, um sie zu schreiben.«

»Momentan kotze ich mir gerade das Frühstück aus dem Leib und bin nicht in der Lage, irgendwas zu Papier zu bringen«, sagte ich und spuckte, quasi um meine Sicht der Dinge zu verdeutlichen, einen kleinen Brocken in den kalifornischen Sand.

»Ganz ruhig. Du brauchst vielleicht einen Moment, aber du gewöhnst dich schon dran«, sagte Tod und fing an »Ob-La-Di, Ob-La-Da« zu pfeifen.

»Ich kann kaum einen Fuß vor den anderen setzen, geschweige denn, mich auf Physik konzentrieren. Bring mich wieder zurück.«

Statt der erhofften Rückführung meiner zwei Ichs in einen Körper bebte die Erde etwa 20 Sekunden lang. Ich sah Häuser zusammenfallen, Teile der Brücke einstürzen und Strommasten umkippen. Ich lag auf dem Hintern in Kalifornien und umklammerte die Toilette in Berlin.

»Was zum Teufel ...?«

Thanatos stand ruhig da und half mir auf, nachdem das Beben vorbei war. »Du solltest jetzt wirklich deine Arbeit schreiben gehen und ansonsten mitkommen.«

Ich brachte es irgendwie fertig, meinen Berliner Körper in Bewegung zu setzen und wieder an den Tisch zu schaffen. Ich beugte mich über den Zettel, war aber geistig zu beschäftigt, den eingestürzten Apartmentkomplex in Kalifornien zu beobachten, aus dem ein kleiner Schwarm Schmetterlinge in die Luft stieg.

»Ist es das, was ich denke, was es ist?« Im Grunde wusste ich die Antwort bereits.

Thanatos nickte. »Los geht's.«

Wir sprangen über Stock und Stein, um die Schmetterlinge zu fangen. Im Grunde war es weniger Stock und Stein als vielmehr unglaublich viel Geröll. Und ich hatte extreme Schwierigkeiten, die Schmetterlinge unbeschädigt zu fangen, denn im Gegensatz zu Tod hatte ich kein Netz. Hatte ich einen der Falter in meinen Händen, dann ging ich zu Tod und setzte ihn in den Kescher.

Es dauerte ungefähr eine Stunde, bis wir alle eingesammelt hatten. Und während das alles geschah, hatte ich in Berlin an nur einer einzigen Aufgabe gegrübelt.

»Ich sehe keine mehr. Und du?«

Tod schüttelte den Kopf. »Ich denke, wir sind itzo fertig.«

Offenbar sah ich aus, als hätte er Swahili mit mir gesprochen, deswegen fügte Tod hinzu: »Alles cool.«

Ich schaute mich zu den Verletzten um, die hier und da lagen oder gar im Geröll steckten.

»Wir können die nicht einfach liegen lassen«, sagte ich.

»Doch. Es sei denn, du willst Aufmerksamkeit auf dich ziehen. Bis jetzt hat keiner mitbekommen, dass wir überhaupt hier sind.«

»Dass der Tod heute hier war, ist wohl kaum zu übersehen. Weshalb mich keiner bemerkt hat, würde mich aber schon interessieren«, sagte ich, aber Tod ging nicht darauf ein.

Etliche Feuerwehr- und Krankenwagen waren bereits vor einiger Zeit eingetroffen, aber ich hatte trotzdem ein schlechtes Gewissen dabei, die Leute zurückzulassen. Tod schien das zu spüren.

»Es ist nicht deine Aufgabe. Trotzdem danke für die Hilfe.«

»Also sind wir hier fertig?«, fragte ich Tod.

»Ja, sieht ganz so aus.«

»*Dann bring mich gefälligst wieder zurück!*«, brüllte ich ihn an und er zuckte tatsächlich zusammen.

»Ist ja gut. Ganz ruhig, ja?«

Kurz darauf fand ich mich in einem Körper wieder und betastete mich erst mal. Nach dem Intermezzo wollte ich sichergehen, dass nicht irgendwelche Extremitäten auf der Strecke geblieben waren.

Die kurze Bestandsaufnahme bestätigte: Ich war vollzählig. Die Aufsicht in der Aula begutachtete mich mit argwöhnischen Augen, und ich gestikulierte, dass alles in Ordnung wäre.

»Und jetzt mach, dass du wegkommst. Wir reden später darüber«, flüsterte ich Tod zu, der auch umgehend verschwand. Ich hingegen beugte mich über meine Bogen und schrieb weiter, während das Adrenalin immer noch durch meine Arterien pumpte. Keine Stunde später musste ich die Zettel abgeben und war mir ziemlich sicher, dass sich mein Notenspiegel an diesem Tag entscheidend gesenkt hatte.

KAPITEL 19
TEILEN MIT FREUNDEN

Ich erwartete Tod am selben Abend noch in meinem Zimmer und hatte Hummeln im Hintern deswegen. Statt etwas weniger nervös zu sein, da ich nun zumindest eine der Abiklausuren hinter mir hatte, war ich aufgewühlter als zuvor, weil mir die Erfahrung, zweigeteilt gewesen zu sein, schwer zusetzte. Aber Thanatos erschien nicht, und ich blieb mit meinen Gedanken allein.

Das Gemeine an den Abiklausuren war, dass sie in kurzen Abständen hintereinander geschrieben wurden. Ich hatte also nur wenige Tage, mich auf Biologie vorzubereiten. Insofern war es vielleicht nicht so schlecht, dass Thanatos nicht auftauchte, mich noch weiter ablenkte oder in noch mehr Teile meiner selbst zerlegte, obwohl ich die vielleicht zum Lernen hätte gebrauchen können. Ich vertiefte mich also in die Bücher, machte mir noch einmal Notizen von allem, was in den letzten Jahren im Unterricht durchgenommen worden war, und war dann trotzdem völlig mit den Nerven runter, als ich schließlich wieder in der Aula saß, wieder fror und wieder versuchte, mir einen Reim auf die Prüfungsfragen zu machen.

Irgendwann, ich schätze, es war eine halbe Stunde vergangen, schlug ich die Hände vors Gesicht und wünschte mir nur noch, dass ich am liebsten daheim wäre. Das plötzliche Übelkeitsgefühl überraschte mich, und ich brauchte einen Moment, um zu erkennen, dass ich mich offenbar wieder zweigeteilt hatte. Ich saß noch immer in der Aula und brütete über den Aufgaben, aber ich war auch daheim und konnte meinen Vater im Nebenzimmer hören, wie er telefonierte. Selbstverständlich glaubte er, ich sei in der Schule. Sollte er mich also entdecken, würde ich einiges zu erklären haben. Ich versuchte, meine aufkeimende Panik zu ersticken, und überlegte, was ich tun könnte. Mein Blick fiel auf die Tasche mit meinen Schulbüchern. Und plötzlich kam mir eine Idee.

Ich konzentrierte mich nun ganz fest auf die städtische Bibliothek – und tatsächlich fand ich mich einen Augenblick später dort wieder. Ich saß nun also in der Aula und hatte gleichzeitig eine Bibliothek mit allen Biologiebüchern zur Verfügung, die mir bei der Lösung der Aufgaben helfen konnten. Der ultimative Traum eines Schummlers!

Es ist schwierig zu beschreiben, wie man sich fühlt, wenn man gleichzeitig zwei völlig unterschiedliche Dinge in zwei Körpern tut. Es ist ungefähr so, als hätte man zusätzliche Arme und Beine. Die Koordination klappte anfangs nicht gut, wie schon bei dem Ausflug mit Tod bei dem Erdbeben. Teilweise versuchte ich, in der Bibliothek zu schreiben, während ich in der Aula versuchte zu blättern. Ich sprang sogar von meinem Platz auf und lief herum, was die Prüfungsaufsicht in der Aula gar nicht witzig fand und einige meiner Mitabiturienten lediglich mit Blicken quittierten, die man in Worte übersetzt als »Der hat sie nicht mehr alle« bezeichnen könnte. Aber nach kurzer Eingewöhnung hatte ich den Bogen einigermaßen raus und kratzte manisch mit meinem Stift über das Papier, eine Aufgabe nach der anderen lösend.

Selbstverständlich hatte ich immer noch das Problem, dass ich nicht wusste, wie ich sozusagen wieder ein Ganzes aus mir machen sollte. Als der Schultag zu Ende ging und die Klingel uns allen mitteilte, dass wir die Prüfung hinter uns hatten, war ich immer noch sowohl hier als auch da. Unsicheren Schrittes ging ich aus beiden Gebäuden und überlegte einen Moment lang, wie cool und auch merkwürdig es wäre, wenn ich mir selbst über den Weg liefe. Die Bibliothek war praktisch nur die Straße herunter, und ich hätte mir selbst entgegenkommen können. Andererseits schossen mir Dinge wie »Paradoxon« oder »Raum-Zeit-Kontinuum« durch den Kopf. Wer weiß, vielleicht würde ja die Welt plötzlich explodieren, wenn ich mich selber träfe. Meine langjährige Leidenschaft für Science-Fiction lehrte mich, das Schicksal lieber nicht herauszufordern.

Meinem Ich, das in der Bibliothek für mich geschummelt hatte, lief plötzlich Thanatos über den Weg.

»Na, hast du Spaß?«, fragte er. Aus seinem Gesicht konnte ich nicht herauslesen, ob er wütend oder einfach nur neugierig war.

»Weißt du, das ist ziemlich ... fantastisch«, sagte das eine Ich, während das andere auf dem Weg zum Bus war.

»Du hast das also ganz alleine hinbekommen?«

»Ja.«

»Kommst du auch wieder allein ... na ja ... zusammen?«

»Nun, daran arbeite ich noch.«

»Konzentriere dich auf deine Hände, versuche sie übereinanderzubringen. Gegebenenfalls richte dich nach deinen Fingerspitzen.«

Es klang zwar kryptisch, aber ich wusste instinktiv, wie er es meinte. Ich versuchte, meine beiden Körper dazu zu bringen, die Extremitäten zu überlagern. Ich konzentrierte mich auf meine Finger. Ich fühlte einen kleinen Ruck, als sich beide Ichs plötzlich wieder in dem Körper befanden, der gleich die Haltestelle erreicht hatte. Thanatos erschien kurz nach meiner »Zusammenführung« ebenfalls dort und musterte mich.

»Alles okay?«

»Das ist einfach unglaublich«, sagte ich.

»Gefällt's dir, ja?«

»Das war völlig surreal, aber ... ja. Ja!« Ich war tatsächlich ziemlich aus dem Häuschen. »Heißt das auch, dass ich mir jetzt selbst einfach vorstellen kann, wo ich sein möchte, und ich komme dahin?«

»Vermutlich«, sagte Tod tonlos.

»Oh mein Gott, dass muss ich unbedingt ausprobieren.«

Ich konzentrierte mich auf das Treppenhaus des Gebäudes, in dem wir wohnten. Tatsächlich zerfloss meine Umgebung, und ich befand mich kurz darauf ein Stockwerk unter unserer Wohnung.

»Fast«, sagte Tod aus dem Stockwerk über mir. »Das braucht wohl noch etwas Übung.«

Ich stieg die Treppe hinauf und grinste breit. »Das bisschen macht nicht viel aus. Ich bin ja da, wo ich hinwollte.«

»Wenn du aber *in* der Treppe gelandet wärst, dann hätte es dir schon etwas ausgemacht.«

Ausschnitte von alten Raumschiff-Enterprise-Folgen, wo der Transporter nicht richtig funktionierte, schossen mir in den Kopf. »Nein, das fände ich echt nicht so toll.«

Tod hatte schon wieder diesen verschwommenen Blick, bei dem ich nicht sagen konnte, was er gerade fühlte.

»Was ist los mit dir? Du siehst aus, als hätte dir jemand in die Cornflakes gespuckt«, sagte ich.

»Nein, alles okay. Versprich mir nur, dass du nichts überstürzt und diese Gabe sorgsam einsetzt.«

»Ach komm, wenn ich das auch kann, dann lass mich doch damit ein wenig Spaß haben.«

Tod seufzte.

»Was?«, fragte ich.

»Nichts. Schon gut.«

Ich hatte das Gefühl, dass er mir irgendetwas sagen wollte, aber sich nicht traute. Während ich noch dort stand und überlegte, was er auf dem Herzen haben könnte, verabschiedete er sich schnell, und ich stand allein im Treppenhaus.

✞✞✞

Auf Tods Rat hin hielt ich mich mit der neuen Fähigkeit zurück, auch wenn die Versuchung groß war, überallhin zu springen. Er schien es weit mehr als ich für riskant zu halten und probte es mit mir auf abgelegenen Feldern, wo ich nicht befürchten musste, plötzlich in einem Baum oder einer Wand zu landen. Nach ein paar Sprüngen war ich der Meinung, dass ich bereits alles konnte, und wollte nicht mehr von ihm bevormundet werden. Es kam schnell zu einem ziemlichen Streit, in dem ich ihm genau das vorwarf, aber ich musste irgendwann einsehen, dass die Gefahr für mich durchaus real war. Als ich mich im Streit von Tod verabschiedete und selber nach Hause sprang, landete ich mit einem Bein in meinem Bett. Buchstäblich. Knapp unterhalb meines Knies steckte mein Bein im Bettbezug, dem Schaumstoff der Matratze und außerdem noch in dem Kram, der im Bettkasten aufbewahrt wurde. Mit steigender Nervosität sah ich meine Eltern an meinem Zimmer vorbeigehen, allerdings bemerkten sie mich nicht. Irgendwann stand Tod plötzlich neben mir.

»Du kommst alleine klar, was?«

Ich war recht kleinlaut nach diesem Vorfall. Er half mir aus meiner Misere und zeigte mir geduldig, wie ich das und ähnliche Vorfälle wieder rückgängig machen konnte. Aber das kostete viel Zeit.

So gingen die ersten Monate des Jahres 1994 und meine Schullaufbahn zu Ende. Die mündlichen Prüfungen des Abiturs wurden noch abgehalten, und es gelang mir, eine ordentliche Vorstellung abzuliefern, ohne von meinen Fähigkeiten zum Splitting Gebrauch zu machen. In Physik hatte ich eine Bruchlandung hingelegt, aber Bio riss es wieder raus, und mein Abizeugnis sah im Endeffekt ziemlich gut aus. Ich war nicht der Beste, aber mein Notendurchschnitt konnte sich sehen lassen.

Unsere Abifeier eine Woche später sollte für die meisten von uns das letzte Mal sein, dass wir uns alle zusammen sahen. Manche wollten eine kaufmännische Ausbildung machen, andere in die Fußstapfen ihrer Eltern treten und deren Läden übernehmen. Es gab angehende Studenten der Medizin, Rechtswissenschaften und des Ingenieurwesens, aber auch solche, die noch gar nicht wussten, was aus ihnen mal werden sollte. Es gab Leute, von denen man annahm, dass aus ihnen mal etwas werden würde, und andere, bei denen man sich ziemlich sicher war, dass sie ihr Leben nie in den Griff bekämen. Einer wäre wohl am ehesten zum Kerzenhalter geeignet gewesen.

Ich saß in einer Ecke, hielt mich an meiner Cola fest und beobachtete alle. Tod hatte sich still und leise zu mir gesellt und legte die Füße lässig auf die Sitzbank gegenüber.

»Na, Junge, hast du es also endlich geschafft.«

Ich nickte nur.

»Was sitzt du hier alleine herum? Willst du nicht tanzen und mit den anderen feiern?«

»Ich weiß nicht recht. Finden eh alle, dass ich etwas sonderbar bin. Ich habe das Gefühl, dass nach der Schule jetzt endlich mein richtiges Leben anfängt, verstehst du, was ich meine? Der heutige Abend ist so was wie ein Schlussstrich zwischen mir und den anderen.«

»Du hast nicht vor, irgendjemanden von ihnen später mal wiederzusehen?«, fragte Tod.

»Wozu?«, fragte ich. »Es würde mich nur an meinen Außenseiterstatus in der Schule erinnern. Ich hoffe, neue Freunde zu finden und das alles hinter mir zu lassen. Ich bin gespannt, was die Zukunft bereithält«, sagte ich mit voller Überzeugung und blickte zu Tod hinüber.

Tods Miene war nicht leicht zu lesen, aber ich meine, dass er kurz zuckte, als ich von der Zukunft sprach.

»Du weißt doch immer alles«, sagte ich zu Tod. »Verrate mir doch, was aus den Leuten hier wird.«

»Kannst du das nicht selbst sehen?«, wunderte er sich.

Ich stutzte. »Wie meinst du das denn?«

»Schon gut«, gab er zurück. »Was aus Astrid und Frank wird, weißt du ja schon.« Er zeigte auf die beiden Gestalten, die knutschend in der Ecke standen.

»Vielleicht etwas Positiveres«, meinte ich.

»Was soll ich dir da viel erzählen. Zuletzt enden sie alle als das da«, er zeigte auf einen Falter, der um eine Glühbirne schwirrte.

»Das nennst du positiv?«, sagte ich.

»Ich nenne die Dinge nur beim Namen.«

Mein Blick schweifte durch die Runde. Eine Menge von jungen Männern und Frauen, die den ersten Tag vom Rest ihres Lebens feierten. Und dann blieb ich wieder an dem Falter hängen, der nicht von der Glühbirne abließ, angezogen von dem Licht, als wäre es der heißeste weibliche Falter, den er je gesehen hatte. Und während der Falter vergeblich versuchte, mit der Glühbirne Liebe zu machen, versengte er sich die Flügel und verschrumpelte zu einem schwarzen Etwas, das geräuschlos auf den Boden fiel. Der Anblick der rauchenden Masse ließ mir unwillkürlich einen Schauer über den Rücken laufen.

»Ich hoffe, das war ein echter Falter«, sagte ich.

»War er.«

»Warum steigt kein Falter vom ihm auf?«

Tod seufzte. »Entweder liegt es daran, dass Tiere keine Seele haben, oder wir können mein Äquivalent aus der Tierwelt einfach nicht sehen. Nimm die Erklärung, die dir besser gefällt.«

Anja ging plötzlich durch die Reihen und schaute sich um. Als sie mich entdeckt hatte, kam sie auf mich zu.

»Oha«, meinte Tod.

»Hey, Martin!«, sagte Anja fröhlich.

Ich lächelte etwas beklommen zurück. »Hi.«

»Störe ich?«, fragte sie und schaute mich auf eine seltsame Weise an.

»Nein, natürlich nicht. Wie ... wie geht's dir?«

»Gut, das Abi ist gut gelaufen. Und bei dir?«

»Kann nicht klagen. Was hast du denn jetzt vor?«

»Studieren.«

»Ach, und was?«, fragte ich.

»Ich will Lehrerin werden.«

»Ah, also wieder zurück in den Schulbetrieb, weil es nicht schlimm genug war«, sagte ich mit ironischem Unterton, den Anja anscheinend nicht mitbekam.

»Ich fand es gar nicht so schlimm«, sagte sie tonlos.

»Ja, ich … wollte auch nur Spaß machen.«

Sie nickte halb. Mir war klar, sie fand es nicht witzig.

»Was willst du denn jetzt machen?«, fragte sie.

»Na ja, also erst mal muss ich da hin, wo alle Männer hin müssen.«

»Oh. Bis gleich«, sagte sie nur und ging ein Stück beiseite.

Ich blieb sitzen und schaute sie völlig verwirrt an.

»Ich muss zur Bundeswehr«, sagte ich.

Sie schlug sich mit der Hand an die Stirn. »Ach so, ja, klar.«

»Was dachtest du denn?«

»Ich dachte, du musst …«

»Ah, schon klar. Nein, danke, es geht noch«, sagte ich, und wir grinsten uns beide an.

Sie setzte sich genau dahin, wo Tod es sich gemütlich gemacht hatte. Der sprang sofort wie von der Tarantel gestochen auf und sah mich an, als hätte ihm jemand ohne Vorankündigung eine Prostata-Untersuchung verpasst. Ich zuckte leicht mit den Schultern, weil ich signalisieren wollte, dass ich nicht wusste, was ich tun sollte.

»Du gehst also zur Bundeswehr? Hättest du nicht verweigern können?«

»Schon, aber dann hätte ich ja noch länger Leuten den Arsch abwischen müssen oder so was in der Art.«

»Aber immerhin würdest du was Sinnvolles tun, oder?«

»Willst du damit etwa sagen, dass stundenlanges Marschieren und so zu tun, als würde man andere Leute erschießen, nicht sinnvoll ist?«

»Na, immerhin bist du da immer modisch gekleidet.«

Wir kicherten beide, während Tod neben uns stand und mit dem Fuß wippte.

»Weißt du schon, wo du stationiert wirst?«, fragte sie.

»Lehnitz. Das ist oben bei Oranienburg. Also nicht wirklich weit weg. Aber ich bin da halt doch einkaserniert und komme nur am Wochenende nach Berlin.«

»Na wenigstens ist es nicht ganz so weit weg.«
»Stimmt schon.«
»Ich kann dir schreiben, wenn du willst.«
Mein Blick huschte kurz in Richtung Tod, der ihr angewidert die Zunge rausstreckte.
»Ich weiß nicht, was dein Freund dazu sagen würde.«
»Wen meinst du? Ich habe gerade keinen Freund.«
»Oh«, sagte ich.
Es entstand eine ungewöhnlich lange Pause, in der in meinem Kopf alle möglichen Sätze durcheinanderwirbelten, die ich hätte sagen können, wie z.B. »Na, dann sollten wir uns mal verabreden« oder »Kommst du öfter her?«, aber gerade der letzte Satz erschien mir arg dämlich. Überdies drehte sich Tod schon weg und schaute gen Himmel. Ein paar Meter weiter tuschelten ein paar Freundinnen von Anja und blickten in unsere Richtung. Schließlich brach Anja das Schweigen.
»Ja, dann ... werde ich mal wieder.«
»Ich würde mich freuen, wenn du mir schreiben würdest«, schob ich schnell hinterher.
»Lass mir die Adresse zukommen, okay?«
»Werde ich.«
Sie winkte mir zu und ging zu ihren Freundinnen. Tod ließ sich wieder auf den Sitz fallen und blickte mich mit verdrehten Augen an.
»Sag nichts. Ich weiß«, kam ich ihm zuvor.
»Wir hatten das Thema schon.«
»Ich weiß. Du brauchst mir auch nichts zu erzählen, aber irgendwie ... ich konnte nicht anders.«
Tod seufzte nur.

KAPITEL 20
12 MONATE FÜRS VATERLAND

Am 4. Juli setzten mich meine Eltern mit ein paar Klamotten vor der Kaserne in Lehnitz ab und wünschten mir alles Gute. Meine Mutter wurde etwas sentimental und drückte mich überdeutlich, wodurch ich mich gezwungen sah, sie daran zu erinnern, dass ich nur den Wehrdienst antrat und nicht in den Krieg zog. Trotzdem war auch mir etwas mulmig zumute, als ich durch das Tor schritt und zum Haus der vierten Batterie des Panzerartilleriebataillons geschleust wurde. Ich wurde begrüßt, erhielt einen Trainingsanzug, der aussah, als wäre er in den 70er-Jahren mal modisch gewesen, und ein Paar Turnschuhe. Mir wurde ein Zimmer zugewiesen, in das ich schließlich meine Sachen brachte.

Ich war der Zweite, der an diesem Tag das Zimmer betrat und nicht wusste, was ihn erwarten würde. Der Erste war Stephan Remmler, dessen Name zu seinem Leidwesen identisch mit dem des Schlagersängers war, den er allein aufgrund der Tatsache nicht leiden konnte, dass er »Turaluraluralu – Ich mach BuBu, was machst du« geschrieben und gesungen hatte. Er war zwar größer als ich, machte aber einen schmächtigen und vor allem unbeholfenen Eindruck, so als wüsste sein Körper noch nicht, wohin mit den Extremitäten. Er rückte seine dicke Brille zurecht und streckte mir seine Hand unsicher entgegen. Ich erkannte in ihm einen ähnlichen Außenseiter wie in mir, sodass er mir von Anfang an sympathisch war.

Der Dritte in unserer illustren Runde war Markus Damm, ein sportlicher Typ, dessen blondes Haar stets so aussah, als wäre er gerade aufgestanden. Nachdem ich ihn etwas näher kennengelernt hatte, war ich überzeugt davon, dass meine Vermutung voll ins Schwarze getroffen hatte: Er war buchstäblich aus dem Bett gefallen und nur deshalb so früh in der Kaserne erschienen, weil er ernsthaft befürchtete, in den Knast zu kommen, wenn er nicht rechtzeitig da wäre.

Der vierte Zimmergenosse war Pascal Kruppa, ähnlich sportlich wie Markus und auch ungefähr von derselben Größe, dafür machte er aber schon beim Eintreten den Eindruck, als könne er es gar nicht erwarten, ins Habtacht gestellt zu werden. Seine schwarzen Haare hatte er sich in vorauseilendem Gehorsam bereits auf zwei Millimeter heruntergetrimmt. Ansonsten waren seine auffälligsten Merkmale wohl eine dicke Brille und die Augen mit dem Silberblick dahinter.

Wir stellten uns gegenseitig vor und verstauten unsere Sachen in den Schränken, nachdem wir uns abgesprochen hatten, wer welchen Schrank und welches Bett bekommen würde. Stephan schlief über mir, Pascal und Markus teilten sich das andere Etagenbett. Bis wir zum ersten Antreten herausgerufen wurden, wollte Markus schon wissen, ob wir mit ihm einen Joint rauchen würden. Wir gaben ihm zu bedenken, dass der erste Tag in der Kaserne, direkt bevor wir unsere Vorgesetzten das erste Mal treffen würden, nicht der ideale Zeitpunkt wäre, um sich zuzudröhnen. Er starrte für ungefähr eine Minute mit offenem Mund in die Luft, bis sein Gehirn die Information verarbeitet hatte. Dann nickte er nur und baute weiter an seinem Joint, den er für später aufheben wollte.

Irgendwann wurden wir herausgerufen und sollten uns in einer Reihe auf dem Flur aufstellen. Für einige der Leute war der Terminus »in einer Reihe« offensichtlich schon zu viel des Guten. Das Ganze war ein einziger Hühnerhaufen. Immerhin hatte ich so eine Gelegenheit, mir die anderen Typen genauer anzusehen. Im Gegensatz zu meiner Stube, in der alle praktisch frisch von der Schule kamen, waren bei den anderen auch Leute dabei, die schon Mitte 20 waren und offenbar für den Wehrdienst ihre Karriere unterbrechen mussten. Einer von ihnen liebte es, laut zu proklamieren, dass dies hier alles Zeitverschwendung sei. Wie ich später hörte, hatte er eigentlich verweigert, war aber aufgrund irgendeiner Formalität doch eingezogen worden. Sein zuständiger Unteroffizier schloss ihn sofort ins Herz. Immerhin schoss er ihm nicht in selbiges, auch wenn einige seiner Kollegen den Eindruck vermittelten, dass es nur eine Frage der Zeit war.

Unser Hauptmann stellte sich vor. Er war ein relativ kleiner Mann mit Adlernase und wachen Augen, die jeden in der Reihe auf Potenzial abzusuchen schienen. Er hielt eine kurze Rede, während der ich nur dachte, dass es bei der Bundeswehr definitiv nicht wie bei »Full Metal Jacket« zugehen würde. Im Anschluss stellten sich die anderen wichtigen Personen der Batterie vor.

So richtig habe ich nie verstanden, weshalb bei der Artillerie eine Kompanie als Batterie bezeichnet wird. Vielleicht, weil die Worte so schön ähnlich klingen. Jedenfalls erklärte uns der Oberleutnant Landvogt, der ein wenig so aussah, als würde er eine Windel tragen, dass wir zum zweiten Zug der vierten Batterie gehören würden. Dann wurden die Gruppen eingeteilt und unser Zimmer, zusammen mit dem daneben, der dritten Gruppe unter dem Gruppenführer Stabsunteroffizier Anselm zugewiesen. Das war übrigens sein Nach- und nicht sein Vorname. Von nun an war ich also Mitglied im Panzerartilleriebataillon 425, 4. Batterie, 2. Zug, 3. Gruppe. Als ich mir das auf der Zunge zergehen ließ, schoss mir der Gedanke an die Asterixbände aus meiner Kindheit in den Kopf, in denen die römischen Legionäre fünf Minuten brauchten, um zu erklären, aus welcher Einheit sie stammten. Ich fing darüber an zu kichern und störte damit die erste Lektion des Tages: das richtige Bettenmachen und das Einräumen des Spinds. Der Gruppenführer aber nahm es persönlich. Meinen Erklärungsversuch fand er auch wenig amüsant und nutzte die Gelegenheit, uns allen zu zeigen, dass er der Chef war. »Gib mir 20!«, war das Kommando für die Anzahl der Liegestütze, die ich strafweise machen sollte. Ja, wir haben uns vom ersten Moment an gemocht. Ironie Ende.

Von Stuffz Anselm lernten wir also in den nächsten Tagen und Wochen, wie wir uns im Feld zu verhalten hatten. Wir stellten schnell fest, dass er von uns mehr verlangte als andere Gruppenführer von ihren Gruppen. Offenbar war er ein verhinderter Fremdenlegionär, der nun bei der deutschen Armee kleben geblieben war. Den Frust darüber ließ er an uns aus. Damm und ich hatten öfter mal das Vergnügen, Liegestütze machen zu dürfen. Remmler kam davon, weil er ständig versuchte, es allen recht zu machen. Kruppa hing derartig an Anselms Lippen, dass er über alle Zweifel erhaben war.

Tod besuchte mich in der ersten Woche zwei Mal. Das erste Mal am ersten Nachmittag, als wir, die wir unsere Haare für den Geschmack des Militärs immer noch zu lang trugen, beim Friseur des Ortes vorstellig wurden. Der machte jedes Vierteljahr, wenn neue Leute eingezogen wurden, richtig Kasse. Thanatos und ich unterhielten uns, nachdem lediglich Stoppeln auf meinem Kopf zurückgeblieben waren.

»Und, wie war der erste Tag?«

»Hab schon mehr gelacht«, sagte ich.

»Du hast immer noch die Chance zu verweigern.«

Ich grunzte lediglich als Antwort. Ich hatte wirklich keine Lust, irgendwo als Altenpfleger oder Ähnliches für weniger als einen Apfel und ein Ei zu arbeiten.

»Vielleicht nehme ich hier ja etwas ab«, sagte ich. »Eventuell wird ja aus mir sogar noch eine Sportskanone.«

»Du weißt aber schon, dass du nur zwölf Monate hier bist, oder?«

»Vielen Dank auch. Anja steht bestimmt total darauf, meinst du nicht?«

Tod schnaubte. »Du hängst also immer noch an ihr, was?«

»Du musst zugeben, dass sie echt süß ist.«

»Unser Geschmack bei Frauen scheint da weit auseinanderzuliegen.«

»Weshalb magst du sie eigentlich nicht?«

»Äh … das ist schwer zu erklären«, sagte Tod.

»Der Versuch zählt. Du kriegst auch einen Jaffakeks.«

Tod schaute mich an. »Ich werde dir nichts aus der Zukunft erzählen.«

»Du magst sie nicht wegen Dingen, die sie noch gar nicht begangen hat?«

»So könnte man das ausdrücken.«

»Na, da bin ich ja froh, dass du wenigstens mit allem anderen, was ich noch tun werde, zufrieden bist. Da fällt mir ein … als du mich gefragt hast, ob ich nicht doch verweigern wollte, hast du denn da nicht sowieso gewusst, wie es ausgeht?«

»Äh.«

Ich stutzte. »Ist das alles, was du dazu zu sagen hast. Äh? Einen Jaffakeks ist mir das nicht wert.«

In diesem Moment kamen Remmler und Damm vom Friseur, und ich konnte Tod gerade noch winken sehen, dann war er schon wieder verschwunden.

Tods zweiter Besuch fand am Donnerstag der ersten Woche nach Dienstschluss statt, als ich gerade in meinem Zimmer saß und einen Brief an Anja schrieb.

»Olé!«, sagte Thanatos. »Lust, ein wenig die Welt unsicher zu machen?«

»Was meinst du jetzt genau?«

»Wie wäre es mit einer Runde Bowling? Oder einem Falafel in Kairo?«

»Ich wollte eigentlich gerade den Brief hier schreiben«, sagte ich.

»Ach, der rennt doch nicht weg.«

»Der Brief vielleicht nicht, aber Anja, wenn ich ihr nicht bald schreibe.«

»Du entscheidest dich jetzt also wirklich für die Frau anstatt für mich?«

»Nun mach dir mal nicht gleich in die Kutte! Ich habe einfach das Gefühl, dass da zwischen Anja und mir was laufen könnte. Vielleicht ist es dir entgangen, aber ich habe nicht viel Glück bei Frauen. Die Einzige, die mich mal fast rangelassen hätte, wurde mehr oder weniger dadurch vergrault, dass du dauernd aufgetaucht bist.«

»Vielleicht können wir das beim Essen in Kairo besprechen.«

Ehe ich irgendwas dagegen tun konnte, zerfloss das kahle Zimmer vor meinen Augen und wurde durch den bunt geschmückten Raum eines ägyptischen Cafés ersetzt.

»Das ist definitiv keine Bowlingbahn«, sagte ich.

»So, jetzt können wir in Ruhe darüber reden.«

»Wir hätten auch in Lehnitz in Ruhe darüber reden können. Nachdem ich den Brief zu Ende geschrieben habe.«

»Aber hier finde ich es gemütlicher«, meinte er.

»Ich aber nicht«, sagte ich und konzentrierte mich auf den Raum, in dem ich kurz zuvor noch an dem Brief geschrieben hatte.

Tod folgte mir schnell nach, als ich zurücksprang, und schaute gar nicht amüsiert aus.

»Was soll denn das? Warum springst du zurück?«, fragte er.

»Weil ich diesen Brief schreiben will«, schleuderte ich ihm unwirsch entgegen. Meine Geduld näherte sich dem Ende.

»Dann komm doch wenigstens anteilig mit.«

»Ich finde es ziemlich schwer, mich auf den Brief zu konzentrieren, wenn ein anderer Teil von mir auf einem anderen Kontinent sein Unwesen treibt.«

»Den Abend hatte ich mir etwas anders vorgestellt«, sagte er und stützte sich auf den Stock.

»Und ich hätte gedacht, dass du meine Meinung und Wünsche respektieren würdest. Nimm mich nie wieder einfach so irgendwo mit hin. Hast du mich verstanden?«

Ich schaute ihm direkt in die Augen, und er hielt meinem Blick stand.

»Irgendwie habe ich dich mehr gemocht, als du diese Kraft noch nicht hattest.«

»Und ich habe dich mehr gemocht, als du mich noch nicht bevormunden wolltest.«

»Dann wäre das ja geklärt«, sagte Thanatos.

»Genau«, erwiderte ich, nahm den Stift und beugte mich wieder über den Zettel auf dem Tisch. Kurz darauf war Tod verschwunden, und Damm stolperte mit blutunterlaufenen Augen und einem Falafel durch die Tür, ließ sich auf sein Bett fallen und grinste mit Marihuana-verhangenem Blick vor sich hin.

KAPITEL 21
EINE MERKWÖRDIGE GABE

Nach einer gewissen Zeit bei der Bundeswehr gewöhnt man sich sonderbare Dinge an. Beispielsweise tendiert man dazu, Leute nur noch mit dem Nachnamen anzusprechen. Wir auf dem Zimmer redeten uns nur mit Remmler, Kruppa und Damm an. Die Ausnahme war wieder mal ich. Ich blieb für alle Martin, vermutlich weil mein Nachname nicht wirklich griffig war. Eine andere Tendenz war, auch privat in der »Rührt euch«-Stellung zu stehen – die Beine leicht geöffnet und die Arme auf dem Rücken. Die Haltung ist sogar einigermaßen gemütlich, im Gegensatz zu der »Stillgestanden«-Variante. Auch in anderen persönlichen Bereichen ging die Ausbildung nicht spurlos an uns vorüber. Als »True Lies« in die Kinos kam, saßen Remmler, Kruppa, Damm, ein paar vom Rest der Gruppe und ich im Kino und lachten uns kaputt, weil dort eine Maschinenpistole die Treppe herunterfällt und dabei schießt. Stuffz Anselm hatte uns öfter davor gewarnt, dass diese Mistdinger eventuell von allein losgehen, wenn man sie fallen lässt. Da die Waffe nur aus wenigen Teilen besteht, verwundert das nicht weiter.

Wir hatten das Zerlegen der Uzi und Gewehre öfter geübt als das eigentliche Schießen. Kam mir der Aufenthalt bei der Bundeswehr bis dahin wie ein nicht ganz so lustiger Besuch eines Abenteuerspielplatzes mit schlechtem Essen vor, so hatte für mich das Schießen mit Gewehr, MP und Pistole doch etwas Ernsthafteres. Im Grunde ist es das, was einen Soldaten ausmacht: Er ist dafür ausgebildet, auf Leute zu schießen.

Mir war nicht ganz wohl bei der Sache.

Andere waren da viel euphorischer, wie zum Beispiel Kruppa, der vom Schießen gar nicht genug bekommen konnte, obwohl er ein schlechterer Schütze war als ich. Damm und Remmler lagen irgendwo im Mittelfeld, wobei Damm grundsätzlich den Eindruck machte, als würde er die Waffe am liebsten schreiend wegwerfen. Ein besonderes Augenmerk musste man lediglich auf unseren Batterietrottel Schubert haben, der regelmäßig in den Sand schoss und sich darüber freute wie ein kleines Kind, das gerade einen Silvesterknaller hat hochgehen lassen. Er fuchtelte auch öfter mit seinem Gewehr rum und tat so, als würde er auf uns schießen, was ihm großen Ärger mit dem Zugführer und eine Nacht in einer Zelle einbrachte.

Eines Abends fragte mich Damm, während er sich zudröhnte, ob ich mir vorstellen könne, auf einen Menschen zu schießen.

»Ich glaube nicht. Das brächte ich nicht übers Herz. Andererseits wüsste ich nicht, was ich machen würde, wenn mir keine andere Wahl bliebe. Quasi wenn es um mein oder sein Leben ginge.«

Damm blies den Rauch aus. Wir anderen hatten durch ihn sozusagen unsere Grundversorgung mit Drogen, obwohl wir gar nicht rauchten.

»Ich würde dem Typen 'nen Joint andrehen. Vielleicht raucht er dann lieber eine mit mir, statt rumzuballern. Wenn alle Pot rauchen würden, wäre die Welt viel friedlicher, Alter.«

»Drogen paffen, Frieden schaffen?«, entfuhr es Remmler, der im Bett über mir ein Fantasybuch verschlang.

»Genau, Alter«, sagte Damm.

Remmler, Damm und ich fingen wie wild an zu kichern. Während wir so lachten, drehte ich mich zu Damm um. Ich schaute ihn an – und sah ihn plötzlich tot, mit offenem Mund dasitzen, während sein Blut und seine Gehirnmasse hinter ihm an der Wand herunterflossen.

Ich erschrak so heftig über diese Vision, dass ich mich blitzschnell aufrichtete und mir die Kopfhaut an den Metallhaken des oberen Bettes aufriss.

»Au! Scheiße!«, entfuhr es mir. Ich hielt mir den Kopf und spürte, dass ich blutete.

»Kacke, Alter, was springste auch so auf?«, sagte Damm und zerrte mich in den Waschraum gegenüber unserem Zimmer. Ich tupfte mir mit einem Waschlappen den Schädel ab.

»Lass mal sehen«, sagte Remmler, und ich ließ ihn gewähren. »Na, das ist eine schöne Schmarre. Sieht aber so aus, als wäre es nicht schlimm. Weshalb bist du denn eigentlich aufgesprungen?«

»Ich ... ich dachte, ich hätte etwas gesehen.«

»Da würde mich ja mal interessieren was«, sagte Damm, spülte seine Hände unter dem Wasserstrahl und wollte seine Haare verstrubbeln, merkte dann aber, dass es mit dem Stoppelschnitt nicht so richtig klappen wollte.

»Nein, interessiert dich nicht«, entgegnete ich. »Sag mal, Damm. Ist mit dir eigentlich alles in Ordnung?«

»Ob mit mir ... Alter, du bist doch derjenige, der gerade wie ein Bekloppter aufgesprungen ist und sich am Kopf verletzt hat.«

»Ja ... ja, hast ja recht.«

Von der anderen Seite des Korridors hörten wir plötzlich jemanden rufen: »Hier drin stinkt es ja wie in einer Drogenhöhle, verdammt!«

Kruppa war zurück. Er kam herüber in den Waschraum und fing an, Damm anzumotzen.

»Ich habe dir schon ein Dutzend Mal gesagt, dass du zum Rauchen rausgehen sollst. Die ganze Bude riecht nach Cannabis.«

»Und?«

»Wenn du auf Ärger mit Stuffz Anselm aus bist, bitte schön, aber ich will damit nichts zu tun haben.«

»Beruhige dich. Martin ist verletzt, Alter«, sagte Damm und zeigte auf meinen Schädel.

»Was ist denn passiert?«, fragte Kruppa.

»Martin dachte, er hätte etwas gesehen, ist aufgesprungen und hat sich den Kopf am Bett aufgekratzt«, sagte Remmler.

»Hat was gesehen?«

»Was Unangenehmes«, sagte ich.

»Geht's noch ungenauer?«

»Ist auch völlig egal«, erwiderte ich. »War wohl nur ein Hirngespinst.«

»Hirngespinst?«, sagte Kruppa. »Wohl eher die Drogen. Siehst du, das kommt davon, Damm.«

»Alter, geh mir nicht auf den Sack«, entgegnete Damm.

Kruppa pumpte sich auf, aber Damm unterbrach ihn.

»Drogen paffen, Frieden schaffen.«

Wieder begannen wir anderen, wie wild zu kichern. Kruppa schüttelte nur den Kopf und ging aufs Zimmer. Wir folgten ihm und machten uns nachtfertig, aber ich sollte in dieser Nacht nur schwer in den Schlaf finden.

✟✟✟

Anja machte ihr Versprechen wahr und schrieb mir zur Bundeswehr. Sie erzählte mir Belanglosigkeiten aus ihrem Leben, ich berichtete ihr von den Merkwürdigkeiten meiner Bundeswehrzeit und versuchte in meinen Antworten möglichst kreativ und lustig zu sein. Meine Vision von Damm erwähnte ich allerdings auch ihr gegenüber nicht.

In vielerlei Hinsicht war Anja der letzte Faden, der mich mit meinem alten Leben an der Schule verband. Abgesehen von ihr, hatte ich nur noch mit den Leuten von der DLRG zu tun, obwohl ich mich dort während meiner Bundeswehrzeit kaum sehen ließ. In den ersten Wochen war ich ohnehin kaserniert, ich kam gar nicht nach Hause. Später nutzte ich dann das Wochenende, um mich ein wenig zu erholen. Außerdem wollten meine Eltern mich ja auch noch sehen, obwohl sie ihre Zweisamkeit, seit ich von zu Hause weg war, sehr zu genießen schienen.

Nach ein paar Wochen erhielt ich Post aus Heidelberg. Ich war nicht wenig überrascht, dass der Brief von Anja war. Sie hatte mir bisher verschwiegen, dass sie dort studieren würde. Mein Plan, sie irgendwann in Berlin groß auszuführen, war damit erledigt. Stattdessen hatte ich Damm ständig im Auge.

Nichts deutete darauf hin, dass er sich irgendwann das Gewehr an den Kopf setzen würde, aber die Momentaufnahme von ihm in seinem Blut ließ mich nicht mehr los, obwohl die Kontrollen im Umgang mit den Waffen rigoros waren. Üblicherweise wurden sie nach jeder Schießübung in der Waffenkammer von einem frustrierten Ex-NVA-Soldaten eingeschlossen, der die Westberliner unter uns so ansah, als wären wir immer noch der Klassenfeind. Zuvor reinigten wir die Gewehre auf dem Flur vor unseren Zimmern, nachdem unsere Gruppenführer kontrolliert hatten, ob auch wirklich alle Munition abgegeben worden war und keine mehr im Lauf steckte.

Ich beobachtete Damm, ständig auf dem Sprung, falls es Anzeichen gäbe, dass er sich etwas antun würde. Er saß aber nur auf seinem Stuhl, zerlegte das Gewehr und schnitt hinter Kruppas Rücken Grimassen. Ich beruhigte mich ein wenig.

In der Nacht von Freitag zu Samstag war ich Gefreiter vom Dienst, was bedeutete, dass ich allein in der kleinen Bude am Eingang unseres Batteriegebäudes saß und mich langweilte, während fast alle anderen Soldaten der Kaserne daheim bei ihrer Familie waren. Ein Schwarzweißfernseher leistete mir Gesellschaft, aber auf dem uralten Gerät konnte ich nicht einmal die Lippenbewegungen des Nachrichtensprechers erkennen. Also machte das auch nicht wirklich Spaß.

Plötzlich landete Tod auf dem durchgelegenen Bett in der Wachstube und lehnte seinen Kescher an die Wand.

»Na, Junge, wie geht es dir so?«

»Dass du dich auch mal wieder blicken lässt …«

»Du weißt ja, dringende Geschäfte. Also, wie geht's dir?«

»Abgesehen davon, dass ich hier alleine sitze, der Fernseher zu klein ist und ich vergessen habe, mir was zu lesen einzustecken, eigentlich ganz gut. Und dir?«

»Abgesehen davon, dass ich durch die Weltgeschichte reise, irgendwelche Seelen einsammle und das alles ganz allein machen muss, eigentlich ganz gut.«

Wir schauten uns an.

»Ich wollte mich entschuldigen, dass ich dich beim letzten Besuch so bedrängt habe«, sagte Tod.

»Hast ja 'ne Weile gebraucht, bis dir das klar wurde.«

»Weißt du, wenn man diesen Job jahrhundertelang macht, dann vergisst man schon mal die Zeit. Und meine Fähigkeiten in zwischenmenschlichen Beziehungen sind auch nicht mehr das, was sie mal waren.«

»Schon okay. Also bist du vorbeigekommen, um uns wieder irgendwohin zu katapultieren?«, fragte ich.

Tod zog eine Bowlingkugel unter seiner Kutte hervor.

»Ich frage lieber nicht, aus welcher Körperöffnung du die gezogen hast«, wunderte ich mich.

»In dem Umhang ist wirklich viel Raum«, erwiderte Tod.

»Irgendwas anderes als Bowling wäre nicht schlecht.«

Tod zeigte mit seinen knochigen Fingern in die Ecke. Hinter dem Schrank lugte ein Schachbrett hervor.

»Weißt du, wo die Figuren sind?«

✞✞✞

Nachdem wir die Figuren nicht gefunden hatten, behalfen wir uns mit Kronkorken, Knöpfen und allerlei anderem Kram, um sie zu ersetzen. Wir spielten die halbe Nacht und redeten über dies und das. Irgendwann fiel mir ein, was mir unterbewusst schon die ganze Zeit auf der Zunge lag.

»Mir ist neulich etwas Sonderbares passiert«, sagte ich, während ich mit meinem ersten Bauern ein neues Spiel eröffnete. »Zugegeben, ich war vielleicht etwas von Drogen benebelt, aber als ich einen von meinen Zimmerkameraden angesehen habe, da hatte ich so etwas wie eine Vision. Das Bild war total klar, dauerte aber auch nur einen Moment. Es sah so aus, als hätte er sich das Hirn mit einem Gewehr rausgepustet.«

Tod schaute vom Schachbrett hoch und sah mich durchdringend an. Seine Gesichtszüge waren ernst, wirkten aber interessiert.

»Ich hätte das Ganze eigentlich als Quatsch abgetan und gedacht, dass mein Gehirn mir einen Streich spielt, aber so etwas Ähnliches hatte ich schon einmal«, erklärte ich. »Ich weiß nur nicht mehr so genau, was es war.«

»Das wäre dann schon die zweite Eigenschaft«, sagte Tod.

»Zweite Eigenschaft? Wovon sprichst du?«

»Das wäre die zweite Eigenschaft, die du von mir übernimmst.«

»Übernehmen? Was zum Teufel meinst du?«

Tod räusperte sich. »Es sieht so aus, als würdest du langsam spezielle Eigenschaften von mir ... na ja, übernehmen. Sie färben quasi ab.«

»Sie färben ab?«

»Du erinnerst dich, wie ich dir gesagt habe, dass du meinen Job übernehmen wirst?«

»Fang nicht schon wieder damit an.«

»Ich werte das als ›Ja‹. Jedenfalls sind das die ersten Anzeichen dafür«, erwiderte Tod unbeirrt.

»Wie können das die ersten Anzeichen sein? Ich übernehme deinen Job doch gar nicht.«

»Dein Körper sieht das offenbar anders.«

»Verstehe ich nicht.«

Tod seufzte. »Glaubst du wirklich, dass du plötzlich auf der Welt hin und her springen, dich in zwei Personen aufspalten und Teile der Zukunft sehen kannst und das alles völlig normal ist? Denk doch mal nach, bitte.«

»Du meinst, diese Dinge habe ich von dir übernommen?«, fragte ich immer noch ungläubig.

»Drücke ich mich eigentlich so undeutlich aus?«

»Du willst damit sagen, dass sich Damm tatsächlich die Birne wegpustet?«

»Damm ist dieser Zimmerkamerad? Ich schätze mal, ja.«

»Oh mein Gott.«

Tod rollte mit den Augen.

»Ich muss das verhindern«, sagte ich.

»Es hat keinen Sinn, so etwas verhindern zu wollen. Du bringst dich nur selbst in Gefahr, und im Endeffekt muss er ohnehin sterben. Wir haben darüber schon etliche Male gesprochen.«

»Kannst du mir sagen, wann es genau passiert?«

»Weißt du das nicht selber? Ging das nicht aus deiner Vision hervor?«

»Nein, ich habe nur kurz dieses Bild vor meinem geistigen Auge aufblitzen sehen.«

»Gut.«

»Gut?«, brüllte ich fast.

»Ja, so kommst du nicht auf dumme Ideen.«

»Du sagst mir, dass ich sehen kann, wie einer meiner Freunde umkommt, und ich soll nichts dagegen machen, beziehungsweise kann gar nichts dagegen machen?«

»Schon wieder dieses Gerede von einem Freund. Wie gut kennst du ihn denn überhaupt?«, fragte Tod.

»Das ist doch jetzt völlig irrelevant. Ich kenne ihn halt.«

»Und nur weil du ihn kennst, ist er dein Freund?«

Ich starrte nervös aus dem kleinen Fenster des Dienstzimmers.

»Wie kann ich das wieder rückgängig machen?«, fragte ich.

»Was?«

»Diese ganze Abfärberei von deinen ... deinen ...«

»Gar nicht, soweit ich weiß.«

Ich raufte mir die Haare.

»Warum willst du sie loswerden? Die Springerei hat dir doch bisher gut gefallen. Vermutlich hast du jetzt schon mehr von der

Welt gesehen, als du je gesehen hättest, wenn du diese Eigenschaft nicht besitzen würdest.«

»Darum geht es doch gar nicht. Ich will nicht wissen, wie oder wann jemand stirbt.«

»Du wehrst dich viel zu sehr. Ich habe dir doch schon immer gesagt, es ist dein Schicksal, meinen Job zu übernehmen.«

»Mein Schicksal? Du hast mich gefragt, ob ich das möchte, und ich habe Nein gesagt.«

»Na ja, das war eher eine Formalität.«

»Eine Formalität?«

»Das ist vielleicht der falsche Ausdruck. Genau genommen war die Frage überflüssig.«

»Heißt das, dass du mich damals angelogen hast?«

Tod spitzte die Lippen. »Äh, nein.«

»Es klingt aber verdammt danach.«

»Ich musste dich doch irgendwie darauf vorbereiten.«

»Indem ich so etwas wie den Tod eines Freundes mit ansehen muss? Bist du bescheuert?«

»Schon wieder redest du von einem Freund.«

»Nun häng dich nicht immer daran auf. Es geht hier um ein Leben. Im Grunde geht es auch um mein Leben.«

»Du hast recht. Es geht auch um dein Leben, dessen Weg allerdings bereits vorgezeichnet ist.«

»Ich weigere mich, das zu glauben. Wir alle führen unsere Leben selbstbestimmt. So etwas wie Schicksal, oder wie auch immer du es nennen möchtest, gibt es nicht.«

»Vielleicht siehst du es endlich ein, wenn Damm sich tatsächlich eine Kugel in den Kopf jagt.«

»Ich werde versuchen, das zu verhindern.«

Tod seufzte. »Mir ist irgendwie die Lust auf das Spiel vergangen.«

»Und mir erst.«

»Schätze, wir sehen uns dann spätestens, wenn es passiert.«

»Wird wohl so sein.«

Tod stand auf, nahm seinen Kescher, blickte noch einmal zu mir herüber und war verschwunden. Ich saß noch einen Moment auf meinem Stuhl und starrte in die Richtung, wo er zuvor gesessen hatte. Dann wischte ich aus einem Impuls heraus das Schachbrett vom Tisch, sodass alles darauf quer durchs Zimmer flog.

»Verdammte Scheiße«, fluchte ich. Dann stand ich auf und sammelte das Spiel wieder ein.

KAPITEL 22

VERDAMMT

Zu behaupten, ich wäre in dieser Zeit nicht angespannt gewesen, wäre eine Untertreibung von epischen Ausmaßen. Ich hing ständig um Damm herum, sodass es für ihn und mich schon unangenehm wurde. Zumindest kommentierte er meine Aufdringlichkeit entweder mit »Alter, rück mir nicht so auf die Pelle« oder mit »Rück mir nicht so auf die Pelle, Alter«. Seine Satzkonstruktionen waren legendär. So wie seine Nonchalance in Bezug auf das Leben. Es gab nichts, was darauf schließen ließ, dass er überhaupt dazu in der Lage wäre, sich selbst eine Kugel in den Kopf zu jagen. Damm war ein lustiger, lebensbejahender Mensch, der Probleme mit Hilfe des Konsums von leichten Drogen aussaß. Er liebte seine Freundin, seine Freundin liebte ihn, alles war eitel Sonnenschein.

Eines Tages erwischte er seine Freundin mit seinem besten Freund im Bett – der Klassiker. Ein Wort gab das andere, und sie warf ihn aus der Wohnung, die sie zwar gemeinsam bewohnten, die aber eigentlich ihre war. Übers Wochenende schaffte er ein paar seiner Sachen zu seinen Eltern, und am Sonntagabend schlug er wieder in der Kaserne auf. Nachdem ich seine Geschichte gehört hatte und sah, wie er darunter litt, war mir klar, was ich in den nächsten Tagen zu erwarten hatte. Mein Stresslevel stieg überproportional an.

Am Montagabend wurde ich Zeuge, wie Damm versuchte, seine Freundin am Telefon zu überreden, dass sie es eventuell noch einmal miteinander probieren sollten. Sie war jedoch anderer Meinung, und meine inneren Alarmglocken begannen ohne Unterlass zu schrillen. Irgendwann ging Damm und uns anderen, die ihm mit Münzen aushalfen, das Kleingeld aus. Ich bot an, mehr Kleingeld aus dem Unteroffiziersheim zu holen, aber die anderen meinten, man müsse den Tatsachen ins Auge sehen. Kruppa erklärte Damm, dass nicht er um eine zweite Chance bitten sollte, sondern sie. Der Konsens war, dass alle schon mal Liebeskummer hatten und wussten, dass es zwar scheiße, aber nur vorübergehend ist. Der allseits beliebte Spruch »Andere Mütter haben auch schöne Töchter« fiel, wenn ich auch nicht mehr weiß von wem. Meiner Ansicht nach einer der unpassendsten Sätze in so einer Situation. Man wird von jemandem, den man liebt, verlassen und soll sich damit trösten, dass es andere schöne Frauen gibt, obwohl man doch genau in diese eine verliebt ist.

An jenem Abend verwickelte ich Damm immer wieder ins Gespräch, in der Hoffnung, dass er sich alles von der Seele reden würde, aber erstens waren Kruppa und Remmler mittlerweile seiner Ausführungen, die Kruppa als »weicheiisch« bezeichnete, überdrüssig, und zweitens hatte Damm selbst bald die Schnauze voll und zog es vor, stumm dazuliegen und die Unterseite von Kruppas Matratze anzustarren. Mir blieb nichts weiter übrig, als hellwach im Bett liegen zu bleiben, denn an Schlaf war nicht zu denken. Meine Hände zitterten. Am nächsten Tag war ein Termin auf dem Schießplatz angesetzt.

☥ ☥ ☥

Am Morgen war Damm so still, wie er noch nie gewesen war. Er stand zum ersten Mal rechtzeitig auf und rasierte sich gewissenhaft. Ausnahmsweise war er nicht der Letzte, der zum Appell vor die Batterie trat. Ich versuchte, mit ihm zu sprechen, während wir vor der Waffenkammer auf unsere G3-Gewehre warteten, aber er stellte sich taub. Je ruhiger er wurde, umso nervöser wurde ich.

Da ich bei Damm nicht weiterkam, sprach ich Kruppa, Remmler und sogar unseren Gruppenführer Anselm auf meine Befürchtungen an. Anselm fragte Damm geradeheraus, ob er klarkommen würde, und als Damm bejahte, war die Sache für den Gruppenführer erledigt. Verzweifelt wandte ich mich danach an unseren

Zugführer und bat darum, an Damm keine Munition auszugeben. Schließlich schnauzte mich Damm an, ich möge mich doch um meinen eigenen Scheiß kümmern, woraufhin auch Landvogt die Sache abhakte. Wir führten unsere Schießübungen wie üblich aus, wobei ich Damm ständig im Auge behielt, wenn ich nicht gerade selbst an der Reihe war. Ich traf an diesem Tag fast gar nicht. Anselms Kommentar dazu war lediglich, ich solle mich zusammenreißen. Dann marschierten – in manchen Fällen schlurften – wir die drei Kilometer bis zur Kaserne zurück.

Vor der Batterie gab es die übliche Prozedur zur Überprüfung der Waffen. Die Restmunition wurde eingesammelt, die Magazine kontrolliert und ein Blick in den offenen Verschluss der Waffe geworfen. Alle Waffen und Magazine waren leer. Also wurde uns befohlen, wie immer die Waffen auf dem Flur zu putzen.

Auch hier versuchte ich, Damm im Auge zu behalten, und wollte mich neben ihn setzen, aber Damm hatte bereits dafür gesorgt, dass Kruppa und Remmler ihn flankierten. Kurz streiften sich unsere Blicke, und ich murmelte nur: »Tu's nicht.« Er schaute mich daraufhin nicht mehr an.

Alle zerlegten die Waffen in ihre Einzelteile, ölten Teile, zogen Stoff durch das Rohr, um Rückstände des Schießpulvers zu beseitigen, und setzten sie dann wieder zusammen. Ich war nur halb bei der Sache, weil ich immer wieder zu Damm rübersah. Einige waren bereits fertig, als wir immer noch auf dem Flur saßen. Damm putzte alles sehr gründlich und setzte seine Waffe zusammen, als ich mich ein letztes Mal umschaute – und Tod neben ihm stehen sah.

Vor Schreck ließ ich die Teile, die ich auf dem Schoß hatte, auf den Boden fallen. Ich sprang auf, doch mein Blick wurde kurz abgelenkt, als mich Anselm von der Seite anbrüllte, mit der Ausrüstung vorsichtiger zu sein.

Manchmal sind es nur Sekunden, die den Unterschied zwischen Leben und Tod ausmachen. Damm hatte den Moment meiner Unaufmerksamkeit genutzt, eine Patrone, die er irgendwie beiseitegeschafft hatte, in die frisch geputzte Waffe einzulegen. durchzuladen und die Schulterstütze auf den Boden zu stellen. Als ich mich wieder umdrehte, lächelte er mich an, während er sein Kinn über die Mündung schob und mit dem Daumen den Abzug drückte.

Der Knall war ohrenbetäubend. Damms Kopf flog nach hinten, und eine rote Wolke aus Blut, Knochen und Gehirnmasse verteilte sich über die Wand hinter ihm. Während ich den Mund aufriss und schrie, sprang Anselm mit einem Satz von mir zu Damm, doch da war es bereits zu spät. Damms Kopf fiel wieder nach vorne, und ich sah, wie aus der klaffenden Kopfwunde ein Schmetterling flog und von Tod eingefangen wurde. Thanatos' unbewegte Miene stand im Kontrast zu meinem verzerrten Gesicht. Er machte keine Worte. Unsere Blicke trafen sich kurz, als er so plötzlich verschwand, wie er gekommen war.

Die Kameraden, die sich schon in ihren Stuben aufgehalten hatten, rannten wieder hinaus auf den Flur. Die Reaktionen reichten von Ohnmachtsanfällen über spitze Schreie bis zu geschockter Stille. Remmler war kalkweiß im Gesicht und hätte fast das Bewusstsein verloren, wenn ihn Kruppa nicht aufgefangen und gerüttelt hätte. Anselm rief nichts weiter als »Scheiße, Scheiße, Scheiße!«.

Ich blieb resigniert auf meinem Stuhl sitzen und ließ den Kopf hängen. Ich hatte Damms Tod nicht verhindern können. Bedeutete das, dass Thanatos recht hatte? Dass unser Schicksal feststeht? Ich wollte es immer noch nicht glauben. Vor allem aber wollte ich es nicht akzeptieren. Ich blickte noch einmal zu Damm hinüber, dann fing ich langsam wieder an, mein Gewehr weiter zusammenzusetzen. Nachdem ich endlich fertig war, bemerkte ich das kleine Rinnsal Blut, das durch eine Fuge zwischen den Steinplatten im Fußboden langsam den Flur hinunterlief.

KAPITEL 23

PHILOSOPHISCHE GESPRÄCHE UNTER LEIDENSGENOSSEN

Die Polizei kam, und die Leiche wurde entfernt. Und als ob das nicht genug gewesen wäre, hatte ausgerechnet unsere Stube in dieser Woche Putzdienst. Unsere Vorgesetzten waren immerhin so rücksichtsvoll, dass sie einer weiteren Stube befahlen, uns zu helfen. So hatte ich also nicht nur Damms Tod nicht verhindern können, ich durfte, um dem Ganzen die Krone aufzusetzen, auch noch sein Blut vom Flur entfernen.

Während ich, noch halb unter Schock stehend, den Boden schrubbte, tauchte Tod auf und rieb mir unter die Nase, dass er es mir gesagt hätte.

»Ich kann das jetzt nicht diskutieren«, nuschelte ich, um bei den anderen nicht den Eindruck zu erwecken, ich würde mich mit einem Stück Luft unterhalten.

Tod stand da und sah aus, als würde er am liebsten »Tada!« rufen und sich verbeugen, als wäre er der weltbeste Hellseher. »Aber ich habe es dir gesagt!«, unterstrich er noch einmal seine Sicht der Dinge.

»Ja doch!«

Meine Erwiderung kam etwas lauter heraus, als ich gehofft hatte. Kruppa, der ein paar Meter weiter wischte, sah mich mit hochgezogener Augenbraue an. »Alles klar?«

Ich nickte nur und schaute dann kurz zu Tod, um ihn mit einem finsteren Blick zu belegen.

»Du brauchst mich gar nicht so anzusehen«, sagte Tod. »Es gibt keinen Grund, dass wir uns streiten.«

»Ich fände es nur wesentlich angenehmer, wenn es dir nicht so viel Spaß machen würde, mir immer wieder zu zeigen, wie recht du doch hast.«

Tod seufzte. »Und du wirst immer etwas finden, was dir missfällt, oder?«

Ich schmiss den Lappen in die Ecke, ließ mich an der Wand herunterrutschen und blickte aus dem Fenster. Ein paar Kameraden hielten beim Putzen inne und schauten ebenfalls in meine Richtung. Ich ließ nur kurz meinen Blick schweifen, bevor ich Tod leise ansprach.

»Ich muss hier das Blut von meinem Kumpel wegwischen. Und du stehst da und tust so, als wäre das irgendwie witzig. Tut mir leid, wenn ich das nicht amüsant finde.«

Tod blickte mich ernst an, aber ich konnte mich jetzt nicht mehr bremsen. »Ich kann im Augenblick nicht mit dir reden, ich brauche Zeit, um das hier zu verarbeiten. Ich hatte gehofft, du könntest das verstehen, aber solche menschlichen Gefühle sind dir ja völlig fremd.«

Tod knallte den Stiel des Keschers auf den Boden. Der Comic-Nerd in mir erwartete fast, dass sich Tod in Thor verwandeln und aus dem Stock wütende Blitze zucken würden. Ich hob vor Überraschung fast vom Boden ab und erntete verständnislose Blicke von Kruppa und Remmler. Ich wandte mich an Tod und sagte: »Geh weg.«

Und das tat er.

☦☦☦

Damms Suizid brachte den Dienstplan gehörig durcheinander. Jegliche Schießübungen wurden abgesagt, stattdessen hatten wir Unterricht, in dem uns Vorträge darüber gehalten wurden, wie man mit Depressionen und dergleichen umgeht. Stuffz Anselm war für eine Woche krankgeschrieben und tauchte erst wieder zu Damms Begräbnis auf, an dem unsere gesamte Einheit teilnehmen sollte. Dies war die zweite Gelegenheit nach unserem Gelöbnis, bei der wir unsere Ausgehuniform anziehen konnten. Zudem wurde uns nach der Trauerfeier Dienstschluss gegeben, sodass einige zumindest etwas Positives daraus ziehen konnten.

Ansonsten ging es innerhalb der Einheit fast so weiter wie zuvor. Es wurde wohl erwartet, dass man mit dem Vorfall zurechtkam. Einige wenige Kameraden gingen in psychologische Behandlung. Die meisten taten so, als wäre nichts weiter geschehen. Die kollektive Zurschaustellung der Abgebrühtheit des männlichen Individuums.

Meine Zimmerkameraden und ich waren einige Zeit sehr ruhig und vermieden das Thema ganz und gar, aber das leere Bett erinnerte uns täglich daran, dass Damm seinen Hut, und seine Schädeldecke, genommen hatte.

»Er schien immer so fröhlich«, sagte Remmler in einer Nacht, als der Vorfall schon ein paar Wochen zurücklag. Bis dahin hatte keiner von uns ein Wort darüber verloren. »Von dem hätte ich nie gedacht, dass er sich das Hirn wegpustet.«

Auf der anderen Seite drehte sich Kruppa im Bett herüber. Das Quietschen der Matratze war nicht zu überhören. »Ich hätte höchstens gedacht, dass er sich das Gehirn wegraucht.«

Wir alle kicherten ein wenig, bis ich mich an etwas erinnerte: »Wisst ihr noch, wie Damm total bekifft Stuffz Anselm angegrient hat?«

Kruppa richtete sich im Bett auf. »Gib mir zehn!« Seine Imitation von Stuffz Anselm war ziemlich auf den Punkt.

Die halbe Nacht tauschten wir Anekdoten über Damm aus, auch kleine Geschichten, die uns, als sie damals passierten, eher auf den Geist gegangen waren. Nun erinnerten wir uns gerne an sie.

»Als ich die Freundin auf der Beerdigung gesehen habe, fand ich echt nicht, dass die aussah, als würde es sich lohnen, wegen der 'ne Kugel einzufangen«, meinte Kruppa.

»Es gibt etwas, wofür es sich lohnt, eine Kugel einzufangen?«, fragte Remmler.

»Auch wieder wahr«, entgegnete Kruppa.

Das Bett über mir quietschte und wölbte sich, als Remmler seine Position wechselte. »Ich frage mich, wo Damm jetzt ist«, philosophierte er.

»Drei Meter unter der Erde?«, kam es von Kruppa.

»Er ist irgendwo, wo es besser ist als hier«, sagte ich. »Der Blödmann muss zumindest nicht mehr den Rest der blöden Ausbildung mitmachen.«

Ich machte Witze, aber im Grunde fragte ich mich zum ersten Mal tatsächlich: Wohin gehen die Schmetterlinge? Es wäre an der Zeit gewesen, Tod danach zu fragen, aber der hatte sich nach unserem Disput auf dem Flur nicht wieder blicken lassen. Es war merkwürdig. Einerseits hätte ich ihm am liebsten den bleichen Hals umgedreht, so sauer war ich auf ihn. Und doch begann ich ihn langsam zu vermissen. Oder zumindest die Illusion der Freundschaft, die wir zuvor miteinander gepflegt hatten.

✟✟✟

Etwas, was mich auf der Spur hielt, während ich noch den Tod von Damm verarbeitete, war der Briefverkehr mit Anja. Ich hatte ihr von dem Vorfall erzählt und dabei selbstverständlich verschwiegen, dass ich vorher davon gewusst hatte. Sie war schockiert und wollte wissen, wie es mir ging. Ich bin mir sicher, dass sie, hätte es damals schon erschwingliche Handys gegeben, angerufen hätte. Vermutlich hätten wir unentwegt miteinander telefoniert. So blieb uns nur, alle paar Tage zu schreiben, aber selbst das beruhigte mich ungemein.

Es war faszinierend zu sehen, wie aus unserer recht sonderbaren Beziehung in der Schule so etwas wie eine echte Brieffreundschaft entstand. Waren unsere Briefe in der Anfangszeit etwas holperig und vielleicht sogar unpersönlich, änderte sich das mit der Zeit, und nach Damms Suizid hatte ich das Gefühl, dass ich ihr alles anvertrauen konnte. Bis auf die Sache mit Tod natürlich. Ich erzählte ihr, was ich dachte, tat und vorhatte, all den sonderbaren Kram, der mir bei der Bundeswehr zustieß, und versuchte, dabei möglichst witzig und originell zu sein. Meine Hoffnung war weiterhin, sie durch Briefe zu bezirzen und so für mich gewinnen zu können. Obwohl ich mir sicher war, dass ich sie gut unterhielt, kamen mir doch Zweifel, was die Möglichkeit einer romantischen Beziehung zu ihr anging. Sie erzählte von Heidelberg, den tollen Kneipen und den Sachen, die sie mit ihren Kommilitonen unternahm. Das Studium klang nicht sonderlich spannend, die Partys, auf denen sie viel Zeit zu verbringen schien, klangen da schon besser. In meinem Kopf setzte sich der Gedanke fest, dass es nur eine Frage der Zeit wäre, bis sie dort jemanden kennenlernen würde. Und dieser Gedanke gefiel mir ganz und gar nicht.

KAPITEL 24
VISIONEN UND ENTSCHEIDUNGEN

An einem freien Wochenende hatte ich mal wieder Lust, mich auf der Station blicken zu lassen. Seit ich bei der Bundeswehr war, hatte ich nur einmal vorbeigeschaut, um meine superkurzen Haare vorzustellen und mich darüber zu beklagen, dass das Essen beim Bund fast so schlecht war wie Andreas' Kochversuche. Die Saison neigte sich ihrem Ende zu, und ich wollte außerdem die letzten Sonnenstrahlen genießen, indem ich mal wieder gemütlich auf dem Sand lag und nicht darübermarschierte.

Unglücklicherweise hatte ich, statt am Strand zu liegen, das Vergnügen, beim Kartenspielen zu verlieren, was bedeutete, dass ich den Abwasch machen musste. Trotzdem merkte ich, wie sehr ich die Leute vermisst hatte … und das Fahren mit dem Boot. Wir machten einen kleinen Abstecher zum Niederneuendorfer See, wo ich mal kurz den Motor aufheulen ließ, sodass mir die Seeluft übers Gesicht strich. Soweit man in Berlin auf der Havel von Seeluft sprechen kann.

Nach der Fahrt gingen wir über den Strand zur Station. Es waren etliche Familien dort. Kleine Kinder spielten im Matsch, größere rannten hin und her, Jugendliche lagen sich mit ihren Partnern in den Armen. Und dann traf es mich plötzlich wie ein Schlag.

Während ich an den Menschen vorbeischlenderte, blitzten Bilder aus ihrem Leben in meinem Kopf auf. Ein junger Kerl, der gerade mit seiner Freundin knutschte, fiel vor meinem geistigen Auge von der Leiter und brach sich das Genick. Besagte Freundin lag alt und zittrig in einem Krankenhausbett und wollte nach einem Wasserglas greifen, woraufhin sie aus dem Bett fiel und nicht wieder aufstand.

Eine Mutter von drei Kindern erstickte im Restaurant an einem Stück Fleisch. Ein Junge, der gerade eine Sandburg baute, lief vor ein Auto und flog durch die Windschutzscheibe. Ein Vater, der mit seinem kleinen Sohn spielte, schaute fern in seinem Sessel und zuckte noch einmal kurz, bevor ihn das Leben verließ.

Ich stolperte plötzlich mehr, als dass ich ging, während mich die geballten Lebensgeschichten oder vielmehr Todesgeschichten der Leute trafen. Einer meiner Kameraden fing mich auf, als ich im Begriff war zu fallen. Ich blickte ihn an und sah, wie er unter den Schmerzen der Dekompressionskrankheit nach dem Tauchen starb.

Noch halb in seinen Armen hängend, beobachtete ich einen Jungen von vielleicht fünf Jahren, der lachend ins Wasser rannte. In meinem Kopf sah ich, wie er sich an einer Begrenzungsboje der Badestelle den Kopf stieß und im viel zu tiefen Wasser ohnmächtig ertrank. Die Visionen von den Menschen wurden bald schwächer, und ich schüttelte meinen Kopf, um wieder klar denken zu können. Andreas und die anderen Kameraden brachten mich zur Station, wo ich mich erst mal hinlegen sollte. Ich ruhte mich einen Moment lang aus, aber der Gedanke an den sterbenden Jungen ließ mich nicht mehr los. Ich sprang wieder auf, stellte mich an die Reling unserer Terrasse und suchte das Wasser nach ihm ab.

Das Kind war zuerst weit und breit nicht zu sehen. Nervös schaute ich zu den Bojen, aber an denen spielten nur ältere Kinder, die sich an dem kleinen Metallgriff auf der Oberseite hochzogen und zurück ins Wasser plumpsen ließen. Im Grunde war das nicht gestattet, aber in der Regel sahen wir darüber hinweg. Ich ließ den Blick schweifen und entdeckte den Jungen schließlich am Ufer. Er baute eine Kleckerpampe-Burg und rief nach seiner Mami, die von ihrer Decke nur einen flüchtigen Blick auf das Meisterwerk ihres Sohnes warf.

Ein Teenager wollte seine Freundin offenbar mit besonderer Rücksichtslosigkeit beeindrucken und lief so dicht an dem Jungen vorbei, dass er ihn am Bein streifte und ins Wasser stieß. Ich war drauf und dran, dem Teenager die Leviten zu lesen, aber seine Freundin erledigte das bereits für mich. Er entschuldigte sich bei dem Kleinen und ging dann mit ihr gesittet ins Wasser, wo sie dann nicht mehr ganz so gesittet an sich herumfummelten. Die Mutter des Kleinen hatte von alldem nichts mitbekommen. Sie sonnte sich weiterhin sorglos auf ihrer Decke.

Ein paar ältere Kinder tummelten sich im Wasser und spielten mit einem großen Ball, den sie hin und her warfen. Neugierig stand der Fünfjährige am Ufer und beobachtete das Treiben. Schließlich stapfte er entschlossen ins tiefere Wasser, um dort mitzuspielen. Offenbar konnte er bereits schwimmen, denn er hielt sich gut im Wasser, allerdings war er zu klein, um den Ball im Sprung zu erwischen. Die anderen Kinder schienen sich erst über ihren kleinen Besucher zu wundern, da er aber nicht störte und klaglos jeden Ball zurückholte, der zu weit geflogen war, nahmen sie ihn mit ins Spiel auf. So ging es eine Weile, bis der Ball in der Nähe der Bojen landete. Der Junge machte sich fröhlich auf den Weg. Und dann sah ich Thanatos über das Wasser laufen.

✝✝✝

»Hör auf, etwas verhindern zu wollen«, hörte ich Tod in meinem Kopf sagen. »Du bringst dich nur selbst in Gefahr – und im Endeffekt muss er ohnehin sterben.«

Die Worte hatte er mir gesagt, als er mir bestätigte, dass Damm sich umbringen würde. Mein Körper kribbelte, weil ich instinktiv helfen wollte, aber Damm hatte ich auch nicht helfen können. Ich dachte daran, wie er ein letztes Mal zu mir herübersah und lächelte, bevor er sich das Gewehr unter das Kinn schob.

War es wirklich Schicksal, wie Tod behauptete? War es wirklich vorbestimmt, dass er sich aus Liebeskummer erschießen sollte? Ist das Schicksal nicht nur das Zusammentreffen verschiedener Faktoren, eine Mischung aus eigenen Entscheidungen, äußeren Umständen und dem Einfluss Außenstehender? Ich hatte Damm nicht retten können. Ich war überfordert, abgelenkt, zu langsam. Tod hatte gewonnen. Aber musste er ein weiteres Mal gewinnen? Diese Überlegungen hatten nur Sekunden gedauert, und instinktiv hatte ich mich bereits von der Terrasse in Richtung Strand bewegt. Der Junge hatte den Ball mittlerweile erreicht und zurück zu den anderen geworfen. Auf dem Weg zurück, schwamm er gefährlich nahe an einer der Bojen vorbei, an der ein paar andere Kinder spielten. Sie zogen sich daran hoch. Ließen sich fallen. Die Boje schwankte und traf den Kleinen am Kopf, der sofort bewusstlos wurde. Mit dem Gesicht nach unten trieb er im Wasser. Thanatos stand daneben und wartete. Ich war wie erstarrt. Tod sah zu mir herüber und schüttelte fast unmerklich den Kopf. Ich hatte den Atem angehalten, und mein Herz schien einen Moment auszusetzen. Dann begann es wie wild zu schlagen, und ich rannte.

Aufgrund des guten Wetters hatte ich lediglich ein T-Shirt und eine kurze Hose an. Ich war barfuß und machte mir über meine Klamotten keine Gedanken. Ich wollte einfach das Kind retten.

Ich spürte, wie meine Fußsohlen die Wasseroberfläche trafen, vergaß alles um mich herum und sah nur noch Tod und den Jungen. Tod schrie laut: »Nicht!«, aber ich rannte weiter, packte den Jungen unter den Armen und schleppte ihn zurück zum Ufer, wo ich ihn behutsam im Sand ablegte.

Die Kopfwunde schien nicht so schlimm zu sein, aber er atmete nicht. Ich schrie ihn an und gab ihm einen kleinen Klaps auf die Wangen. Plötzlich holte er tief Luft, hustete einen Moment und schlug die Augen auf. Ich hatte es geschafft. Erleichtert ließ ich mich neben ihm in den Sand fallen und sah mich nach Tod um, der sich anscheinend wieder in Luft aufgelöst hatte.

Sehr schnell hatte sich um uns eine Gruppe Neugieriger versammelt, die von meinen Kameraden zurückgedrängt wurden. Der Kleine hielt sich den Kopf, begann zu weinen und fragte ängstlich nach seiner Mami. Von der Menschentraube angezogen, war sie zum Wasser gegangen und drängte sich, nun, da sie die Stimme ihres Sohnes gehört hatte, nach vorn. Als sie ihn blutend im Sand sitzen sah, wurde sie blass. Ich schilderte den Unfall an der Boje und riet ihr, mit dem Jungen einen Arzt aufzusuchen. Andreas nahm den Kleinen und trug ihn in den Sanitätsraum, wo sie seine Kopfwunde versorgen und auf die Feuerwehr warten wollten.

Ich versuchte aufzustehen, aber ein plötzlicher Schmerz ließ mich gleich wieder auf die Knie sinken.

»Das sieht nicht gut aus«, sagte Nina, eine der Kameradinnen, die erst in diesem Jahr zu uns gestoßen waren. Sie deutete auf meinen Fuß. Ich folgte ihrem Blick und sah eine große Scherbe, die tief in meiner Fußsohle steckte.

»Großartig«, kommentierte ich die Entdeckung. »Keine gute Tat bleibt ungesühnt.«

Trotzdem half Nina mir auf, und von ihr gestützt, humpelte ich zur Station. Die Menschenmenge zerstreute sich derweil, aber ich spürte die Blicke der Leute immer noch auf mir ruhen. Sie zeigten auf mich und tuschelten. Das war mir unangenehm, und ich konnte mir auch keinen Reim darauf machen. Sicher, ich hatte das Kind gerettet, aber ich fragte mich, wie vielen Leuten überhaupt klar war, wie knapp es um den Kleinen stand.

Nina setzte mich vorsichtig auf der Terrasse ab und sagte: »Bei Gelegenheit musst du mir mal den Trick verraten.«

»Was für einen Trick?«, fragte ich, aber sie war schon im Sanitätsraum verschwunden. Ich schaute mir die Wunde unter meinem Fuß an. Sie blutete und schmerzte, aber es machte nicht den Eindruck, als wäre es irgendwas Schlimmeres. Ich biss die Zähne zusammen und zog mit dem Finger die Scherbe raus. Das tat mehr weh, als ich erwartet hatte, und ein Quell von Flüchen kam mir über die Lippen.

Nina kam gerade mit Verbandmaterial zurück und schüttelte nur den Kopf. »Warum müssen Männer gleich immer an allem rumfummeln? Lass mich den Rest erledigen.«

Sie säuberte die Wunde und sah auch, dass es nichts war, was nicht durch ein Pflaster behoben werden konnte.

»Irgendwann möchte ich auch mal wissen, weshalb man diese Scheiß-Schnittwunden im Wasser nicht bemerkt und trotzdem hinterher blutet wie eine Sau.«

»Eines der ewigen Mysterien«, sagte Nina und beendete ihre Arbeit. »So, fertig.«

»Danke«, sagte ich zu Nina und stand auf. Ein scharfer Schmerz schoss mir durchs Bein. Sofort ließ ich mich wieder auf die Terrassenkante fallen.

»Was ist los?«, fragten Nina und die anderen.

»Mir ist spontan die Lust am Tanzen vergangen. Was glaubt ihr?«

»Aber die Wunde war sauber. Ich habe mir das genau angesehen. Da ist nix mehr«, sagte Nina, und ich widersprach ihr nicht, denn ich hatte selber gesehen, dass sie ganze Arbeit geleistet hatte. Ich versuchte noch einmal aufzustehen, aber das Ergebnis war dasselbe. Der stechende Schmerz klang ab, als ich mich wieder hinsetzte.

»Mist, ich glaube, ich habe mir den Fuß verknackst.«

Andreas bot an, mich ins Krankenhaus zu fahren. Er nahm meine Tasche, damit ich sie nicht später noch einmal würde holen müssen, und half mir auf dem Weg zum Parkplatz. Er stützte mich ab und an, wenn ich hinzufallen drohte. Ich nahm auf dem Beifahrersitz Platz und versuchte, nirgends mit dem Fuß hängen zu bleiben, was gar nicht so einfach war, da Andreas' Auto etwas von einem fahrbaren Müllcontainer hatte. Überall lag irgendwelcher Kram herum, leere Cola-Flaschen, volle Cola-Flaschen, Zigarettenschachteln, Werkzeug ... Mit meinem gesunden Fuß schob ich ein paar Flaschen so zusammen, dass ich meinen verletzten Fuß darauf ablegen konnte.

Es hatte selbstverständlich seinen Grund, dass der ganze Kram im Innenraum des Autos lag: Im Kofferraum war kein Platz dafür, denn dort war die Anlage verstaut. Andreas war offenbar der Meinung, dass er etwaige körperliche Minderwertigkeiten zwar nicht mit seinem japanischen Kleinwagen kompensieren könnte, dafür aber mit einer Stereoanlage, die man gut und gern als Schädelspalter hätte bezeichnen können. Kaum war der Wagen angesprungen, drehte er die Musik so laut auf, dass einem davon auch in 500 Meter Entfernung die Ohren bluteten. Wollte man das Radio leiser drehen, dann war es nicht ungewöhnlich, wenn er einem auf die Finger schlug und einen Blick zuwarf, als würde man kleinen Kindern die Zehen mit einem Seitenschneider abtrennen. Dementsprechend kam ich nicht nur mit einem schmerzenden Fuß, sondern auch fast mit einem Hörsturz im Krankenhaus an.

✟✟✟

Die wichtigste Person in jedem Krankenhaus befindet sich in der Pförtnerloge. An dieser wahren Krone der Schöpfung führt kein Weg vorbei, vor allem nicht, wenn man sich erdreistet, mit dem eigenen Auto einen verletzten Menschen auf das Gelände bringen zu wollen. Andreas brauchte fast drei Minuten, bis er den Wachmann überzeugt hatte, uns hereinzulassen. Natürlich war nicht etwa der Pförtner herausgekommen, nein, Andreas hatte zur Pförtnerloge gehen müssen, um sich dort eine Strafpredigt abzuholen, dass man in dringenden Fällen einen Notarztwagen rufen sollte. Als wir endlich durch die Einfahrt rollten, fluchte Andreas immer noch vor sich hin. Er half mir dabei, in die Notaufnahme zu humpeln, und verabschiedete sich dann.

»Und ich will wissen, wie du das gemacht hast«, sagte er.

Ich schaute ihn fragend an. »Wovon redest du?«

»Na, wie du den Jungen gerettet hast, Alter.«

»Ich bin rausgeschwommen und hab ihn zum Ufer gebracht. Da war doch nichts Besonderes bei.«

»Alter, du bist doch nicht geschwommen.«

»Was?«

»Du bist übers Wasser gelaufen, Alter.«

Erst in diesem Moment wurde mir bewusst, dass meine Kleider, abgesehen von ein paar Wasserspritzern, vollkommen trocken geblieben waren.

KAPITEL 25
EIN MERKWÜRDIGES MÄDCHEN

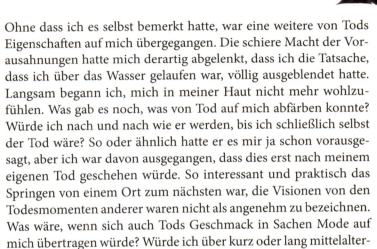

Ohne dass ich es selbst bemerkt hatte, war eine weitere von Tods Eigenschaften auf mich übergegangen. Die schiere Macht der Vorausahnungen hatte mich derartig abgelenkt, dass ich die Tatsache, dass ich über das Wasser gelaufen war, völlig ausgeblendet hatte. Langsam begann ich, mich in meiner Haut nicht mehr wohlzufühlen. Was gab es noch, was von Tod auf mich abfärben konnte? Würde ich nach und nach wie er werden, bis ich schließlich selbst der Tod wäre? So oder ähnlich hatte er es mir ja schon vorausgesagt, aber ich war davon ausgegangen, dass dies erst nach meinem eigenen Tod geschehen würde. So interessant und praktisch das Springen von einem Ort zum nächsten war, die Visionen von den Todesmomenten anderer waren nicht als angenehm zu bezeichnen. Was wäre, wenn sich auch Tods Geschmack in Sachen Mode auf mich übertragen würde? Würde ich über kurz oder lang mittelalterliche Umhänge samt spitzer Kapuze tragen?

Die Krankenschwester am Empfang der Notaufnahme drückte mir einen Zettel in die Hand, den ich ausfüllen sollte, und schickte mich damit ins Wartezimmer. Mein Einwand, kaum laufen zu können, wurde von ihr mit den Worten abgewiesen, ich sei ein kräftiger junger Mann, der wohl nicht gleich verbluten würde und daher wie alle anderen warten könne. Immerhin half sie mir, meine Tasche ins Wartezimmer zu bringen, wo ich mich dann auf die gelöcherten Sitze aus Stahl fallen ließ.

Das Wartezimmer war so gut wie leer. An der gegenüberliegenden Wand saß ein Mann mit Halbglatze, der müde aufblickte, als ich hereingehumpelt kam. Ein Stück entfernt von ihm hatte eine dreiköpfige Familie Platz genommen. An den Wänden hingen abstrakte Bilder in dunklen Tönen, die ich eher beunruhigend fand. Keiner sprach ein Wort. Wartezimmer-Melancholie.

Die Ereignisse des Tages gingen mir durch den Kopf. Eher verstohlen sah ich die Leute im Raum an und erwartete, erneut von einer Welle zukünftiger Tode überrollt zu werden, aber ich hatte Glück. Zumindest für den Moment schien ich vor den Visionen Ruhe zu haben und entspannte mich, so gut es ging.

Nach fünf Minuten wurde die Familie in die Notaufnahme gerufen, wobei die Mutter zärtlich ihrer Tochter den Kopf streichelte. Ich sah ihnen hinterher, aber nachdem sie in der Tür verschwunden waren, schlug diese zu und versperrte mir die Sicht. Die Halbglatze von gegenüber starrte auf ihre Finger.

Fünf Minuten später wurde eine hochschwangere Frau im Rollstuhl, die offenbar in den Wehen lag, an der Notaufnahme vorbeigefahren. Hinter ihr lief ein Mann, vermutlich der werdende Vater, der sich mit allerlei Taschen abbuckelte und noch nervöser wirkte als seine Frau. Er warf einen kurzen Blick ins Wartezimmer, und ich hielt schnell den Daumen hoch, um ihm viel Glück zu wünschen. Er lächelte zurück, bevor er in Richtung Kreißsaal verschwand. Die Halbglatze hatte das kleine Zwischenspiel verfolgt und starrte mich an. Als ich hinübersah, waren seine Finger schon wieder interessanter geworden.

Gelangweilt blickte ich aus dem Fenster des Wartezimmers auf den Flur. Im Haus schien wenig los zu sein. Zumindest liefen nur einige Ärzte und Krankenschwestern über den Gang, und keiner schien in Hektik zu verfallen.

Die Ausnahme war ein kleines Mädchen, das nicht viel älter als sechs Jahre zu sein schien. Was die anderen Menschen an Energie vermissen ließen, schien sie im Überfluss zu haben. Sie sprang in ihrem bunt gemusterten Kleid quer über den Flur, drehte Pirouetten und summte eine Melodie von Mozart. Der Name des Stücks war mir nicht geläufig, aber mein Vater hatte eine Aufnahme davon, die von Horowitz eingespielt war, und an die erinnerte ich mich. Die Ärzte und Krankenschwestern kümmerten sich gar nicht um sie, fast so, als würde sie das dort jeden Tag machen. Unwillkürlich musste ich lächeln, während ich sie beobachtete. Nachdem sie gerade wieder eine Umdrehung hingelegt hatte, bemerkte sie, dass ich ihr zuschaute. Zuerst wirkte sie überrascht. Dann lächelte sie mich an und machte einen kleinen Knicks. Ich erhob meine Hände und deutete ein Klatschen an. Sie strahlte förmlich, drehte sich dann aber abrupt um und rannte den Gang hinunter. Ich schaute ihr, so gut es ging, hinterher, aber sie war bald aus meinem Blickwinkel verschwunden. Als ich mich wieder zurücklehnte, musterte mich die Halbglatze prüfend, starrte aber wie gehabt schnell wieder auf ihre Hände, sobald ich zu ihm hinsah. Ich lehnte mich abermals zurück und wartete.

Einige Minuten vergingen. Plötzlich patschte eine Hand an die Scheibe neben mir und ließ mich aufschrecken. Das Mädchen war wieder zurück und lächelte mich freundlich an. Fröhlich sprang sie die paar Meter zum Eingang des Warteraums, hüpfte hindurch und kam schließlich in einer eleganten Drehung vor mir zum Stehen.

»Das kannst du wirklich gut«, sagte ich.

»Vielen Dank!«, zwitscherte das kleine Mädchen aufgeregt. »Wer bist du denn?«

»Ich bin Martin. Und du?«

»Vivien. Aber du kannst mich Bibi nennen.«

»Hallo, Bibi. Freut mich, dich kennenzulernen.«

Sie kletterte auf den Sitz neben mir, kniete sich hin und schaute mir breit grinsend ins Gesicht. Irgendwie war sie seltsam, genauso wie ihr Kleid. Ganze Schichten von Mustern schienen darauf übereinanderzuliegen. Ich wollte gerade etwas sagen, als sie mir unvermittelt mit dem Zeigefinger auf die Nase drückte.

»Mööp«, sagte sie und kicherte. Seltsam, wie gesagt, aber sie war auch unheimlich süß.

»Mööp?«, fragte ich und machte Anstalten, sie ebenfalls auf die Nase zu drücken, aber sie zuckte zurück.

»Das darfst du nicht.« Für einen Moment schaute sie ernst.

»Oh, entschuldige.« Ich hatte keine Ahnung, was ich falsch gemacht hatte. Dann stupste sie meine Nase erneut.

»Möööööp!« Sie ließ sich schwer auf den Sitz plumpsen und kicherte wie wild. Ich lächelte, wurde aber trotzdem nicht schlau aus dem Kind. Halb zur Bestätigung, dass da nicht viel zu verstehen wäre, schaute ich rüber zur Halbglatze, deren Gesicht eher Abscheu und aufkeimende Panik verriet. Vermutlich kein Freund von Kindern, dachte ich.

»Was machst du denn hier?«, fragte mich das Mädchen, während es sich umständlich die Arme über dem Kopf verbog.

»Ich glaube, ich habe mir irgendwas am Bein getan. Tut ganz schön weh, wenn ich mich hinstelle«, sagte ich.

»Das ist ja doof.«

»Ja, in der Tat. Das ist doof.«

»Wie ist denn das passiert?«

»Ich hab einem kleinen Jungen geholfen. Der wäre fast ertrunken, weißt du.«

»Oh!«, sagte das Mädchen. »Tod ist auch doof.«

Ich schmunzelte. »Ja, das finde ich auch. Und was machst du hier? Ist deine Mutter oder dein Vater hier irgendwo?«

»So'n Quatsch!«, sagte die Kleine. »Aber ich komme ganz oft hierher. Auch in andere Krankenhäuser.«

»Bist du denn so krank, dass du so oft herkommen musst?«

»Du bist lustig«, erwiderte sie und stellte sich auf den Sitz neben mir. Sie fasste mir erneut an die Nase, sprang vom Sitz, rannte um die mittlere Sitzreihe herum und draußen fast die Krankenschwester um, die mich abholen kam. Das Mädchen drehte weiter seine Pirouetten auf dem Gang, als ich versuchte aufzustehen, ohne vor Schmerzen an die Decke zu springen.

»Ist der Herr nicht vor mir dran?«, fragte ich und deutete auf die Halbglatze, aber der schaute mich nur mit weit aufgerissenen Augen an und meinte, ich solle ruhig vorgehen, schließlich ginge es mir ganz offenbar schlechter als ihm.

Die Schwester half mir beim Gehen und nahm meine Tasche. Bibi tanzte den Gang hinunter, wo uns der Mann, der seine schwangere Frau begleitet hatte, aufgeregt entgegenkam.

»Wo ist denn das nächste Telefon?«, fragte er, und die Schwester zeigte ihm die Richtung. »Es ist ein Junge!«, rief er mir zu und taumelte freudetrunken weiter.

Bevor ich in der Notaufnahme verschwand, sah ich noch, wie Bibi mir zuwinkte, und ich tat dasselbe.

KAPITEL 26

EINE MERKWÖRDIGE FRAU

Es war töricht von mir anzunehmen, dass die Warterei ein Ende haben würde. Nun hockte ich lediglich in einem kleinen Separee und hoffte darauf, dass ein Arzt sich meiner erbarmen würde.

Es roch nach Desinfektionsmittel. Ich kratzte mir die Nase, als eine Frau im weißen Kittel den Vorhang beiseiteschob und lautstark sagte: »Aber nicht die Popel an der Liege abwischen!«

»Aber ich hab doch gar nicht ... ich wollte doch gar nicht.«

»Schon gut, war nur ein Scherz. Also, was gibt's denn?« Sie starrte auf den Zettel, den ich ausgefüllt hatte.

»Das habe ich da aufgeschrieben.«

»Ja, aber wenn du mir sagst, was du hast, dann muss ich das hier nicht entziffern.« Sie schwenkte den Zettel hin und her. »Dem Gekrakel nach zu urteilen, hast du was an der Hand. Damit könntest du glatt Arzt werden.«

Sie lächelte mich an, und irgendwie fühlte ich mich durch die Zwanglosigkeit dieser Frau schon besser. Außerdem machte sie auch ziemlich was her. Es gab ein paar Krähenfüße um ihre Augen, aber sie war vermutlich nicht älter als Mitte 30. Wäre sie etwas jünger oder ich etwas älter, hätte ich mich auf der Stelle in sie verliebt.

»Hab mir das Bein verknackst. Tut tierisch weh beim Laufen.«

»Du hast also nicht nur eine Sauklaue, sondern kommunizierst auch nur in rudimentären Sätzen, was? Erzähl mir etwas mehr. Ich hab 'ne 24-Stunden-Schicht hinter mir, da höre ich gern ein paar gute Geschichten.«

»Ich bin bei der DLRG, und bei uns an der Badestelle ist ein kleiner Junge im Wasser bewusstlos geworden. Ich bin ins Wasser gerannt und habe ihn rausgeholt. Dabei muss ich irgendwie umgeknickt sein.«

»Mensch, das ist doch mal eine Story. War das jetzt nur eine Geschichte oder ist das wirklich so abgelaufen?«

»Wirklich so.«

»Respekt. Da sitzt vor mir ein echter Lebensretter.«

Ich wurde etwas rot.

»Ernsthaft ...«, fuhr sie fort, »... ich habe viel Achtung vor dem, was ihr da tut. Viele glauben wahrscheinlich, ihr sitzt da nur rum, aber ehrenamtlich Leuten zu helfen ist etwas, was viel mehr Leute machen sollten. Und wie man an dir sieht, seid ihr eine echte Hilfe.«

Ich wusste nicht recht, was ich sagen sollte, also sagte ich einfach nur: »Danke.«

Sie hielt mir ihre Hand hin. »Ich bin Simone.«

»Ich bin Martin«, sagte ich und schüttelte die Hand.

»Jetzt, da wir uns bekannt gemacht haben ...«, sprach sie und legte das Klemmbrett mit dem Zettel beiseite, »... werden wir dich mal ausziehen, damit ich mir deinen Lebensretter-Körper mal genauer ansehen kann.«

Ich machte große Augen. »Aber ich habe doch nur was am Fuß!«

Sie legte den Kopf schief und lächelte. »Hätte ja klappen können. Leider kommen nicht so oft sportliche Lebensretter zur Behandlung.«

Ich musste grinsen, auch wenn ich ihr Verhalten als Ärztin äußerst fragwürdig fand. Andererseits hatte ihre offene Art etwas sehr Sympathisches.

Mein Bein war mittlerweile angeschwollen. Simone half mir dabei, meinen Schuh vom Fuß zu kriegen, was ziemlich wehtat. Nach einer kurzen Untersuchung entschied sie, dass er geröntgt werden müsste. Als sie mit den Röntgenaufnahmen zurück war, teilte sie mir mit, dass mein Bein tatsächlich angeknackst war.

»Gebrochen ist das nicht, aber angebrochen«, sagte sie und zeigte auf die Stelle, bei der ich auf der Aufnahme anscheinend etwas hätte sehen sollen.

»Ist das nicht dasselbe? Gebrochen ist gebrochen, oder?«

»Gut, Besserwisser, dann ist es eben ge-, aber nicht durchgebrochen. Jedenfalls kriegst du jetzt erst mal einen dicken Wadenwickel, Verzeihung, Gips und kannst die nächsten Wochen krankfeiern.«

»Na, mal sehen, ob mich der Bund nach Hause lässt.«

»Ah, du bist bei der Bundeswehr?«

Ich nickte.

»Als Lebensretter bei den Mördern? Hättest du nicht bei deinem Verein irgendwas machen können, damit du da nicht hinmusst?«

»Die Option gab es leider nicht. Und der Ersatzdienst hätte mich zu viel Zeit gekostet.«

»Ah, ich verstehe. Und hast du dich schon entschieden, was du danach machen willst?«

Ich zuckte mit den Schultern. »So richtig weiß ich noch nicht. Mal sehen.«

»Dann wird's aber langsam Zeit, oder? Was hattest du denn für Leistungskurse?«

»Physik und Bio.«

»Noten?«

»Physik drei, Bio eins. Insgesamt 2,3 im Durchschnitt.«

»Hm«, machte Simone, »Das ist nicht spitze, aber doch ganz gut. Schon mal darüber nachgedacht, Medizin zu studieren?«

Ich schwieg und grübelte. Der Gedanke war mir bisher nicht gekommen.

»Ich dachte nur, vielleicht ist es etwas für dich, immerhin bist du ja schon im Lebensretter-Business, und Bio hattest du auch als Leistungskurs«, ergänzte sie.

Mir schossen die Ereignisse des Tages erneut durch den Kopf. Die Visionen über den Tod der Leute. Die Tatsache, dass ich es geschafft hatte, den Jungen zu retten.

»Hm«, machte ich.

»Dein Enthusiasmus ist praktisch spürbar.«

»Entschuldigung, aber ich habe gerade darüber nachgedacht und halte die Idee gar nicht mal für schlecht.«

Simone lächelte. Sie nahm ihren Stift, kritzelte etwas auf ein Stück Papier von ihrem Notizblock, riss die Seite ab und gab sie mir.

»Das hier ist meine Telefonnummer. Melde dich in nächster Zeit mal bei mir, eventuell kann ich dir helfen.«

»D-Danke«, stotterte ich.

»Ich mag dich, Lebensretter. Ich hab ein gutes Gefühl bei dir. Aber glaub ja nicht, dass das einfach wird.«

Ich schüttelte den Kopf. Sie gab mir die Hand.

»Ich muss noch ein paar Kunden abfertigen. Den Rest macht eine Schwester. Und du, mach's gut.«

Die Schwester kam mit dem Zeug für meinen Gips, und Simone ging davon. Plötzlich ging der Vorhang des Separees noch einmal zurück. Simone lugte herein.

»Und nur dass eins klar ist: Ich finde dich zwar ganz schnuckelig, aber du bist zu jung für mich. Außerdem habe ich einen Freund. Glaube ich. Jedenfalls hatte ich noch einen, als ich meine letzte Schicht angefangen habe. Das war letzten Monat oder so. Was ich eigentlich sagen wollte … die Telefonnummer ist für den Fall, dass du ernsthaft daran interessiert bist, Medizin zu studieren. Sollte sie irgendwo an einer Toilettenwand landen und ich obszöne Anrufe bekommen, dann suche ich deine Adresse aus den Akten raus und überlege mir, wo ich an dir meine chirurgischen Kenntnisse verbessern kann.«

Sie winkte und grinste, bevor sie ging. Die Schwester starrte mich entgeistert an, und ich lächelte nervös zurück.

KAPITEL 27

EIN STREIT UNTER FREUNDEN

Nach dem ganzen Prozedere überließ man mir ein paar Krücken, mit denen ich aus der Notaufnahme humpelte. Einen Moment lang überlegte ich, wie ich so lädiert nach Hause kommen sollte, aber dann fiel mir ein, dass ich einfach springen könnte. Ich suchte mir eine Ecke, wo mich niemand beobachten konnte, schließlich wollte ich nicht dafür verantwortlich sein, dass plötzlich jemandem das Herz stehen bliebe, weil ich vor seinen Augen plötzlich spurlos verschwand. Allerdings war ich fast einem Herzinfarkt nahe, als mich hinter genau dieser Ecke ein ziemlich grimmig schauender Thanatos erwartete.

»Was hast du dir dabei nur gedacht?«, fuhr er mich an.

»Ich? Mir? Ich habe einen kleinen Jungen gerettet und damit etwas getan, von dem du behauptet hast, es wäre nicht möglich.«

»Ja, und aus gutem Grund.«

»Hätte ich deiner Meinung nach etwa das Kind sterben lassen sollen? Willst du das damit sagen?«

»Selbstverständlich«, sagte er kühl. »Früher oder später wird er ohnehin sterben. Du bringst nur alles durcheinander.«

»Früher oder später? Was soll das heißen? Nächste Woche? Nächsten Monat? In 50 Jahren?«

»In diesem Fall sind es vermutlich 60 Jahre.«

Am liebsten hätte ich triumphierend meine Arme in die Luft geworfen, aber mir fiel rechtzeitig genug ein, dass ich ohne Krücken wohl einen unsanften Bauchklatscher auf dem Kies gemacht hätte.

»Fakt ist doch«, fasste ich zusammen, »dass du mir mitten ins Gesicht gelogen hast. Du hast mir immer erzählt, dass man Todgeweihte nicht retten könne.«

»Stimmt, aber es war lediglich eine Notlüge, um dich zu schützen. Es lag mir fern, dich damit zu ärgern.«

»Um mich zu schützen? Wovor?«

»Vor der Gefahr, in die du dich durch dein unüberlegtes Handeln stürzt, ohne deine Aufgabe überhaupt verstanden zu haben.«

»Meine Aufgabe? Redest du schon wieder davon, dass ich deinen Job übernehmen soll?«

»Nicht sollst, musst«, sagte er.

»Jetzt muss ich es?«

»Ja, es ist dir angeboren. Du bist mein Nachfolger, ob es dir gefällt oder nicht.«

Langsam wurde ich sauer. »Du sprichst schon wieder so, als wäre es mein Schicksal. Und ich habe dir schon einmal erklärt, dass ich an diesen Quatsch nicht glaube. Das Schicksal dieses Jungen war es, dort an der Badestelle zu sterben, ja? Falsch, ich habe es verhindert. Er lebt, und das offenbar noch eine ganze Weile, sofern es stimmt, was du sagst, und du darüber nicht auch gelogen hast.«

»Martin, ich ...«

Ich ließ ihn nicht zu Wort kommen. »Also war es vielleicht gar nicht sein Schicksal, heute zu sterben. Hast du dir das schon einmal überlegt? Vielleicht ist ihm stattdessen vorbestimmt, alt und grau zu werden und ... und ... und Hoverboards zu erfinden.«

»Du solltest wirklich weniger Filme schauen.«

»Das ist doch jetzt völlig wurst. Verstehst du denn nicht, was ich meine?«

»Doch, sehr gut sogar. Es ist vielmehr so, dass du nicht zu verstehen scheinst. Ich war unehrlich, ja, aber es geschah zu deinem Besten. Ließe ich zu, dass du dich zu sehr um Menschen sorgst, würde das deine Arbeit nur unnötig erschweren.«

»Wa... von was zum Teufel redest du da?«

»Du kannst es dir als mein Nachfolger nicht leisten, zu viel Mitgefühl zu haben. Der Tod ist das Finale. Unvermeidbar, ob er nun auf die eine oder andere Weise eintritt. Für meinen Nachfolger ist es unerlässlich, dies als Tatsache zu akzeptieren. Du würdest Qualen durchleiden, wenn du versuchtest, all die Seelen zu retten, die du holen musst.«

Ich war fassungslos. »Ich soll kein Mitgefühl haben? Gerade das Mitgefühl macht uns doch erst zum Menschen, das unterscheidet uns von einer gefühllosen Maschine! Wenn dir jegliches Mitgefühl fehlt, dann fehlt dir auch jegliche Menschlichkeit.«

Tod schaute mich mit leerem Gesichtsausdruck an. »Martin, wenn du diese Aufgabe übernimmst, kannst du dir keine Menschlichkeit mehr leisten. Du kannst deinen Auftrag nicht meistern, wenn du versucht bist, alle zu retten.«

»Und genau deshalb werde ich es nicht machen.«

»*Es bleibt dir aber nichts anderes übrig!*«, schrie mich Tod an und ich wich erschrocken zurück. »Eines Tages wirst du mein Amt übernehmen. Du kannst es nicht abwenden. Lerne von mir oder weigere dich, aber am Ende wird alles auf dasselbe hinauslaufen. In der Stunde deines Todes wirst du zum Tod, ob du willst oder nicht. Du wirst viele Jahre, Jahrhunderte gar, in Einsamkeit verbringen. Solange wir uns kennen, war es mein Bestreben, dich darauf vorzubereiten. Deswegen habe ich dich auch immer vor den Menschen schützen wollen.«

Tods Worte verwirrten mich zunehmend. Er hatte mich vor den Menschen – beschützt?

Tod verzog sein Gesicht. Es sah fast so aus, als hätte er sich verplappert und überlegte nun, wie er das Gesagte wieder ungeschehen machen könnte. Und in dem Moment dämmerte es mir.

»Oh«, sagte ich, »jetzt wird mir einiges klar.«

»Du musst verstehen, dass ich immer nur in deinem Interesse gehandelt habe.«

Ich musste mich an die Wand lehnen. Ziemlich viele Puzzleteile setzten sich in meinem Kopf zusammen.

»Du wolltest mich nicht schützen. Du wolltest mich isolieren! Gerrit ist gestorben, weil ich keine Freundschaft zu ihm aufbauen sollte! Du hast dich in mein Leben gedrängt, bist in den unpassendsten Momenten aufgetaucht, um mich in der Schule und bei Conny wie einen Idioten dastehen zu lassen. Für die Leute um mich herum bin ich ein Freak, der mit sich selbst redet und neuerdings auch noch übers Wasser gehen kann!«

Thanatos schwieg und begann, mit den Zähnen zu knirschen.

»Mein Abi wäre vermutlich auch besser gelaufen, wenn du mich nicht mitten in ein Katastrophengebiet gebracht hättest.«

»Aha, aber die Gabe, während der Prüfung die Bibliothek zu besuchen, hast du gern genutzt«, stellte Tod fest.

»Darum geht es nicht! Jahrelang habe ich geglaubt, dass du mein einziger Freund wärst, aber es stellt sich nun heraus, dass ich ohne dich jede Menge haben könnte.«

»Nun komm mal wieder auf den Teppich.«

»Nur weil ich dich kenne, ist einer meiner Freunde gestorben, und Leute meiden mich, weil sie denken, dass ich mich wie ein Irrer aufführe.«

»Und was davon macht dir jetzt mehr Sorgen?«

Ich schüttelte den Kopf. »Ich will einfach nur ein normales Leben führen, verstehst du das nicht? Ich will Freunde, ich will lieben, ich will ... leben. Ich will einfach nur leben wie ein ganz normaler Mensch.«

»Du bist aber kein normaler Mensch.«

»Ich hab verdammt noch mal nicht darum gebeten, so zu sein, wie ich bin. Ich hab mir nicht ausgesucht, dich zu kennen.«

»Es ist ganz einfach dein ...«

»... Schicksal, ja ja«, unterbrach ich ihn. »Du klingst wie eine springende Schallplatte. Das gibt dir trotzdem nicht das Recht, dich in mein Leben einzumischen.«

»Ich denke, es ist an der Zeit, sich wieder etwas zu beruhigen. Du lässt dich in deinem Unmut zu Äußerungen hinreißen, die ich nicht länger hinnehmen werde.«

»Sonst was? Versaust du mir mein Leben noch mehr?«

»Ohne mich hättest du überhaupt kein Leben mehr!«

Ich zuckte zusammen. »Was zum Teufel soll das nun wieder heißen?«

»Vielleicht habe ich mich ja in dein Leben eingemischt, aber ich habe auch dafür Sorge getragen, dass du überhaupt noch eins hast.«

Ich starrte ihn an und hob verwirrt die Schultern.

»Dieser Speer, der Gerrit getötet hat, hätte eigentlich dich treffen sollen.«

»Was?«

»Du hast mich schon verstanden. Als du dich so unbedacht dazwischengeworfen hast, hättest du beinahe den Lauf der Dinge geändert. Durch diese Dummheit wärst du derjenige gewesen, den der Speer getötet hätte. Glücklicherweise konnte ich ihn umlenken.«

»Moment mal, das heißt ja, dass du Gerrit umgebracht hast.«

»So würde ich das nicht unbedingt ausdrücken.«

»Hast du ihm nun den Speer reingerammt oder nicht?«

Tod zögerte. »Na ja, nun ...«

»Mein Gott, ich kann nicht glauben, dass ich dich tatsächlich mal für einen Freund gehalten habe.«

»Hättest du lieber sterben wollen?«

»Der Speer flog auf mich zu. Es wäre einfach richtig gewesen.«

»Eben nicht. Genau das ist doch der Punkt.«

»Woher nimmst du dir überhaupt das Recht, über Leben und Tod zu bestimmen?«

»Nun ... bedenke doch bitte, mit wem du redest. Ich bin *der Tod*.«

Ich schüttelte den Kopf. »Ja, natürlich, ich ... verdammt, warum hast du nicht mich statt Gerrit sterben lassen?«

»Weil es zu früh gewesen wäre. Du warst noch nicht reif genug, um meine Nachfolge übernehmen zu können. Und deine Sorge um Gerrit ist im Übrigen unbegründet, denn er wäre an dem Tag ohnehin gestorben. Du siehst also, es ist ganz und gar unnötig und in der Tat gefährlich, wenn du ständig versuchst, anderen das Leben zu retten.«

Ich schaute ihn durchdringend an. »Wir drehen uns im Kreis. Der Junge heute wäre gestorben, wenn ich nicht eingegriffen hätte. Und er hat überlebt.«

»Und sieh, was mit dir passiert ist.« Tod zeigte auf den Gips.
»Ein Gips gegen ein Leben? Also das war es wert.«
Tod fasste sich an den Kopf. »Ich untersage dir von nun an, dich einzumischen.«
»Bitte? Du verbietest mir, mich bei anderen einzumischen? Fass dir an die eigene Nase und hör auf, bei mir reinreden zu wollen. Von heute an sind wir geschiedene Leute. Ich will dich nie mehr wiedersehen.«
Tod lächelte. »Das wird schwierig werden. Früher oder später ...«
»Ich will den Scheiß jetzt nicht von dir hören. Du weißt ganz genau, was ich meine. Bis ich tatsächlich an der Reihe bin, hast du in meinem Leben keinen Platz mehr. Halte dich von mir fern. Verschwinde einfach.«
Tod schaute finster. »Denk doch bitte noch einmal ...«
Ich unterbrach ihn, indem ich wie Harrison Ford einen Finger hochhielt und eine Miene aufsetzte, die keinen Widerspruch duldete.
»Wie du wünschst«, sagte Thanatos.
Um meine Entschlossenheit zu unterstreichen, sprang ich nicht, wie geplant, einfach nach Hause, sondern machte mich humpelnd auf den Weg zur nächsten Bushaltestelle.

KAPITEL 28
MÄNNER IN UNIFORM

Es ist wohl müßig zu erwähnen, dass meine Eltern äußerst überrascht waren, als ich mit einem Gips nach Hause kam. Ich spielte den Vorfall herunter und beantwortete ihre Fragen nur einsilbig. Ich war zu erschöpft, um mich lange zu erklären, und ließ man die Visionen, Thanatos und die Fähigkeit, über das Wasser zu laufen, weg, gab es im Grunde auch nicht viel zu berichten. Mit anderen Worten: Ich wollte nur meine Ruhe haben.

Die Ruhe hielt allerdings nicht lange an. Die Bundeswehr war der Meinung, dass sie sich a) meine Verletzung noch einmal selbst ansehen und b) mich für den Innendienst tauglich schreiben müsste. So fand ich mich schneller als gedacht in der Kaserne wieder und durfte meine Zeit mit Wachdienst und Büroarbeiten verbringen. Anscheinend machte ich meine Sache so gut, dass, nachdem mein Bein auskuriert war, der Hauptmann entschied, mich weiterhin im Büro zu beschäftigen.

Die Bürotätigkeit kam mir entgegen. Es war nicht wirklich viel zu tun, und ich hatte somit die Gelegenheit, meine Unterlagen für das Studium zusammenzustellen. Medizin zu studieren ging mir nicht mehr aus dem Kopf, seit mir Simone den Floh ins Ohr gesetzt hatte. Das Streitgespräch mit Tod kurz darauf unterstrich nur meinen Willen, mich noch mehr um Menschen kümmern zu wollen.

Meine Eltern hatten auf mein Vorhaben, Medizin zu studieren, recht nüchtern reagiert. Mein Vater fragte nur »Wat?«, und meine Mutter beschränkte sich auf den Hinweis, dass ich mich dann aber mehr anstrengen müsse, als ich es in der Schule getan hätte. Vielleicht lag es daran, dass sich meine eigene Euphorie in Grenzen hielt, denn mir wurde langsam klar, was ich mir mit einem solchen Studium aufhalsen würde. Zeit für Hobbys oder Freunde würde mir wenig bleiben, »glücklicherweise« hatte ich von Letzteren auch nicht viel.

Anja war über meine Studienpläne völlig außer sich vor Begeisterung. In ihrem Brief betonte sie, dass Heidelberg ein guter Ort für angehende Mediziner wäre, und versah den Satz mit mehreren Smileys. Beim Lesen machte mein Herz einen kleinen Freudensprung, der allerdings nur so lange anhielt, bis ich ein paar Zeilen weiter von dem Typen las, den sie auf einer Party kennengelernt hatte und den sie mit den Worten »ganz süß« beschrieb.

Ich ließ den Brief auf den Tisch fallen. Um Anja näher zu sein, hatte ich in der Studienbewerbung Heidelberg als Wunschort angegeben. Nun kam ich mir plötzlich sehr albern vor. Was hatte ich erwartet? Dass Anja mich so liebte wie ich sie? Dass sie allen Männern aus dem Weg gehen würde und den Tag herbeisehnte, an dem wir uns wiedersehen würden? Darüber hinaus brachte mein Vater es eloquent auf den Punkt: »Wat zum Teufel willste denn in Heidelberg?«

Ich verfiel ins Grübeln. Hatte ich mich mit alldem übernommen? Besonders ehrgeizig war ich nie gewesen. Verlor ich bei Spielen oder Wettkämpfen, so machte mir das nichts aus. Siegertypen, die unbedingt gewinnen wollten, ging ich eher aus dem Weg. Und nun plante ich, während des Studiums meine große Liebe für mich zu gewinnen, obwohl sie sich offenbar für einen anderen interessierte. Darüber hinaus bot ich Thanatos die Stirn, versuchte, auf seinem Fachgebiet gegen ihn anzutreten. Ich war also drauf und dran, einer von denen zu werden, die ich nicht mochte. Aber ich musste gewinnen. Gewinnen gegen den Tod. Ich musste beweisen, dass er unrecht hatte. Das Leben der Menschen war nicht vorherbestimmt. Niemand musste an einem bestimmten Tag durch eine unwiderrufliche Ursache sterben. Aber erst mal musste ich meinen Wehrdienst zu Ende bringen.

Wenn ich beim Bund nicht gerade dabei war, für mein bevorstehendes Medizinstudium zu recherchieren, schrieb ich die Dienstpläne und erledigte irgendwelchen Schriftkram. Hochtechnisiert, wie die Bundeswehr zu der Zeit war, hackte ich auf einer Schreibmaschine herum und durfte etliche Pläne zwei- bis dreimal anfertigen, weil sich immer wieder ein Tippfehler einschlich. Als der Batterietruppenführer im neuen Jahr entschied, dem Büro seinen gebrauchten PC zu stiften, war ich so glücklich wie ein Kind an Weihnachten. Es war zwar kein Pentium, aber immerhin ein 486er. Ich erstellte eine Wordvorlage für die Dienstpläne und brauchte von nun an nicht mehr Stunden, um so ein Ding zu tippen. Die gesparte Zeit nutzte ich, um meine Fähigkeiten im Flipperspiel zu trainieren, das auf der Festplatte installiert war. Ansonsten hielten wir Bürohengste uns hauptsächlich damit auf, Blödsinn zu machen. Wir bemühten uns also redlich, den Jungs, die in den Haubitzen die schwere Arbeit verrichteten, als Feindbild zu dienen.

Während der Semesterferien im Februar kam Anja nach Berlin und wollte mich besuchen. Wir verabredeten uns auf einen Samstagmorgen, nach Dienstschluss. Sie wollte zur Kaserne kommen, um mich in meiner Uniform zu sehen. Ich hatte allerdings nicht damit gerechnet, dass sie tatsächlich um acht Uhr auf der Matte stehen würde. Als ich sie vom Kasernentor abholte, fiel sie mir um den Hals.

»Ich freu mich so, dich zu sehen!«, sagte sie, während sie mir einen Kuss auf die Wange drückte. Ich hatte so eine Reaktion überhaupt nicht erwartet, drückte sie aber fest zurück. Wenn man bedachte, dass wir in der Schulzeit so gut wie nichts miteinander zu tun hatten, musste sie unseren Briefverkehr tatsächlich zu schätzen wissen.

Wir gingen langsam zurück zum Batteriegebäude, weil ich mich noch umziehen musste.

»So früh habe ich dich gar nicht erwartet.«

»Ich wollte sichergehen, dass du noch nicht umgezogen bist. Schick siehst du aus.«

»Du meinst, Feldgrün steht mir, ja?«

»Du weißt doch, was man über Männer in Uniform sagt.«

»Nein, weiß ich nicht.«

»Da stehen Frauen drauf.«

Ich schluckte, und sie schaute mich kokett an.

»Du solltest mich mal in meiner Ausgehuniform sehen. Der Hauptmann von Köpenick lässt grüßen.«

»Na, dann zeig sie mir doch mal.«

»Da muss ich nach oben.«

»Kann ich mitkommen?«, fragte sie. Ich zögerte und schaute zu unserem Batterietrottel Schubert, der mich als Gefreiter vom Dienst abgelöst hatte, uns gerade die Tür aufschloss und nun mit offenem Mund Anja anstarrte.

»Sicher.«

Als wir die Treppe hinaufgingen, rief uns Schubert hinterher: »Ey, aber nicht so laut, ja?«

Ich rollte nur mit den Augen und schob Anja vor mir her, um ihr weitere Kommentare zu ersparen. Ich erklärte ihr, dass Schubert vor Weihnachten lautstark herumgerufen hätte, dass Santa Claus am Heiligabend Geburtstag habe. Wochen zuvor hatte er kundgetan, dass Jesus und die Dinosaurier zur gleichen Zeit lebten. Mehr brauchte ich dazu also nicht zu sagen.

Wir gingen den verlassenen Flur hinunter bis zu meiner Stube.

»Es ist wirklich keiner hier, oder?«, fragte sie.

»Was hast du erwartet? Es ist Samstag. Krieg gibt's nur von Montag bis Donnerstag und freitags bis zwölf Uhr.«

»Ich könnte dich also wirklich vernaschen, und es würde niemand aus Versehen hereinkommen?«

Ich hatte gerade mein Hemd weggehängt und war dabei, meine Ausgehuniform herauszuholen, aber nun hielt ich inne.

»Wenn wir hier ordentlich Krach machen würden, dann wärst du bestimmt der King des Trupps. Das Laserhirn da unten würde das garantiert allen erzählen.« Sie setzte sich auf meine Koje und wippte kurz hin und her. »Ich fürchte nur, dass die Betten hier nicht sonderlich bequem sind.«

Als sie sah, wie ich in dem eng anliegenden T-Shirt der Bundeswehr vor ihr stand, musterte sie mich von oben bis unten.

»Du bist ganz schön fit. Der Bund tut dir gut.«

»Äh, danke.«

Sie stand auf und griff nach meinem Arm. Eine Hand strich über meinen Bizeps. »Wirklich knackig. Wenn ich keinen Freund hätte, könnte ich glatt schwach werden.«

Ich hatte das Gefühl, dass mir gerade jemand in die Magengrube gehauen hatte.

»Äh, du … äh … du hast einen Freund?«, fragte ich.

»Ja, ich hab dir doch von ihm erzählt.«

»Du hast mir von einem Typen geschrieben, den du ganz süß fandest, nicht, dass ihr bereits zusammen seid.«

»Oh, na ja, so lange geht das ja auch noch nicht.«

»Ah. Aha.«

Einen Moment lang sah ich wohl aus wie ein begossener Pudel, den man per Fußtritt über den Zaun in ein Löwengehege befördert hat.

»Ist irgendwas?«, fragte Anja. »Du wolltest mir doch deine Ausgehuniform zeigen.«

»Ja. Richtig. Genau.«

Eine Ausgehuniform und ein paar normale Klamotten später waren wir wieder auf dem Weg nach unten, vorbei an dem neugierigen Blick Schuberts.

»Er war fantastisch«, sagte Anja zu Schubert und winkte ihm zu. Ich war mir ziemlich sicher, Schubert schlucken zu hören.

☦☦☦

Wir besorgten uns ein paar Teilchen vom Bäcker und machten es uns am Lehnitzsee gemütlich, aufgrund der Kälte allerdings nur im Auto. Es war so schön, neben ihr zu sitzen und mir vorzustellen, wie es wäre, öfter mit ihr solche Ausflüge zu machen. Wir unterhielten uns eine ganze Weile, und mir wurde schnell klar, dass es bei solchen Träumereien bleiben würde. Sie erzählte mir von ihrem neuen Freund Peter, ich erzählte ihr, wie Remmler versucht hatte, Kruppa und mir »Dungeons & Dragons« beizubringen. Sie erzählte mir, wie Peter sie dazu überredet hatte, mit ihm auszugehen, ich erzählte ihr, dass ich einen großen Krach mit jemandem hatte, von dem ich dachte, dass er mein Freund wäre.

Wir verbrachten einen netten halben Tag miteinander, bis sie mich am Nachmittag daheim absetzte, weil sie noch etwas mit ihren Eltern unternehmen wollte.

Als wir uns voneinander verabschiedeten, verfluchte ich innerlich diesen Peter. Der von mir mutig am Schreibtisch gefasste Entschluss, gegen ihn anzutreten, schien auf einmal hoffnungslos und unsinnig. Plötzlich wollte ich nicht mehr so unbedingt nach Heidelberg.

KAPITEL 29

DER DUNKLE RITTER

Nach den anfänglichen Visionen am Strand hatte ich eine Weile Ruhe vor ihnen. Durch den fehlenden Umgang mit Tod und meine Entscheidung, nicht mehr meine außergewöhnlichen Fähigkeiten zu nutzen, hoffte ich, dass die Auswirkungen abklingen würden. Tatsächlich hatte mich seit dem Streit mit Tod keine Vision mehr heimgesucht. Ich wiegte mich in trügerischer Sicherheit.

Im Mai hatte ich meine Unterlagen an die Zentralstelle für die Vergabe von Studienplätzen verschickt. Meine Anspannung stieg deutlich, da ich bis frühestens August auf eine Antwort warten müsste. Außerdem stand das Ende unserer Dienstzeit bevor. Nachdem mein Gips endlich weg war, beschlossen wir, noch einmal ins Kino zu gehen, bevor sich unsere Wege trennten.

Bruce Willis starb wieder ganz besonders langsam und rannte den halben Film blutverschmiert herum, während Samuel L. Jackson dem Ganzen noch eine Extraprise Bad-Assness verpasste. Die perfekte Ablenkung für meinen nervösen Zustand, sollte man meinen. Stattdessen verschwamm die Leinwand ab der Hälfte des Films vor meinen Augen, und ganz andere Bilder stürmten auf mich ein. Bilder aus der Zukunft all der Kinobesucher um mich herum. Einige davon waren so erschreckend, dass ich aus dem Saal stolperte, um mir auf dem Klo des Kinos erst mal eine Ladung Wasser ins Gesicht zu schleudern.

»Geht es wieder?«, fragte eine sanfte, dunkle Stimme hinter mir. Ohne mich umzusehen, wusste ich, wer es war. Natürlich war er es. Ich ballte meine Fäuste und versuchte mich zu beruhigen.

»Hatte ich nicht gesagt, dass ich dich nicht wiedersehen will? War ich da eventuell nicht deutlich genug?«

»Doch, doch, ich hatte dich schon verstanden. Aber es fällt mir schwer, dich nicht mehr zu sehen. Die Anzahl meiner Gesprächspartner ist sehr übersichtlich. Und irgendwie sind wir auch aneinander gebunden.«

»Wegen dir kriege ich diese ... Anfälle. Mir fällt kein besseres Wort dafür ein. Ich kann darauf wirklich verzichten. Also halte dich fern von mir.«

»Du bist also immer noch wütend«, stellte Thanatos fest.

»Was hast du denn erwartet?«

»Genau genommen hatte ich gehofft, du hättest etwas Zeit gefunden, um über meine Worte nachzudenken und ... nun, zur Einsicht zu kommen. Aber ich gehe wohl recht in der Annahme, dass diese Hoffnung vergeblich war.«

Ich drehte mich zu ihm um und sah ihm direkt in die Augen. Diese Augen, die Weltreiche hatten vergehen sehen.

»Falls du jemals wirklich mein Freund gewesen bist, dann hörst du auf, dich in meiner Nähe aufzuhalten. Ich will diese Anfälle nicht mehr haben.«

»Selbst wenn ich nicht dabei wäre, würdest du die Bilder immer noch sehen. Über kurz oder lang wirst du es besser kontrollieren können, aber völlig verschwinden werden sie nicht. Nie wieder.«

Ich wandte mich wieder dem Waschbecken zu, füllte meine Hände mit einer weiteren Ladung Wasser und warf sie mir ins Gesicht. Als ich mich aufrichtete, trafen sich unsere Blicke im Spiegel. Tod hob seine Augenbrauen, erwartete offenbar eine Reaktion von mir. Ich wischte mir das Gesicht am Ärmel ab und ging zur Tür. Ich war es so leid, zu diskutieren.

»Verschwinde einfach«, sagte ich, ließ Tod stehen und ging zurück in den Kinosaal. Noch bevor ich unsere Sitzreihe erreicht hatte, sah ich, wie Remmler und Kruppa in einer weit entfernten Zukunft sterben würden. Für den Rest des Films versuchte ich, diese Bilder zu verdrängen.

Der Abschied von Remmler, Kruppa und den anderen Bundeswehrkameraden war unspektakulär. Ende Juni packten wir einfach unsere Taschen und verließen die Kaserne. Wir hatten fast ein Jahr praktisch Tag und Nacht miteinander verlebt, dennoch gingen wir auseinander, als kämen wir von einem gemeinsamen Campingwochenende. Die unausgesprochene Frage hing in der Luft, ob wir uns jemals wiedersehen würden. Im Gegensatz zu den anderen hätte ich diese Frage für jeden Einzelnen beantworten können.

Wenige Tage vor meiner Entlassung hatte sich Anjas Freund bereits wieder von ihr getrennt, und in ihren Briefen klagte sie mir deswegen ihr Leid. Ich wünschte mir nichts mehr, als bei ihr in Heidelberg zu sein und sie in den Arm nehmen zu können. Stattdessen saß ich daheim am Schreibtisch, suchte nach tröstenden Worten und versuchte, ein guter Freund zu sein, soweit mir das per Brief möglich war. Ironischerweise sorgte das genau dafür, dass ich bei ihr nur auf der Kumpelschiene landete. Sie überwand ihren Trennungsschmerz, und weil es bei uns sonst nicht viel zu erzählen gab, wurden die Abstände zwischen den Briefen größer. Aus anfänglich bis zu zwei Briefen die Woche wurde ein Brief alle zwei Wochen, dann ein Brief pro Monat, dann ein Brief alle paar Monate. Irgendwo in meinem Hinterkopf hoffte ich noch, wir würden uns näherkommen, wenn ich erst in Heidelberg wäre. Dann erhielt ich die Nachricht, dass ich an der dortigen Uni nicht angenommen war. Mein Glück im Unglück war allerdings, dass ich Berlin zugewiesen wurde.

Bis zum Studienbeginn im Oktober musste ich noch ein paar Monate überbrücken, und mit viel Glück und der Vermittlung durch Simone bekam ich einen Praktikumsplatz in der Nervenklinik Spandau. Es war ein geradezu idyllischer Ort, direkt am Waldrand und mit einem Tiergehege, in dem weiße Hirsche lebten. Natürlich glaubte das niemand, und die übliche Reaktion, die man auf die Erwähnung der Hirsche hin bekam, war: »Weiße Hirsche. Genau. Und die rosa Elefanten sind gleich daneben, was?«

Ehrlich gesagt hatte ich nie so ganz verstanden, weshalb man diese Tiere dort hielt. Sicherlich würde es bei dem einen oder anderen Psychiatriepatienten sonderbare Reaktionen hervorrufen, wenn er plötzlich weiße Hirsche sähe. Vielleicht waren die Tiere für manche aber auch ein Zwischenschritt auf dem Weg zurück in die Realität. Mein Interesse galt zumindest eher den Patienten der Klinik als den Tieren.

Ich hatte mit den eher leichten Fällen zu tun, brachte ihnen Essen, half ihnen beim Waschen, erledigte Botengänge. Einige Patienten hatten tiefe psychische Störungen, andere waren einfach nur alkoholkrank. Dasselbe hätte man über die Ärzte sagen können. Zumindest schienen die meisten von ihnen ihren Beruf mit einem gewissen Grad an Humor zu nehmen. Einer der Pfleger erzählte mit Hingabe jeden Tag einen neuen Witz über Psychologen oder Ärzte.

»Wie viele Psychologen braucht man, um eine Glühbirne einzuschrauben?«

Ich stöhnte. »Was weiß ich.«

»Einen! Aber die Glühbirne muss es auch wirklich wollen.«

Abgesehen von den flachen Witzen hätte ich es schlimmer treffen können. Von den Patienten hätte ich keinen als verrückt bezeichnen wollen, bei den Ärzten war ich mir dagegen nicht so sicher. Eigentlich taten mir die meisten Patienten eher leid. Zumindest hatte die »Jeckenmühle« den Vorteil, dass ich es nicht mit Todesfällen zu tun bekam. Aber Tod hatte leider völlig recht damit, als er mir sagte, dass die Visionen nicht verschwinden würden.

Gelegentlich hatte ich nur eine Art Geistesblitz, ein einzelnes Bild eines Toten schoss mir ins Gehirn. Andere Male sah ich explizit, wie die Leute, um die ich mich kümmerte, ums Leben kamen. Eine geistig verwirrte Frau, die in ein paar Jahren leicht bekleidet im winterlichen Park erfrieren würde. Ein Alkoholiker, der sich selbst eingewiesen hatte, dennoch den Kampf mit der Flasche verlor und an seinem eigenen Erbrochenen erstickte.

Mir blieb nichts anderes übrig, als die Szenen für den Moment zu verdrängen. Die Todesfälle lagen glücklicherweise allesamt in der fernen Zukunft, sodass ich zum Zeitpunkt der Vision nichts dagegen ausrichten konnte. Zumal ich mir nach außen nichts anmerken lassen durfte, da es sicherlich einige Leute vom Pflegepersonal interessant gefunden hätten, wenn ich Anzeichen eines Nervenzusammenbruchs gezeigt hätte. Es gab allerdings einen Vorfall, der mich nicht in Ruhe ließ.

Eine der jüngeren Mitarbeiterinnen hatte sich Anfang September von ihrem Freund getrennt, der zunehmend handgreiflich geworden war und sein Recht auf Sex, wie er es auszudrücken pflegte, auf Gedeih und Verderb einforderte. Psychologisch betrachtet wäre er eventuell ein interessanter Fall gewesen, sozial gesehen war er einfach nur ein Arschloch. Sie hingegen war eine nette, aber stille Person, die vermutlich etwas zu sehr an einem Helfersyndrom litt. Die Anziehungskraft, die er offenbar auf sie ausübte, war mir zumindest vollkommen unverständlich. Als sie sich nach mehreren von seinen Gewaltausbrüchen endlich von ihm trennte, war ihm wohl irgendwas an dem Satz »Ich hasse dich und will nie wieder etwas von dir hören« unklar geblieben. Als ich eines Tages auf dem Klinikflur an ihr vorbeilief, traf mich eine Vision, die mich buchstäblich ins Wanken brachte. Ich sah, wie er ihr in der Nacht auflauern, sie ins Gebüsch ziehen und dort vergewaltigen würde, während er sie erdrosselte.

Den Rest des Tages war ich zu fast nichts zu gebrauchen, weil meine Gedanken nur darum kreisten, wie ich ihr helfen könnte. Es war ausgeschlossen, dass ich zu ihr ging und ihr geradeheraus davon erzählte. Sie würde mir nicht glauben oder mich höchstens für einen Spinner halten. Wäre ich zur Polizei gegangen, hätte das Ergebnis wahrscheinlich ähnlich ausgesehen. Mir blieb also nichts weiter, als selbst tätig zu werden.

Nach dem Feierabend sprang ich zum ersten Mal nach langer Zeit mal wieder direkt nach Hause, und ich tat so, als wäre alles ganz normal. Ich aß mit meinen Eltern, wir sahen etwas fern, dann entschuldigte ich mich, dass mir nicht wohl sei, und ging früh zu Bett. Da ich verdammt früh an diesem Tag hatte aufstehen müssen, wirkte es nicht sonderbar, dass ich schon gegen 22 Uhr schlafen ging.

Ich suchte nun die dunkelsten Kleidungsstücke heraus, die ich hatte, und zog sie an. Außerdem steckte ich mir die Sturmhaube von der Bundeswehr ein, die man üblicherweise wohl als Skimaske bezeichnet hätte. Mein Gesicht war dadurch zumindest nicht zu erkennen. In der Aufmachung sah ich aus wie der typische Terrorist. Ich warf einen Blick auf die Baseballkeule in der Ecke und bewaffnete mich.

Ich wusste, dass die Schicht der Kollegin um 22 Uhr endete. Bis sie das Gelände verlassen hatte, würden noch ein paar Minuten vergehen. Kurz nach zehn war ich bereit. Ich sprang auf die Straße vor der Nervenklinik. Gegenüber von der Stelle, die ich in meiner Vision gesehen hatte, versteckte ich mich hinter einem Baum und wartete. Ein paar Minuten später erschien sie tatsächlich und lief die Straße hinunter. Um die Uhrzeit fuhren die Busse nur an der Hauptstraße, und sie musste an dem Gebüsch vorbei, in dem ihr Exfreund lauerte. Mir selbst klopfte das Herz bis an den Hals. Sie hatte das Gebüsch fast erreicht, als die Stimme neben mir ertönte.

»Lass es.«

»Geh weg.«

»Ich habe hier zu tun. Du jedoch nicht.«

»Ich habe hier gleich mehr zu tun als du.«

Der Exfreund sprang aus dem Gebüsch, hielt ihr den Mund zu und drehte ihr einen Arm auf den Rücken. Erstickte Schreie waren zu vernehmen. Ich wollte lossprinten, aber Tod hielt mich mit dem Kescher zurück.

»Was soll das? Du bist maskiert wie einer dieser Superhelden. Wer glaubst du, wer du bist? Batman?«

»Nein, ich bin einfach nur jemand, der nicht zulassen kann, dass dieser Höhlenmensch gleich seine Frau umbringt. Jetzt lass mich.«

Ich schob den Kescher zur Seite, rannte über die Straße, den Baseballschläger fest in der Hand, und warf mich ins Gebüsch. Das erstaunte Gesicht des Exfreundes blickte mich an, als ich mit der Keule ausholte und ihn mit voller Wucht an der Schulter traf. Ich hörte etwas knacken. Er schrie auf und ließ von seinem Opfer ab, das sich umgehend aufrappelte und davonlief. Ich hieb mit der Keule weiter auf ihn ein. Hier und da knackte es, während der Mann heulte und wimmerte vor Schmerz. Ich verspürte kalte Genugtuung, als ich ihn dafür zahlen ließ, was er beinahe getan hätte.

Plötzlich wurde die Keule zurückgehalten. Tod hatte den Kescher über sie gestülpt und hielt mich so davon ab, weiter auf den Exfreund einzuprügeln.

»Ich dachte, du wolltest einen Mord verhindern, nicht einen begehen«, sagte Thanatos.

Erschrocken ließ ich den Schläger fallen. In meiner Rage hatte ich den Mann fast zu Brei gehauen.

»Bist du jetzt zufrieden?«, fragte Tod.

»Mein Gott«, presste ich hervor. »Wie geht es Ihnen?«, sagte ich zu dem Mann, der kaum noch ein Schluchzen hervorbrachte.

»Ich weiß nicht, ob der im Moment wirklich deine Hilfe haben möchte, Martin.«

Erschrocken sog ich die Luft ein, als Tod meinen Namen aussprach, doch dann wurde mir bewusst, dass der Kerl vor mir ihn weder hören noch sehen konnte. Ich griff nach dem Baseballschläger und rannte durch das Gebüsch in Richtung Wald. Tod stand plötzlich wieder vor mir und hielt mich auf.

»Rennst du jetzt etwa vor deiner Verantwortung davon?«

»Nerv mich nicht!«, zischte ich.

»Ich frage erneut: Bist du jetzt zufrieden?«

Ich atmete schwer. »Das Schwein hätte sie umgebracht, wenn ich nicht eingegriffen hätte.«

»Sicher, und wenn ich nicht eingegriffen hätte, hättest du ihn umgebracht. Ich frage mich, wie menschlich du dich jetzt findest.«

»Dafür hätte er auch den Tod verdient.«

»Wofür? Er hat doch gar nichts getan.«

»Er hat nichts …? Ich hab gesehen, wie er das Mädchen … Oh, ich verstehe. Du willst mir jetzt damit kommen, dass er gar nichts getan hat, nur weil ich ihn daran gehindert habe, richtig?«

»Und? Stimmt es nicht?«, fragte Tod. »Anders gefragt, wie würdest du dich jetzt fühlen, wenn du ihn umgebracht hättest?«

Die Frage nagte an mir. Während ich nach einer Antwort suchte, überkam mich das Entsetzen über meine Tat mit ganzer Macht. Ich beugte mich vornüber und stützte mich, nach Luft ringend, mit den Händen auf meinen Knien ab. Was hatte ich getan? Es hatte nicht viel gefehlt und ich wäre zum Mörder geworden.

Als hätte er meine Gedanken gelesen, sagte Thanatos: »Du hättest den Kerl getötet, um ein anderes Menschenleben zu retten. Das eine ist dir zunächst einmal gelungen. Das Mädchen lebt. Aber welchen Preis würdest du dafür bezahlen? Du wolltest Richter darüber sein, wer das Leben verdient und wer den Tod. Wenn du dich dazu imstande siehst, dann könntest du auch meine Arbeit übernehmen.«

Ich erhob mich wieder. »Obwohl der Typ die Prügel echt herausgefordert hat, hätte er definitiv nicht den Tod verdient. Wenn er gestorben wäre, hätte ich mir das nie mehr verzeihen können.«

Tod rollte mit den Augen. Mir selbst kamen meine Worte etwas hohl vor nach dem, was ich getan hatte.

»Aber ich wollte ihn nicht umbringen. Ich will nicht Richter über Leben und Tod sein«, ergänzte ich. »Ich fühle mich gerade wie der letzte Dreck. Am liebsten würde ich im Boden versinken.«

Tod schmatzte und zog zweifelnd eine Augenbraue hoch.

»Aber genau das ist Mitgefühl. Menschlichkeit. Was übrigens immer noch der Grund ist, weshalb ich deinen Job nicht machen will.«

»Wobei ich immer noch nicht verkleidet umhergehe und Leute umbringe.« Er sah an seiner Kluft herab. »Nun ja, zumindest Letzteres nicht. Was hast du jetzt vor? Wirst du die Gaben, die du erhalten hast, dazu einsetzen, um der Menschheit von nun als maskierter Rächer zu dienen?«

Mir war hundeelend – und Tod machte sich auch noch über mich lustig.

»Deine Klugscheißerei kotzt mich wirklich an. Spielst du jetzt mein Gewissen, Jiminy Cricket?«, blökte ich ihm entgegen. »Oh, natürlich, du tust ja keiner Fliege was zuleide, wartest nur, bis das Schicksal zuschlägt. Ach, warte, nein, du hast ja dafür gesorgt, dass Gerrit gestorben ist.«

»War es nicht sein Schicksal?«

»Du lügst dir doch ins eigene Hemd. Und selbst wenn? Was wäre, wenn ich weiter eingreifen würde? Wäre das schlimm? Vielleicht kann ich so ein paar Morde verhindern.«

»Und dabei selber welche begehen?«

»Nein, verdammt noch mal. Und der Typ ist ja auch nicht gestorben, richtig?«

»Dieser nicht, aber vielleicht hast du beim nächsten Mal mehr Glück, wer weiß?«

»Sprichst du jetzt eigentlich nur noch in Fragesätzen?«

»Ich will dich nur warnen. Du bist kein Superheld. Letzten Endes wirst du nur Leid erzeugen. Bei anderen oder gar bei dir selbst.«

»Ja, verdammt, ich hab's verstanden. Lass mich ... einfach ... in Frieden. Ich will jetzt nur noch nach Hause.«

Ohne ein weiteres Wort verschwand Tod vor meinen Augen.

Als ich nach Hause kam, stellte ich den Schläger wieder an seinen Platz und legte mich ins Bett. Ich brauchte eine Weile, bis sich meine zitternden Hände beruhigt hatten.

KAPITEL 30

IM KRANKENHAUS

Tod konnte mir so viel erzählen, wie er wollte. Ich hatte nicht vor, ihm noch einmal zuzuhören. Mich selbst plagten Gewissensbisse, aber es stellte sich heraus, dass der Kerl, den ich angegriffen hatte, zwar mit ein paar Knochenbrüchen zu kämpfen hatte, ansonsten aber keine bleibenden Schäden davontragen würde. Zum Teil verspürte ich Genugtuung darüber, dass der Typ Schmerzen hatte, aber überwiegend bedauerte ich, wie sehr ich mich an dem Abend hatte gehen lassen.

Ein paar Tage lang dachte ich tatsächlich darüber nach, dass ich mit Tods Fähigkeiten einen recht ordentlichen Superhelden abgeben würde. Ich konnte zwar nicht fliegen, aber immerhin von einem Ort zum anderen springen. Und über das Wasser gehen, wenn ich wollte. Ich skizzierte sogar einen Kostümentwurf auf einem Schreibblock und warf ihn aber gleich wieder weg, denn das war nun wirklich eine bescheuerte Idee. Die Tatsache allerdings, dass die Frau, die ich gerettet hatte, ihren Exfreund im Krankenhaus besuchte und offenbar drauf und dran war, sich wieder mit ihm zu versöhnen, machte mich fast verrückt, und mir vor allem klar, dass meine Karriere als unbekannter Rächer somit schon beendet war, bevor sie überhaupt angefangen hatte. Es war vermutlich das Beste für mich, dass mein Praktikum so gut wie vorbei war und ich mich voll aufs Studium konzentrieren musste. Bald würde ich einfach keine Zeit mehr haben, kindischen Ideen nachzuhängen.

Im Grunde gibt es über meine ersten beiden Jahre im Studium nicht viel zu berichten. In erster Linie beschränkte sich mein Leben darauf, zur Uni zu gehen, nach Hause zu kommen, dicke Fachbücher zu lesen und zu lernen. Meine Eltern erinnerten mich gelegentlich daran, dass ich das Essen nicht vergessen sollte. Ich kann nicht behaupten, dass diese Jahre besonders schön gewesen wären. Meine sozialen Kontakte, ohnehin kaum der Rede wert, beschränkten sich darauf zu erfahren, welche Studentenpartys ich verpasst hatte. Es gelang mir immerhin, die Verbindung mit Simone aus dem Krankenhaus aufrechtzuerhalten, die sich gefreut hatte, als ich ihr erzählte, dass ich in Berlin bleiben würde.

Tod hatte ich seit dem Vorfall bei der Klinik nicht mehr gesehen und war auch sehr froh darüber. Trotzdem war er wie ein Dorn in meiner *Medulla oblongata*. Oder etwas weniger fachchinesisch gesprochen: meinem Hirnstamm. Denn auch ohne physisch anwesend zu sein, war er doch in meinen Gedanken immer präsent. Natürlich könnte man darüber argumentieren, ob er überhaupt jemals physisch vorhanden gewesen ist. Auch an meinen Fähigkeiten änderte sich trotz Tods Abwesenheit nichts. Ich konnte noch immer spontan von einem Ort zum anderen springen, zumindest testete ich von Zeit zu Zeit, ob es noch funktionierte. In Momenten, in denen ich mich nicht vollständig auf das Geschehen um mich herum konzentrierte, konnte oder musste ich noch immer die tödliche Zukunft von Menschen sehen. Auch über das Wasser zu laufen gelang mir, wann immer ich es wollte.

Nach zwei Jahren kam nun endlich die Zeit: Ich durfte tatsächlich praktisch tätig werden, und auch hier half mir der Kontakt zu Simone. Sie arrangierte für mich diesmal einen Praktikumsplatz im Waldkrankenhaus.

»Dann hast du es nach einer langen Schicht wenigstens nicht weit nach Hause«, meinte Simone, und ich nickte nur. Mir war der Weg eigentlich egal, denn theoretisch konnte ich einfach springen, wohin ich wollte. Mir gefiel es aber, dass ich dort schon jemanden kannte – ich hoffte, ich würde mich dann nicht ganz so fehl am Platz fühlen.

☦☦☦

Ironischerweise hatte mich mein Entschluss, den Tod zu bekämpfen, indem ich möglichst vielen Menschen das Leben rette, gerade an den Ort geführt, wo er sich vorwiegend aufhielt. Während der ganzen Vorbereitungszeit, so würde ich mein Studium bis dahin bezeichnen, war es mir einfach nie in den Sinn gekommen, dass ich dann wieder öfter mit ihm zusammentreffen würde. Wenn es einen Ort gibt, an dem der Tod und das Leben ganz besonders oft anzutreffen sind, dann ist es wohl ein Krankenhaus. Die meisten Menschen werden hier geboren, die meisten Menschen verlassen die Welt hier auch wieder.

An meinem ersten Tag der Famulatur war ich hauptsächlich damit beschäftigt, meinem zugeteilten Arzt zuzuhören und mitzubekommen, wie der Hase läuft. Während ich den verschiedenen Assistenzärzten hinterhereilte, war ich zudem noch damit beschäftigt, all die Visionen zu unterdrücken, die bei der Begegnung mit den Patienten förmlich auf mich einstürmten. Ich wollte mich nicht gleich am ersten Tag unbeliebt machen. Das war insofern schwierig, weil ich mehrmals an diesem Tag jemanden »Ob-La-Di, Ob-La-Da« pfeifen oder summen hörte.

Gegen Ende meiner ersten Schicht ließ sich Simone blicken, deren Schicht kurz zuvor begonnen hatte, und fragte mich, wie mein erster Tag war.

»Ich glaube, ich kriege jetzt schon ein Magengeschwür«, sagte ich und ließ mich auf einen Stuhl fallen.

»Ach, dit wird schon.« Simone schien nie wirklich schlechter Laune zu sein. »Das ist wie Sex. Am Anfang ist man noch schüchtern, weiß nicht recht, was man tun soll und ob es so richtig ist, wie man's macht. Dann wird man selbstsicherer, hat richtig Spaß an der Sache, bevor sich die Routine einschleicht, bei der man blind die korrekten Handgriffe machen kann.«

Sonderbarerweise lächelte sie dabei und schaute gedankenverloren an die Decke.

Die Frau ergab für mich keinen Sinn.

»Ich hoffe, meine Arztkarriere läuft besser ab als dein Liebesleben«, sagte ich.

»Ach, na ja, mein Liebesleben ist recht übersichtlich, wenn man bedenkt, dass ich auf die 40 zugehe und mein mittlerweile Ex sich lieber mit 20-Jährigen vergnügt. Verdammte Midlife-Crisis.«

»Tut mir leid, ich wusste nicht, dass ihr euch getrennt habt.«

»Ja, ist schon ein paar Wochen her. War eh nicht mehr so dolle in letzter Zeit.«

»Und jetzt bist du wieder auf der Suche?«

Sie musterte mich von oben bis unten.

»Irgendwann muss ja mal der Richtige dabei sein. Ich will nur nicht wie die Rettich von der Gyn enden, die dem Chef von der Radiologie auf der Weihnachtsfeier einen geblasen hat und nun glaubt, dass er sie heiraten wird.«

Ich lächelte gezwungen. Mir war nicht ganz wohl dabei, Tratsch über Leute zu hören, mit denen ich potenziell noch zusammenarbeiten würde. Außerdem wurde mir das Gespräch etwas zu offenherzig. So genau wollte ich nichts über die sexuellen Eskapaden meiner Kollegen oder gar Simones hören.

»Wird schon nicht so gewesen sein«, versuchte ich ihre Aussage zu beschwichtigen.

»Doch. War so. Ich hab sogar ein Foto gemacht. Man weiß ja nie, wann man das mal gebrauchen kann.«

Manchmal war sie mir unheimlich.

»Du bist wirklich sonderbar, weißt du das?«

»Na ja, schon, wahrscheinlich hält's deswegen kein Typ mit mir aus. Das und der Schichtdienst natürlich.« Sie zuckte mit den Schultern. »Und wie sieht's bei dir aus? Von deinem Liebesleben habe ich bisher gar nichts gehört.«

Ich wurde nervös. »Da gibt es nicht viel zu erzählen.«

»Langweilig!«

»Na ja, nun.«

»Keine potenziellen Kandidatinnen?« Sie zuckte ein paarmal mit den Augenbrauen, aber ich versuchte, das zu ignorieren.

»Nicht wirklich. Du weißt ja, wie das mit dem Studium und der Zeit ist.«

»Eben, ich weiß nur, dass ich während des Studiums so viel anatomische Studien unternommen habe, wie ich konnte, falls du verstehst, was ich meine.«

»Das war wohl kaum falsch zu verstehen.«

»Ich glaube, du hängst zu viel über deinen Büchern. Du musst mal ein bisschen raus und Mädels klarmachen.«

»Ich weiß wirklich nicht, ob das das Richtige ...«

»Papperlapapp. Ich glaube, wir sollten mal zusammen um die Häuser ziehen und uns richtig amüsieren.«

»Wirklich, danke für ...«

»Freitag. Freitagabend hole ich dich ab, und dann gehen wir auf die Piste. Wäre doch gelacht, wenn wir keine für dich finden, die dich vernascht. Wenn nicht, kenne ich da noch eine aus der Gyn, die gerne Leuten auf dem Weiberklo einen bläst.«

Mir gefiel die ganze Sache gar nicht, aber ich konnte mich drehen und wenden, wie ich wollte, sie ließ nicht locker. Ich war fast froh, als sie sich endlich entschloss, wieder auf ihre Station zu gehen, und ich nach Hause konnte.

In den folgenden Tagen folgte ich aufmerksam den Ärzten und Schwestern, die mir all die Dinge beibrachten, die man im alltäglichen Krankenhausbetrieb benötigte. Ich lernte, wie man Zugänge legt, Anamnesen erstellt, ein EKG liest ... und immer wieder mal hörte ich »Ob-La-Di, Ob-La-Da«, wenn ich über den Flur ging.

Auf der Station, der ich zugeteilt war, erfreuten sich die Patienten zwar nicht bester Gesundheit, aber doch überwiegend ihres Lebens. Sicher, der ein oder andere Tote kam vor, aber es starb uns natürlich nicht links und rechts einer weg. Gegen Ende der Woche jedoch lief ich, meine Gedanken voll auf meine Aufgabe gerichtet, über den Gang, als mir ein Schmetterling entgegenflog. Erstaunt blieb ich stehen und sah ihm hinterher. Ich fragte mich, ob es ein echter Schmetterling war, bis der Kescher vorschoss und die Frage beantwortete. Ich sah Tod an, der direkt neben mir stand, aber wir wechselten kein Wort. Ich ging einfach weiter. Einige Zeit später hörte ich eine Schwester zu einer anderen sagen, dass der Patient ein paar Zimmer den Flur hinunter gestorben sei. In diesem Moment beschloss ich, die Visionen wieder zuzulassen.

Aber erst mal hatte mich Simone in ihren Krallen.

KAPITEL 31
FRAUEN IN DER DISKOTHEK

Das Sonderbare an Simone war, dass sie einen dazu bringen konnte, bei allem mitzumachen. Wollte ich an diesem Abend in ihren leicht ramponierten Ford Escort steigen? Nein, eigentlich nicht. Aber die Tatsache, dass sie mir in all den Jahren ohne große Gegenleistung Hilfe angeboten hatte, ließ mir keine andere Wahl, als nun zu ihrem Vorschlag, mir eine Freundin zu besorgen, Ja zu sagen. So merkwürdig es klingt: Ich wollte ihr einen Gefallen tun und ihr damit praktisch danken, indem sie mir einen Gefallen tun konnte. Abgesehen davon, war ich mir ziemlich sicher, dass sie ohnehin keinen Erfolg haben würde.

Ich stand zur verabredeten Zeit an der Ecke und stieg in ihren Wagen. Als ich sie sah, musste ich erst mal schlucken. Sie hatte sich richtig herausgeputzt. Ich war gewohnt, sie in Birkenstock-Sandalen, weißem Kittel, herunterhängenden Haaren und frei von Gesichtsbemalung zu sehen. Jetzt hatte sie ein rotes Kleid an, passende Schuhe und war im Gesicht ein Jahrzehnt jünger geschminkt. Auch ihre Haare hatten plötzlich an Volumen zugenommen.

»Wow, du siehst großartig aus«, sagte ich und vergaß darüber, mich anzuschnallen.

»Du auch, hättest dich aber trotzdem etwas schick machen können.« Sie stieg aufs Gas und ließ mich schnell nach dem Sicherheitsgurt greifen. »Also, ist ja noch früh am Abend, und ich habe mir gedacht, dass wir zuerst ins Kino gehen oder so. Hab schon ewig keinen Film mehr gesehen. Danach könnten wir uns dann noch schnell 'nen Burger oder so reinpfeifen, und dann geht's in die Disco. Oder so.«

»Oder so«, sagte ich und zuckte mit den Schultern.

Wie sich herausstellte, handelte es sich bei dem Film um »Funny Games«, den sie ausgewählt hatte, weil sie sich zum einen keinen

»Hollywood-Scheiß« (Original-Ton) ansehen wollte und zum anderen annahm, dass es sich dabei um eine Komödie handelte. In Wahrheit war es ein Film über zwei psychotische Killer, die eine Familie gefangen nehmen und über die Dauer des Films foltern. Mehr als einmal fasste mir Simone ans Bein, schaute zu mir rüber und entschuldigte sich dafür, dass wir ausgerechnet in diesen Film gegangen waren. Eigentlich gefiel mir der Film auf gewisse Weise sogar, aber er war im Grunde die passende Einleitung zu dem Desaster, zu dem dieser Abend werden sollte.

Nach dem Film scherzte Simone, dass ihr der Appetit vergangen sei und sie sich eigentlich nur noch besaufen wolle. So fuhren wir ohne Umweg zu der Disco, die sich Simone ausgesucht hatte. Selbstverständlich war es auch genau die Art von Disco, in die ich nie freiwillig gegangen wäre. Simone insistierte, dass es ein super Ort zum »Kerle-Abschleppen« wäre. Ich versuchte, ihr klarzumachen, dass ich weder daran interessiert war, Kerle noch Frauen abzuschleppen.

»Nun sei kein Spielverderber. Bleib einfach locker und lass dich überraschen«, war ihre Devise, während sie mich mitzog und uns zwei Cocktails bestellte.

»Zum Warmwerden«, erklärte sie.

Seit dem Gehirnzellenmassaker, das ich vor Jahren mit meinem Vater angestellt hatte, hatte ich keinen Tropfen Alkohol mehr angerührt. Und tatsächlich sollte dieser Cocktail und ein kleineres Wodka-Getränk alles bleiben, was ich an diesem Tag zu mir nahm. Aber ich war überhaupt nichts gewohnt, und der Barkeeper, der es offenbar gut mit Simone gemeint hatte, war nicht geizig mit dem Alkohol. Nach kurzer Zeit war ich zwar nicht volltrunken, aber immerhin angesäuselt ... und wesentlich lockerer. Ich fand mich auf der Tanzfläche wieder, wo ich zu Songs herumhüpfte, die ich eigentlich gar nicht ausstehen konnte. Simone legte sich ins Zeug und stellte mir Frauen vor, die zumindest so lange Interesse zeigten, bis ich in meinem leicht angetrunkenen Zustand anfing, darüber

Monologe zu führen, warum die alten »Star Wars«-Film-Versionen besser als die Special Editions waren. Irgendwann gab Simone sich geschlagen und versuchte nur noch, für sich selbst jemanden zu finden.

Simone sah zwar toll aus, aber sie war eben, wer sie war. Ich schätze, ihre direkte Art schreckte einige der Typen ab, die sie sich ausgesucht hatte. Andere waren einfach mit ihren Freundinnen da und deshalb nicht interessiert. Grundsätzlich war es eventuell die Tatsache, dass sie eben nicht mehr 20 war, wie die meisten Besucher der Disco. Aber dann war da noch eine Gruppe von drei sonnenbankbraunen, gegelten Typen, die ständig zu ihr rübersahen und sich dann gemeinsam einen Weg in ihre Richtung bahnten.

Mir war sofort unwohl, als ich sie bemerkte. Es war nicht nur einer, der etwas von ihr wollte. Simone lehnte mittlerweile auf der gegenüberliegenden Seite der Tanzfläche, sah zu mir und zuckte mit den Schultern. Ich versuchte, ihr zu signalisieren, dass sie dort weggehen sollte, aber sie suchte weiter nach einem Opfer. Also beschloss ich, zu ihr zu gehen, bevor die Typen sie in die Finger kriegen konnten.

Ich war schon fast bei ihr, als ich plötzlich eine alte, vertraute Stimme neben mir hörte.

»Martin?«

Ich drehte mich um. Tatsächlich, da stand Anja.

»Martin! Schön ... zu sehen!«, sagte sie und umarmte mich. »Dass ich ... rechnet hier treffe.« Sie musste fast brüllen, damit ich sie verstand.

»Ja, wie geht's dir? Was machst du hier überhaupt? Was ist mit Heidelberg?«

»Bin fertig ... Referendariat hier in Berlin ... Hatte Heimweh.«

»Ah«, sagte ich, geistig halb abwesend. Ich hatte Simone aus den Augen verloren und hörte die Sätze von Anja nur bruchstückhaft bei dem Lärm.

»Warum ... nicht ... geschrieben?«, hörte ich Anja sagen.

»Ich hatte den Eindruck, dass du mit anderen Dingen beschäftigt warst.«

»Was?«, fragte Anja, und ich wusste nicht, wie ich ihr in wenigen Worten eine aussagekräftige Antwort zubrüllen könnte. Zudem sah ich nun weder Simone noch die drei Typen irgendwo. Ich hob den Finger und schaute ernst.

»Warte! Bin gleich wieder da.«

Ich ließ Anja überrascht auf der Tanzfläche stehen und lief, so schnell ich konnte, in Richtung der Toiletten. Ich stolperte auf das Herrenklo und fand dort nur jemanden, der sich gerade etwas Gras reinzog. Also sprintete ich zur anderen Ecke, wo ich die Tür zum Damenklo aufstieß. Ein Mädchen, an dem ich vorbeirannte, zuckte erschrocken zusammen und rief mir hinterher, dass ich dort falsch wäre, aber als ich über die Kacheln schlitterte, sah ich drei Paar Herrenschuhe hinter einer Kabinentür und wusste, dass ich richtig war.

Ich stieß die Tür auf und zog einen der Typen an seinen speckigen Haaren heraus, der lang auf den Boden fiel. Einer der anderen schoss mir entgegen und wollte mir gerade eine mit der Faust mitgeben, als ich instinktiv an meine besonderen Gaben von Tod dachte und mich zwei Meter weiter teleportierte. Mit einem gezielten Tritt in den Hintern ließ ich den zweiten Typen auf den sich gerade aufrappelnden ersten Typen fallen. Der dritte war noch immer damit beschäftigt, Simone festzuhalten, und war nur einen Augenblick abgelenkt, um zu sehen, was mit seinen Kumpels passiert war. Mehr brauchte Simone nicht, um ihn ordentlich in die Weichteile zu treten. Nummer drei ging zu Boden.

»Alles in Ordnung mit dir?«, fragte ich, während ich ihre Hand schnappte. Sie nickte nur und rannte mit mir aus dem Klo hinaus.

Ich zog Simone an Anja und den anderen Leuten der Disco vorbei zu den Türstehern. Nachdem ich einem von ihnen durch lautes Brüllen verständlich machte, was passiert war, stapfte er mit seinem Kumpel in Richtung der Toiletten und kam mit den drei Typen am Schlafittchen wieder zurück. Sie wollten die Polizei holen, aber

Simone winkte ab. Die Türsteher wollten nicht so richtig wahrhaben, dass die Typen einfach so davonkommen sollten, und fragten Simone noch einmal eindringlich, ob sie denn wirklich nichts gegen sie unternehmen wolle. Sie überlegte eine Sekunde. Ich bemerkte, dass die Türsteher gekonnt ihre Füße so platziert hatten, dass die gepackten Typen breitbeinig stehen mussten. Auch Simone hatte den Wink offenbar verstanden. Statt große Worte zu schwingen, rammte sie ihr Knie, erst dem einen, dann dem anderen Typen in die Nüsse, denen dieses Privileg vorher nicht vergönnt gewesen war. Als kleinen Nachschlag bekamen sie noch rechts und links eine von den Türstehern und flogen dann buchstäblich zur Tür hinaus. Die Türsteher waren zufrieden, Simone war zufrieden, und ich selbst musste mir eingestehen, dass mir die Lösung ebenfalls gefiel. Trotzdem war Simone etwas verstört und wollte verständlicherweise nach Hause. Als ich Simone nach draußen begleitete, sah ich mich noch einmal um und erblickte Anja, die uns verwirrt nachsah.

Simone und ich waren beide aufgewühlt, und keiner sah sich in der Lage zu fahren. Wir ließen das Auto stehen und nahmen uns ein Taxi.

»Auch wenn es schön war, die Typen leiden zu sehen, hättest du sie der Polizei übergeben sollen. Das war versuchte Vergewaltigung«, sagte ich.

»Die haben ein paar Andenken von mir bekommen. Und wenn die Polizei involviert gewesen wäre, dann hätte ich vielleicht in einem langwierigen Prozess mitmachen müssen, der Geld und Nerven gekostet hätte. Nein, keine Lust«, erwiderte Simone und klammerte sich an mir fest. »Danke schön«, sagte sie und lehnte sich bei mir an.

Als wir bei ihr daheim ankamen, bat sie mich, mit zu ihr zu kommen, weil sie sich immer noch kaum beruhigt hatte und nicht allein bleiben wollte. Ich hatte Verständnis und hielt sie in den Armen, bis sie endlich einschlief.

KAPITEL 32
SEX, LÜGEN UND KEIN VIDEO

Am nächsten Morgen wachte ich auf, weil ich plötzlich ein komisches Gefühl hatte. Das erklärte sich ziemlich schnell von selbst, als ich die Augen aufschlug und Simone über mich gebeugt vorfand, während sie mir gerade einen blies.

»Was zum Teufel …?«, fragte ich, aber sie legte mir einen Finger auf den Mund.

»Guten Morgen«, sagte sie und lächelte, nachdem sie ihre Lippen gelöst hatte. »Ich wusste nicht so recht, wie ich mich bedanken sollte, und da dachte ich … nun …«

Sie rutschte etwas nach oben und schwang ein Bein über meinen Körper. Mit einem großen Seufzer setzte sie sich auf mich.

»Oh ja, das ist gut«, hauchte sie.

Ich war derartig perplex, dass ich gar nichts zu erwidern wusste. Sie rutschte auf mir herum, und ich spürte, wie tief ich in ihr war. Nach einer viel zu kurzen Zeit überkam mich eine Woge der Lust, und dann war es auch schon vorbei. Simone kreiste noch eine Weile mit ihrem Becken über meinem, aber ich war erledigt.

»An deiner Performance müssen wir aber noch etwas arbeiten«, sagte sie und rollte sich herüber.

»Was … warum hast du das getan?«, fragte ich.

»Weil ich Lust drauf hatte.«

»Hättest du mich nicht wenigstens vorher fragen können?«

»Nun, ich hab gedacht, dass es dir vermutlich nichts ausmachen würde. Immerhin hast du dir ja offenbar gestern um mich Sorgen gemacht, und außerdem hast du gesagt, dass du gerade keine Freundin hast. Hat's dir etwa nicht gefallen?«

»Doch, schon … aber, wir … ich meine, wir sind doch Freunde, oder?«

»Ja, und? Dürfen Freunde etwa nicht Sex miteinander haben?«

»So war das auch wieder nicht gemeint. Ich finde es nur etwas sonderbar, dass du fast vergewaltigt wirst und du es mir damit dankst, dass du praktisch mich ... na ja, vergewaltigst.«
»Oh, jetzt habe ich dich schon vergewaltigt.«
»Du weißt, was ich meine.«
»Meine Güte, du tust ja, als hätte ich dir die Unschuld geraubt.«
»Äh ... nun ...«
Sie starrte mich an.
»Oh mein Gott ... wirklich? Ich dachte, du hattest schon eine Freundin mit allem Drum und Dran.«
»Freundin ja, Drum und Dran eher nicht.« Irgendwie war mir das Gespräch ganz und gar nicht angenehm.
»Das erklärt einiges«, sagte sie und sprang aus dem Bett. Sie sah dabei sehr zufrieden mit sich und der Welt aus. »Ich werde uns jetzt mal Frühstück machen. Du kannst ja so lange unter die Dusche.«
»Okay«, war alles, was ich hervorbrachte.
Als ich aufstand, warf ich noch einmal einen Blick auf ihren nackten Körper in der Küche. Sie bemerkte meinen Blick und grinste vor sich hin, während ich versuchte, meine Klamotten, so gut es ging, vor meine besten Teile zu halten. Ich kam mir vor wie ein totaler Idiot.
Während ich unter der Dusche stand, dachte ich darüber nach, ob ich mich einfach anziehen und nach Hause teleportieren sollte. Stattdessen ließ ich die Ereignisse der letzten Nacht noch einmal Revue passieren. Ich konnte froh sein, dass mich keiner der drei Typen zusammengeschlagen hatte. Außerdem ging mir Anja durch den Kopf. Ich fragte mich, in welchem Umfang sie mitbekommen hatte, was in der Disco passiert war. Auf jeden Fall sah sie mich mit Simone weggehen und konnte sich wahrscheinlich den Rest denken. Mein Gewissen nagte an mir, als hätte ich Anja betrogen, was natürlich kompletter Blödsinn war, aber mir dennoch schwer im Magen lag. Auf jeden Fall hatte ich nun mein erstes Mal hinter mir, auch wenn es nicht so abgelaufen war, wie ich es mir jemals vorgestellt hatte. Besonders, weil Anja darin nicht involviert war.

Während ich noch meinen Gedanken nachhing, brachte Simone ein paar Tücher zum Abtrocknen herein. Und ohne groß zu fragen, öffnete sie die Tür der Duschkabine und kam herein.

»Die Eier brauchen einen Moment. Da dachte ich, dass ich mich so lange um deine Eier kümmern könnte.«

Sie packte mir ungeniert in den Schritt, während ich noch überlegte, ob ich ihre Worte besonders blöd oder besonders erotisch finden sollte. Eigentlich war mir überhaupt nicht wohl bei der Sache. Mein Kopf sagte Nein, aber mein bestes Stück sagte ganz eindeutig Ja. Und so hatte ich mein zweites Mal in einer Duschkabine im Stehen, und es war unbequem und herrlich zugleich.

Als wir schließlich beim Frühstück saßen, sagte keiner von uns ein Wort. Simone tat so, als wäre nichts Besonderes passiert, aber für mich schien sich plötzlich alles geändert zu haben. Simone war jemand, mit dem ich bisher immer unbeschwert reden konnte. Ich sah sie mehr als große Schwester statt als potenzielle Liebhaberin. Allein aufgrund des Altersunterschieds konnte ich mir schon nicht vorstellen, eine Liebesbeziehung zu ihr einzugehen. Jetzt hatte ich das Gefühl, als stünde da etwas zwischen uns und würde diese Freundschaft in Gefahr bringen.

Als ich endlich wieder daheim war, erklärte ich meinen besorgten Eltern, dass ich die Nacht bei Simone verbracht hatte und vor allem warum. Sie waren schockiert, als sie von der Beinahe-Vergewaltigung hörten, aber froh, dass ich ihr hatte helfen können. Selbstverständlich hatte ich die intimeren Teile des Sonntagmorgens unterschlagen. Dann sagten sie mir, dass Anja angerufen und nach mir gefragt hatte.

Ich rief Anja unter der alten Nummer bei ihren Eltern an, die ich erst aus unserem Abiheft heraussuchen musste. Nach dem üblichen »Schön, von dir zu hören«-Geplänkel merkte ich, wie sich Anja langsam vorkämpfte, um zu erfahren, was in der letzten Nacht passiert war. Ich schilderte ihr von der versuchten Vergewaltigung.

»Der Horror. Sie kann wirklich froh sein, dass sie dich hat.«

»Ja, vermutlich«, sagte ich wenig überzeugt.
»Hast du sie dann noch nach Hause gebracht?«
»Selbstverständlich.«
»Gut«, sagte sie. »Woher kennst du sie eigentlich?«
»Aus dem Krankenhaus. Sie hat mich mal behandelt, und jetzt hat sie mir geholfen, als ich einen Platz für meine Famulatur gesucht habe. Ich glaube, ich hatte dir schon einmal von ihr erzählt. Ich bin mir ziemlich sicher.«
»Ist das diese Ältere?«
»Na ja, Ältere ist etwas übertrieben.«
»Wie alt ist sie denn?«
»38 oder 39«, sagte ich und fasste mir selber an die Stirn. Sie war fast doppelt so alt wie ich.
»Oh«, sagte Anja.
»Oh?«, fragte ich.
»Seit wann seid ihr beide denn zusammen?«
»Zusammen? Gar nicht. Wir sind nur Freunde. Glaube ich.« Ich bin mir nicht mehr sicher, ob ich die letzten beiden Worte tatsächlich aussprach oder nur geistig anhängte.
»Oh«, sagte Anja.
»Oh?«, fragte ich.
»Ich dachte, ihr ... vielleicht können wir uns ja mal wieder treffen und irgendwas zusammen machen.« Anja klang unsicher.
»Gerne, wenn ich nicht gerade im Krankenhaus bin oder über meinen Büchern hocke.«
»Ach, so schlimm wird es schon nicht sein. Was ist mit Mittwoch?«
»Muss ich mal sehen. Ich melde mich bei dir.«
Sie versuchte noch einen Moment, mich zu überreden, und irgendwann sagte ich zu. Nun hoffte ich eigentlich nur noch, dass Simone die ganze Sache tatsächlich so locker nahm, wie sie es sagte.

KAPITEL 33
ZWEI FREUNDINNEN

Als ich am Montag wieder im Krankenhaus aufschlug, schaute ich mich nervös um. Das Gefühl, man könne mir irgendwie ansehen, dass ich meine Unschuld verloren hatte, ließ mich nicht los. Aber alle verhielten sich so wie immer. Bis zur Morgenvisite hatte ich mich daher bereits einigermaßen beruhigt. Der Zustand hielt so lange an, bis mir Simone zum achten Mal auf dem Flur »zufällig« entgegenkam und beobachtete, wie ich mich mit einer anderen Studentin unterhielt, die bereits ihre zweite Famulatur machte. Wir grüßten Simone höflich, aber die schaute der Studentin mit einem Blick hinterher, der mir sagte, dass sie am liebsten über sie wie Anthony Perkins über Vivien Leigh in der Dusche herfallen würde.

Aber das war nicht mein einziges Problem. Nach der Begegnung mit Tod in der Vorwoche hatte ich beschlossen, die Visionen wieder zuzulassen. Bei den meisten Patienten, die wir uns ansahen, wusste ich also schnell, wie sie sterben würden. Vereinzelt rutschte auch ein Bild von einer Krankenschwester oder einem Arzt dazwischen. Ihre Tode waren größtenteils banal und meistens weit genug in der Zukunft, sodass ich mir darum zunächst keine Sorgen machen musste. Aber wenn man in einem von Leuten bevölkerten Haus arbeitet und von jeder Person darin eine Vorstellung darüber bekommt, wie er oder sie stirbt, dann fällt einem die Konzentration nicht mehr leicht.

Also begann ich, Fehler zu machen.

Bei einem Patienten vergaß ich bei der Blutabnahme, den Riemen vom Oberarm wieder zu lockern und abzunehmen. Der Patient selbst musste mich darauf aufmerksam machen, als sein Arm plötzlich blau anlief und ein riesiges Hämatom sich darauf ausbreitete. Bei einer Patientin mit Rückenverletzung stellte ich aus

Versehen die obere Betthälfte hoch, was ihre Genesung mit Sicherheit nicht begünstigte.

Mein zuständiger Stationsarzt nahm mich daraufhin beiseite und las mir die Leviten. So was könne vorkommen, dürfe es aber nicht. Ein paar Krankenschwestern machten Witze darüber, dass ich vielleicht so abgelenkt sei, weil mir gerade die Freundin weggelaufen oder ich frisch verliebt wäre. Ich verneinte alles, und es wäre auch alles gut gewesen, wenn Simone mich nicht irgendwann auf dem Flur angehalten hätte.

»Ich habe nachgedacht«, sagte sie.

»Das hat deine Patienten bestimmt gefreut«, sagte ich.

»Ist da irgendwas mit dieser Studentin, mit der ich dich zusammen gesehen habe?«

Mein nichtssagender Gesichtsausdruck genügte wohl als Antwort.

»Die, mit der du neulich hier um die Ecke gequatscht hast.«

»Ach, die. Nein, wir haben uns nur unterhalten.«

»Gut. Denn irgendwie fand ich das zwischen uns ganz gut. Die ganze Sache mit der Unschuld und so«, sagte sie.

Ich lief rot an und sah mich nervös um, aber niemand beobachtete uns.

»Jedenfalls«, fuhr sie fort, »dachte ich, dass wir doch beide ganz gut miteinander klarkommen und es doch vielleicht versuchen sollten.«

»Was versuchen?«, fragte ich völlig ahnungslos.

»Eine Beziehung, du Depp.«

Mein erstauntes Gesicht muss sie wohl irgendwie als Bestätigung gesehen haben, denn mir fehlten die Worte. Auf jeden Fall küsste sie mich plötzlich auf den Mund.

»Aber wenn ich mitkriege, dass du mich verarschst, dann werde ich gemein«, fügte sie hinzu. »Ich muss wieder nach unten, aber vielleicht sehen wir uns ja später noch.« Sie klatschte mir auf den Hintern und zog lächelnd von dannen.

Eigentlich wollte ich ihr hinterherrufen, dass ich die Sache mit der Beziehung anders sah als sie, aber sie hatte mich so damit überrumpelt, dass mein Gehirn noch im Stand-by-Modus hing. Ich hoffte, dass sonst niemand etwas von unserer Konversation mitbekommen hatte, damit ich später alles mit ihr klären konnte, aber irgendwer musste uns auf dem Flur gesehen haben, denn nun wurde ich jedes Mal, wenn ich nicht ganz bei der Sache war, darauf angesprochen, ob irgendwas mit Simone wäre.

Mit Simone war auch nichts. Zunächst. Weil wir unterschiedliche Schichten hatten, kam ich nicht dazu, mit ihr zu sprechen. Ausgerechnet am Mittwoch fragte sie mich aber, ob ich nicht abends mit zu ihr kommen würde. Tags zuvor hatte mich Anja noch einmal an die Verabredung erinnert. Nach meiner Schicht ging ich also nach unten, wo Anja schon auf mich wartete. Und prompt erschien Simone am anderen Ende des Ganges. Ich war nicht im Geringsten daran interessiert, eine Szene auf dem Flur zu haben, also scheuchte ich Anja, so schnell es ging, hinaus in Richtung Parkplatz.

»Was ist denn los? Warum die Hektik?«, fragte Anja.

Ich erwiderte lediglich, dass ich einen harten Tag hatte und einfach nur weg wolle. Ich sah mich noch einmal um und erspähte Simone. Ich weiß nicht, was mich mehr gruselte: ihr entsetztes Gesicht, als sie uns nachschaute, oder die Silhouette von Tod, der hinter ihr stand und den Kopf schüttelte.

Wir fuhren zum Barfly, einem Musikcafé etwas südlich der Altstadt Spandau, und verbrachten den ganzen Abend mit nichts anderem als Quatschen. Sie erzählte mir von Heidelberg und ihrem Job, ich erzählte ihr in wenigen Sätzen von meinem relativ langweiligen Leben.

»Ach komm schon, irgendwas Tolles muss doch passiert sein, sonst hättest du mir mehr geschrieben«, sagte sie.

»Leider nein«, erwiderte ich, »ich habe wirklich nur Vorlesungen besucht, gelernt und ansonsten versucht, nicht verrückt zu werden.«

»Klingt ja nicht so toll. Ich glaube, da hatte ich es angenehmer. Finde ich trotzdem toll, dass du das mit der Medizin durchziehst. Dazu muss man wirklich geboren sein.«

»Ja, schätze schon.« Ich murmelte es mehr, als dass ich es sagte. Anja zog daraus ihre Schlüsse.

»Du bist anscheinend nicht davon überzeugt, oder?«

»Doch, mehr oder weniger.«

»Macht es dir denn keinen Spaß?«

»Na ja, ich glaube schon. Doch. Ab und an.«

»Ab und an?«

»Manchmal habe ich einfach die Schnauze voll davon, weißt du? Nur lernen, lernen, lernen, bis man glaubt, dass einem der Kopf platzt. Alle Welt ist draußen und vergnügt sich, und man selber sitzt drinnen über seinen Aufgaben. Ich spüre diesen Druck, der vermutlich über die Jahre noch schlimmer wird. Weißt du, wenn du zum Beispiel mal einen Tag keine Lust hast, dann kannst du ja einfach krankmachen. Wie ist das als Arzt? Kann ich das mit meinem Gewissen vereinbaren? Und das sind so Aussichten, die mich fast kirre machen.«

Den Druck, den ich zusätzlich spürte, weil ich wusste, wann manche Leute sterben, erwähnte ich lieber nicht. Dasselbe galt für den Druck, der zudem noch durch Simone auf mir lastete.

»Auch Ärzte sind mal krank. Das ist doch keine große Sache.«

»Sicher, aber ich kann ja schlecht sagen: ›Ach, heute habe ich nicht so die rechte Lust, also lasse ich es mal ruhiger angehen‹, weißt du. Und ich fühle das schon während des Studiums.«

»Dafür verdienst du dann später viel.«

»Also, ich bin mir nicht so sicher, ob ich als normaler Arzt am Krankenhaus so dolle verdiene. Und dann sind da ja auch noch die Arbeitszeiten.«

Anja seufzte.

Mir wurde klar, dass ich nur am Jammern war, dabei wollten wir beide uns einen lustigen Abend machen. »Tut mir leid, ich wollte dir nicht die Ohren vollsülzen.«

»Schon okay. Ich glaube, du hast das gebraucht.«

Und sie hatte recht. Ja, ich hatte das gebraucht. Es tat gut, einfach nur mal mit jemandem zu reden, der nicht meine Eltern oder irgendjemand war, der mit der Materie zu tun hatte.

»Vielleicht sollten wir dann langsam«, sagte Anja, »du musst ja morgen früh raus.«

Ich schaute auf die Uhr, und es war kurz vor zwölf. »Siehste, ich hab dich doch mit meinem Gerede genervt.«

»So'n Quatsch«, sagte sie und winkte nach der Kellnerin.

Auf der Rückfahrt zu mir sprachen wir kaum. Als wir schließlich anhielten und ich aussteigen wollte, beugte sie sich zu mir herüber und nahm mich in den Arm.

»Lass dich nicht unterkriegen, hörst du?«, brummte sie in meine Jacke. Sanft drückte sie mich an sich und ich mich an sie. Und wie von Zauberhand waren für einen Moment all meine Sorgen verflogen, obwohl sie gar nichts Besonderes tat. Es fühlte sich einfach richtig an. Und mehr denn je wusste ich, dass ich von Anja nie wieder loskommen würde. Als sie losließ, um mich gehen zu lassen, zog ich sie noch einmal zu mir heran und küsste sie unbeholfen und überhaupt nicht angemessen auf den Mund. Und in dem Moment war mir dann auch klar, dass es total dämlich von mir war.

»Ich, äh, verdammt. Entschuldige«, stammelte ich, öffnete die Tür und sprang ohne weitere Abschiedsworte aus dem Auto.

»Martin, warte!«, rief sie mir hinterher, aber ich war schon um die nächste Ecke gehüpft und schlug mir mit der flachen Hand an die Stirn. Ich atmete tief aus und lief weiter, als ich die Schritte hinter mir hörte.

Als ich mich umdrehte, stand dort Anja und lächelte, wie nur sie es konnte.

»Du hattest doch nicht wirklich vor, mich da so im Auto sitzen zu lassen, oder?«, fragte sie.

»Gerade hielt ich es noch für eine tolle Idee. Vielleicht hättest du meinen Aussetzer eben dann auch gleich wieder vergessen.«

»Sollte ich das denn?«

Ich zuckte mit den Schultern.

»Ich denke nicht«, sagte sie, trat auf mich zu und schlang ihre Arme um mich. Der Kuss hielt eine Ewigkeit an. Es hätte eigentlich nur kitschiger werden können, wenn es wie aus Kübeln geschüttet hätte. Oder Céline Dion gesungen hätte.

»Du bist ein komischer Kauz«, sagte sie, als sie ihre Lippen von meinen löste.

»Soll ich das jetzt als Kompliment verstehen?«

»Warum hast du mir nie gesagt, dass …«

»… ich verliebt in dich bin?«

Anja nickte, und ich biss mir auf die Lippe, weil ich das L-Wort benutzt hatte.

»Das wollte ich schon so lange tun, aber … du hattest immer was mit anderen Typen.«

»Das klingt ja, als hätte ich mich durch die Gegend gevögelt.«

Ich bemühte mich, das schnell klarzustellen. »Nein, um Himmels willen, aber … ich wusste nie, wie du darüber denkst. Ich hatte immer das Gefühl, nur dein Kumpel zu sein.«

»Ich hab immer gedacht, du wärst schwul.«

»Was? Wie … kommst du denn darauf?«

»Gerade weil du nie einen Versuch gemacht hast. Und dich auch ansonsten kaum für Frauen interessiert hast.«

»Also, ich … ich war doch mit Conny zusammen.«

»Ja, aber da ist doch nichts gelaufen, oder?«

»Äh … das hatte andere Gründe.«

»Und ich habe mir bei meinen Freunden immer nach einer Weile gewünscht, dass sie mehr wie du wären.«

»Ehrlich?«

»Ehrlich.«

Wir küssten uns erneut. Es fing an zu donnern. Bald würde es also doch kitschig werden.

»Du bist anders als andere Typen, die ich kenne.«

»Ja, da hast du vermutlich recht«, murmelte ich mehr mir selbst als ihr zu.

»Andere hätten mich sofort im Auto befummelt, aber du hast schon Angst, dass der Kuss zu viel war.«

»Also, das mit dem Fummeln können wir gerne nachholen.«

Sie grinste und küsste mich nochmals. »Werden wir auch. Aber jetzt gehst du erst mal ins Bett. Ich will nicht daran schuld sein, wenn du morgen bei der Visite einschläfst.«

Es dauerte noch einen Moment, bis wir uns voneinander lösten und sie schließlich davonfuhr. Und ich machte die ganze Nacht fast kein Auge zu.

Was unter anderem daran lag, dass es wie aus Kübeln schüttete.

KAPITEL 34
EIN AKUTER FALL VON TOD

Als ich am nächsten Morgen um 7.30 Uhr in meinen Arztkittel schlüpfte, war ich hundemüde, aber strahlte wie ein Honigkuchenpferd. Den Schwestern war klar, dass irgendwas mit mir geschehen war, den Ärzten war klar, dass ich anders war als sonst, und Simone ... war es auch klar.

Das war nicht gut. Und es schlug mir aufs Gemüt.

Das Gefühl, ständig beobachtet zu werden, lag auf mir, und es war nicht leicht, mich auf die Arbeit zu konzentrieren. Ich hatte nur noch wenige Tage, bis diese Famulatur zu Ende wäre, und ich versuchte, jegliche Konfrontation mit Simone zu vermeiden. Ich ging ihr schlicht aus dem Weg. Aber sie ließ mich nicht.

Es gelang mir nur einen Tag, ihr nicht zufällig über den Weg zu laufen und ihre Telefonanrufe nicht zu beantworten. Das, was ich mit ihr zu klären hatte, war nichts, was man am Telefon besprechen sollte. Ihr persönlich entgegenzutreten ... dafür war ich allerdings noch nicht bereit.

Meine Mittagspause verlegte ich so, dass ich sie nicht beim Essen treffen würde. Aber am zweiten Tag hatte sie mir offenbar aufgelauert und gesellte sich plötzlich zu mir, als ich mir ein Brot aus dem Café im Erdgeschoss kaufte.

»Hi!«, sagte sie mit gespielt freudiger Höflichkeit.

»Hi«, sagte ich ebenfalls, während in meinem Kopf eher etwas ablief, was wie »Ach du Scheiße!« klang.

»Du meldest dich ja auch gar nicht mehr.«

»Tut mir leid, ich hatte viel zu tun.«

»Warst mit der Kleinen beschäftigt, was?«

»Welcher Kleinen?«, fragte ich unschuldig.

Sie warf mir einen Blick zu, der mir sagen sollte, dass ich sie nicht zu verarschen brauchte.

»Du meinst die von Mittwoch? Oh ja, eine alte Schulfreundin.«
Ich hatte keine Lust auf eine Szene im Café.
»Ach, hattest mir gar nichts von ihr erzählt.«
»War nicht so wichtig. Wir kennen uns einfach schon sehr lange.«
»Na, dann könnten wir ja heute Abend noch die überstandene erste Famulatur feiern, was?«

Ich grinste mühsam, was bei ihr anscheinend eher als verwegen ankam. Jedenfalls begannen ihre Augen zu leuchten.

»Wir können natürlich auch einfach noch etwas über Anatomie lernen, wenn dir das lieber ist. Dann nehme ich dich nachher mit, und wir schauen mal, was uns so einfällt.«

Sie gab mir einen Kuss auf die Wange, und bevor ich irgendwas erwidern konnte, zog sie von dannen. Ich saß weiter im Café und kaute auf einem Bissen des Brotes herum, der längst zu einem geschmacklosen Brei geworden war.

Ich beschloss, Simone am Abend reinen Wein einzuschenken und sie nicht zu belügen. Und sie hatte allemal verdient, dass ich mich bei ihr für den Famulaturplatz bedankte.

Vom Telefon in der Eingangshalle rief ich Anja an, um ihr zu sagen, dass ich am Abend mit Simone unterwegs wäre. Anja machte spontan den Vorschlag, dass sie doch mit uns feiern könnte, aber es gelang mir, sie dadurch abzuwimmeln, dass ich behauptete, dass auch andere Studenten anwesend wären, wo es dann den ganzen Abend nur um langweilige medizinische Themen ginge. Sie war etwas enttäuscht, wünschte mir dann aber viel Spaß. Mir fiel ein kleiner Stein vom Herzen, denn weder hatte ich vor, Simone damit zu überfallen, dass ich nun eine Freundin hatte, noch wollte ich vor Anja zugeben, dass mit Simone etwas gelaufen war. Wie ich das jemals vor Anja geheim halten sollte, war mir allerdings ein Rätsel.

Ich begab mich wieder auf die Station, wo ich einer Ultraschalluntersuchung beiwohnen sollte. Den Patienten, der über Schmerzen im Oberbauch klagte, hatte ich vorher nicht gesehen. Wie so oft in den letzten Tagen senkte ich meine geistige Barriere vor den

Visionen, um zu checken, ob der Patient »sicher« war. Und nach all der Zeit hatte ich meinen ersten akuten Fall. Die Vision zeigte mir eindeutig, wie der etwas beleibte Mann auf dem Stationsklo sterben würde.

Mein Puls ging sofort hoch, und ich war kaum in der Lage, ordentliche Aussagen zu treffen, als der Assistenzarzt mich an das Gerät ließ. Ich fand keine Hinweise auf die Herkunft der Schmerzen, der Assistenzarzt, nachdem er wieder übernommen hatte, allerdings schon. In der Gallenblase hatte sich etwas Grieß angesammelt. Zu wenig, um behandelt zu werden, genug, um kurzzeitige Schmerzen hervorzurufen. Der Assistenzarzt riet dem Patienten, etwas auf sein Gewicht zu achten, und schickte ihn zurück zur Geriatrie, wo der Mann eigentlich in Behandlung war. Mich wollte er gleich mit zum nächsten Patienten nehmen, aber ich entschuldigte mich und sagte, dass ich kurz zur Toilette müsse.

Ich folgte dem Mann. Während er es sich in der Kabine gemütlich machte, die sein Todesort werden sollte, wartete ich nebenan bei den Pinkelbecken.

»Der Mann hat sein Leben gehabt. Du solltest ihn nicht noch quälen, Martin«, sagte Tod. Seine Stimme ließ mir einen Schauer über den Rücken laufen.

»Wenn ich verhindern kann, dass er stirbt, dann werde ich es tun, ob du willst oder nicht.«

Tod schüttelte nur den Kopf.

Seltsame Geräusche kamen aus der Kabine. Ich hörte ein Poltern und kurzatmiges Keuchen. Tod stellte sich mir in den Weg.

»Nein.«

»Doch«, sagte ich und stürmte an ihm vorbei. Ich rüttelte an der Kabinentür, die nicht nachgab. Ich hörte den Mann drinnen nach Luft schnappen. Tod blickte mich an und verschwand dann in der Wand. Die Zeit wurde knapp. Ohne viel nachzudenken, trat ich die Kabinentür auf. Zumindest versuchte ich es. Was in Filmen immer so einfach aussieht, war in Wahrheit etwas schwieriger. Alles, was passierte, war, dass mein Bein abprallte und ich lang auf den Boden fiel. Tod war mittlerweile einfach durch die Tür gelaufen. Für einen Moment überlegte ich, einen Sprung zu machen, aber wie sollte ich später erklären, dass ich mit dem Mann in einer Toilettenkabine eingeschlossen war. Auf den Ruf, der mir daraufhin folgen würde, konnte ich verzichten.

Ich versuchte es noch mal. Ich fiel zwar nicht hin, aber die Tür war noch immer zu. Schließlich rammte ich mit der Schulter hinein. Die Tür schwang nach innen und prallte an den Beinen des Mannes zurück, der im Todeskampf gefangen war. Tod stand neben ihm, halb in der Wand und streckte seine Finger aus.

»Nein, den kriegst du nicht!«, rief ich und stürzte mich auf den Alten. Meine Finger schlossen sich über dem Mund des Mannes, der nun ruhig dasaß und mit weiten Augen an die Decke starrte. An meiner Handfläche spürte ich das sanfte Zappeln eines kleinen Insekts.

»Hilfe! Ich brauche Hilfe!«, schrie ich aus vollem Hals. »Notfall! Notfall!«

Ohne meine Hand vom Mund des Mannes zu nehmen, zog ich ihn auf die Fliesen und aus der Kabine heraus, bis er flach auf dem Boden lag. Eine Schwester hatte mein Rufen gehört und schlug Alarm. Ich begann mit der Wiederbelebung und pustete meinen Atem in den Mund des Mannes. Mein Würgereflex übermannte mich fast, als ich die Fühler des Schmetterlings im Mund des Mannes an meinem fühlte, aber ich ließ nicht ab. Die Schwester hatte mittlerweile mit der Herzdruckmassage begonnen, und kurz darauf kamen weitere Kollegen mit entsprechendem Rettungsgerät.

Ich war paranoid und ließ dem Schmetterling keine Möglichkeit herauszukrabbeln, bis mich ein paar Ärzte und Schwestern schließlich wegschubsten, um ordentlich arbeiten zu können. Der Mann wurde auf eine Trage gelegt und schließlich zur Not-OP weggebracht. Keine Sekunde lang hatte ich den Mund des Mannes aus den

Augen gelassen. Der Schmetterling war nicht herausgekommen, aber jetzt konnte ich nichts mehr tun.

Hinter der Schwester, die mir geholfen hatte, stand Tod und blickte mich schweigend an. Dann verschwand er.

»Ich hoffe, der schafft es. Wenn Sie den nicht gefunden hätten, dann wäre er mit Sicherheit nicht mehr am Leben«, sagte die Schwester und klopfte mir auf die Schulter.

Der Assistenzarzt, mit dem ich den Mann zuvor untersucht hatte, war ebenfalls vor Ort und nickte nur: »Gut gemacht.«

Für einen Moment fühlte ich mich so glücklich wie damals, als ich den Jungen am Strand rettete.

KAPITEL 35
EINE NIEDERLAGE

Simone hatte gehört, was vorgefallen war, und meinte, dass wir noch zusätzlich auf meine erste Lebensrettung anstoßen müssten. Ich erinnerte sie daran, dass wir uns kennengelernt hatten, nachdem ich den kleinen Jungen vor dem Ertrinken bewahrt hatte. Sie lachte lediglich und meinte, dass es einfach nur ein Grund mehr zu feiern wäre. Währenddessen überlegte ich, wie ich ihr am besten beibringen sollte, dass sie nicht meine Freundin sein konnte.

Aber sie machte gar nicht erst den Versuch, so zu tun, als würde sie irgendetwas anderes als Sex wollen. Kaum waren wir bei ihr zu Hause, hatte sie eine Kuschelrock-CD in den Player geworfen und die Hälfte ihrer Kleidungsstücke auf dem Boden verteilt. Ehe ich protestieren konnte, hatte sie mich mit der Subtilität eines Güterzuges auf die Couch verfrachtet und hinderte mich daran, sie zu unterbrechen, indem sie mich so besitzergreifend küsste, dass ich kaum noch Luft bekam.

Es klingt bestimmt wie eine müde Entschuldigung, wenn ich behaupte, dass sie definitiv wusste, wie sie mich anzupacken hatte, damit ich in Fahrt kam. Das Beste daran war vielleicht, dass es schnell vorbei war.

Hinterher brachte mich mein schlechtes Gewissen um. Ich war mir nicht sicher, ob ich wirklich alles getan hatte, um sie davon abzuhalten. Ich ekelte mich vor mir selbst.

Nach einigen stillen Minuten, in denen sie bei mir im Arm lag, versuchte sie es wieder, und diesmal ließ ich mich nicht so überfahren. Als sie versuchte, mich erneut zu küssen, drehte ich mich weg.

»Was?«, fragte sie recht barsch.

Ich stammelte nur. »Ich … ich kann nicht.«

»Was ist denn los, verdammt?«

»Das ist nicht richtig«, sagte ich, stand auf und begann mich wieder anzuziehen. Ich hatte keine Idee, wie ich ihr zu diesem Zeitpunkt sagen sollte, dass ich anderweitig vergeben war. Normalerweise hätte ich gedacht, offen und ehrlich mit der Situation umzugehen wäre die korrekte Art. Aber ihr direkt nach dem Sex zu sagen, dass ich in eine andere verliebt war, fühlte sich so an, als würde ich zu einem noch größeren Arschloch werden, als ich schon war.

»Willst du einfach gehen?«, fragte sie ungläubig. »Ich dachte, wir machen uns einen lustigen Abend.«

»War er etwa nicht lustig genug für dich?« Meine Worte klangen sarkastisch, dabei war ich eigentlich nur von mir selbst enttäuscht.

»Das klingt gerade so, als hättest du nicht viel Spaß gehabt.«

Ich zögerte kurz. »Nein, nicht wirklich. Ich meine, sicher, es war toll, aber mir geht einfach zu viel im Kopf herum.«

Simones Gesichtszüge verhärteten sich. »Was zum Beispiel?«

»Ich habe vorhin diesen Typen wiederbelebt, und irgendwie spüre ich jetzt noch immer seinen Mund, auch wenn du mich küsst.«

Was ich sagte, war nicht mal eine Lüge – ich dachte tatsächlich darüber nach – aber natürlich war es auch nicht die ganze Wahrheit.

»Was soll das denn jetzt heißen? Bist du plötzlich schwul geworden und stehst auf ältere Männer?«

Was war das nur mit den Frauen, dass sie mich für schwul hielten?

Ich lachte: »Na ja, ältere Frauen hatte ich ja schon«, und zwinkerte ihr zu. Ihr Gesicht erfror. Mir wurde mit einem Mal klar, was ich da gerade von mir gegeben hatte. »Oh, Mist. Sorry, so habe ich das gar nicht sagen wollen.«

»Aber gemeint?« Sie boxte mich voll auf den Arm.

»Aua, ich sage doch, dass es nicht so gemeint war.«

»Du hast also keinen Bock, weil du an den alten Sack denken musst?«

Ich seufzte. »Nein, eigentlich nicht, nein.«

Sie boxte mich erneut auf den Arm. »Sag mir verdammt noch mal, was los ist! Du verheimlichst mir doch was.«

»Aua, verdammt!«

Ich hatte nicht den Eindruck, dass Simone irgendwann aufhören würde. Sie hielt ihre Faust weiter drohend vor den Körper und machte Anstalten, erneut zuzuschlagen, als es aus mir herausplatzte: »Wenn du's unbedingt wissen musst: Ich habe eine andere!«

Simone starrte mich mit großen Augen an, während ich mir noch den Arm rieb. Plötzlich trommelte sie mit beiden Fäusten auf mich ein.

»Du verdammter Sack! Erst sagst du, dass wir beide zusammen sein könnten, und dann hintergehst du mich?«

»Hör auf! Hör auf!«, schrie ich, bis sie schließlich nur noch schnaufend dasaß. »Ich hab doch gar nichts gesagt. Du hast mich damit überfallen, dass du plötzlich eine Beziehung wolltest. Erst vergewaltigst du mich halb und sagst, dass es nur zwischen Freunden ist, und plötzlich spielst du die Eifersüchtige. Ich hab nie gesagt, dass ich mit dir zusammen sein wollte!«

Der letzte Satz gefiel ihr gar nicht. Ich konnte sie praktisch überschnappen sehen, als sie sich auf mich stürzte, um sich trat und mich kratzte.

»Raus! Verschwinde! Ich will dich nicht mehr sehen!«

»Nun warte doch, ich wollte wenigstens ...«

»Hau einfach ab. Lass mich in Ruhe! Und denke gar nicht daran, ins Krankenhaus zurückzukommen!«

Ich war immer noch halb nackt, als sie mich aus ihrer Wohnungstür schubste, die sie dann mit lautem Knall zuschmiss. Immerhin hatte ich ein T-Shirt und eine Unterhose an, aber der Rest fehlte mir. Ich wollte gerade klopfen, als die Tür erneut aufging und mir meine Schuhe sowie der Rest meiner Sachen an den Kopf flogen. Die Tür rumste ein zweites Mal zu, und ich stand allein auf dem dunklen Flur.

»Du hast wirklich ein Talent, mit Frauen umzugehen«, sagte eine vertraute, tiefe Stimme.

»Na toll, du hast mir gerade noch gefehlt. Hast du irgendwas mit dieser Scheiße zu tun?«

»Nein, das hier hast du ausnahmsweise ganz alleine verbockt«, sagte Tod und lächelte, während ich meine Sachen zusammensuchte.

»Ich schwöre dir, die Alte hat 'nen Schuss.«

»Wer ist verrückter: Der Verrückte oder der, der sich auf den Verrückten einlässt?«

»Du hast immer so tiefsinnige Weisheiten auf Lager. Was zum Teufel willst du überhaupt hier? Ich hatte dir doch gesagt, ich will dich nicht mehr sehen. Bist du sauer, weil ich den Typen vorhin vor dir gerettet habe?«

»Ich war nur in der Gegend und dachte, ich sage ›Hallo‹. Keine Hintergedanken. Kein faules Spiel.«

Ich versuchte mein Gleichgewicht zu halten, als ich in die Hose schlüpfte. »Ich weiß nicht, ob ich irgendwas glauben kann, was ich von dir zu hören kriege.«

»Warum sollte ich dich anlügen?«

»Ja, das habe ich mich schon einige Male gefragt, aber du hast es trotzdem getan.«

»Ich hege keinen Groll gegen dich.«

»Hör auf mit dem Geschwätz. Irgendwas ist doch. Irgendwas willst du mir unter die Nase reiben.«

»Nun …«, sagte Tod und faltete die Hände.

Ich rollte mit den Augen. »Ich hab's doch gewusst.«

»Ich dachte, es wäre nur fair, dir zu sagen, dass der Mann von vorhin es nicht geschafft hat.«

Ich ließ den einen Schuh, den ich gerade anzog, wieder fallen. »Was?«

»Sie hatten ihn in den OP gebracht und ihr Bestes gegeben, aber dem Mann war nicht mehr zu helfen.«

»Nein, ich hatte ihn gerettet!«, brüllte ich.

»Nur für den Moment«, entgegnete Tod. »Es tut mir leid, aber seine Zeit war gekommen.«

»Das ... das glaube ich nicht. Bullshit.« Ich schnappte den Schuh und warf meine Jacke über. »Davon muss ich mich selbst überzeugen.«

Ich sprang zurück ins Krankenhaus und begab mich zur Geriatrie. Die diensthabende der Schwestern hatte schon gehört, was am Tage vorgefallen war. Leider bestätigte sie Tods Geschichte. Statt davonzuspringen, lief ich hinaus in die Nacht und ließ mich auf die Wiese vor dem Krankenhaus fallen.

»Du konntest es einfach nicht lassen, oder? Du kannst nicht einfach mal verlieren«, sagte ich.

»Es geht hier nicht ums Gewinnen oder Verlieren, Martin. Diese Dinge sind völlig irrelevant.« Tod stand neben mir und blickte auf mich herab.

»Wenn du glaubst, dass du mich davon abhalten kannst, dir ins Handwerk zu pfuschen, dann hast du dich geschnitten.«

»Tu, was du nicht lassen kannst, aber irgendwann musst du den Tod als einen Teil des Lebenszyklus ansehen und akzeptieren.«

»Sprichst du eigentlich gerne von dir in der dritten Person?«

»Ich versuche nur, dir klarzumachen, dass nicht ich es bin, der die Entscheidungen trifft. Auch du wirst es nicht sein, wenn du den Posten übernimmst.«

»Wer dann? Wer zum Teufel ist es dann?«

»Wenn ich es wüsste, würde ich es dir sagen. Ich dachte, dass ich selbst es eventuell herausfinde, wenn du mich ablöst.« Thanatos wirkte fast traurig. »Würde mich nicht wundern, wenn im Endeffekt das Leben dafür verantwortlich ist.«

»Was war das denn jetzt? Das klang nach verdammt dämlicher Pseudo-Psychologie.«

»Du nimmst mich nicht ernst«, sagte Tod mit Grabesstimme.

»Du machst es mir manchmal auch echt leicht, dich nicht ernst zu nehmen.«

Ich schaute ihn gar nicht an, als ich dies sagte, aber ich spürte seine Augen auf mir.

»Du führst dich auf wie ein Narr. Ich habe dich etliche Male darauf hingewiesen, dass du nicht eingreifen sollst. Dass es dir schaden würde. Dass es dich angreift. Aber du willst nicht hören.«

»Weil es ein Haufen Mist ist, den du da quatschst. Vielleicht konnte ich den Mann heute nicht retten, aber es werden andere kommen, so wie dieser Junge von der Badestelle, bei denen es möglich ist.«

»Und was wird passieren, wenn es dich auf einer persönlichen Ebene trifft und du nichts dagegen unternehmen kannst?«

»Was zum Teufel soll das denn wieder heißen?«

»Du hältst dich für so schlau und siehst doch das Offensichtliche nicht.«

»Wenn du nicht immer in verdammten Rätseln sprechen würdest, dann würde ich vielleicht sogar verstehen, was du meinst. Was heißt ›persönlich‹?«

Tod hockte sich neben mich. »Was wirst du tun, wenn es jemanden trifft, den du liebst?«

»Du wirst deine Finger von Anja lassen!«

»Anja, ha.« Er schnaufte verächtlich. »Du hast die Gabe, zu sehen, wie und wann die Leute sterben, aber instinktiv hast du sie bei allen Personen ausgeklammert, die dir nahestehen.«

Ich schaute ihn verwirrt an. »Du sprichst immer noch in Rätseln. Wenn du nicht Anja meinst ...«

»Deine Eltern, du Trottel.«

»Was?!«

»Ein sehr menschlicher Zug zu denken, dass die eigenen Eltern immer für einen da sind. Gar unsterblich. Fakt ist jedoch, dass sie weit davon entfernt sind.«

»Was zum Teufel hast du vor?«

»Was ich vorhabe? Frage dich lieber, was du vorhast. Ich will dich lediglich darauf aufmerksam machen, dass du nicht alle retten kannst. Vor allem nicht für immer. Und wenn das passiert, wird es dich auffressen. Du darfst es aber nicht an dich heranlassen.«

»Ist das eine Scheiß-Drohung oder was?«

»Hör mir doch zu. Ich drohe dir nicht. Ich gebe dir nur etwas zu bedenken.«

»Wenn meiner Familie irgendwas passiert ...«

»Was dann? Hm?«

Ich stand wieder auf, und Tod tat es mir gleich. Meine Faust war geballt, aber ich wusste, dass ich ihm nichts anhaben könnte.

»Martin, versteh doch, ich will dir nichts Böses, ich will nur ...« Thanatos sah fast ehrlich aus, aber er hatte mir so viel Anlass zum Grübeln gegeben, dass mein Gehirn offenbar beschlossen hatte zu streiken. Ich schaute ihn ein letztes Mal an, und dieses eine Mal war ich es, der vor seinen Augen verschwand.

KAPITEL 36
BEZIEHUNGSKRAM

Das nächste halbe Jahr verbrachte ich damit, meine Eltern davon zu überzeugen, sich einer Vorsorgeuntersuchung zu unterziehen. Sie widersetzten sich beide recht beharrlich, aber letztendlich willigten sie ein.

Nachdem ich ganz bewusst die Visionen der Tode meiner Eltern zugelassen hatte, war ich beunruhigt. Sicher, beide sahen in meinen Visionen älter aus, aber zumindest mein Vater kam mir darin für meinen Geschmack viel zu jung vor. Als die Ergebnisse der Untersuchungen endlich zurückkamen, war ich schon ein wenig beruhigt. Es gab keine auffälligen Befunde. Der Arzt meines Vaters meinte nur, dass er etwas abnehmen müsse, aber der kommentierte das lediglich mit »Kein Scheiß, Sherlock«, ging nach Hause und belegte sich sein Brot wie gehabt mit der Hälfte des Kühlschrankinhalts. Ich versuchte noch ein paarmal, ihn zum Abnehmen zu überreden, biss aber auf Granit. Die Vision hatte bei mir nicht den Eindruck hinterlassen, der Tod meines Vaters hätte etwas mit seinem Gewicht zu tun, also ließ ich ihn irgendwann in Ruhe.

Tod war mir von Zeit zu Zeit über den Weg gelaufen und hatte auch stets versucht, mir ein Gespräch aufzudrängen, aber ich ignorierte ihn, so gut es ging. Von Mal zu Mal schien er wütender zu werden. Er versuchte sogar, Reaktionen von mir zu forcieren, indem er mich erschreckte oder einfach nur drauflosserzählte. Als er merkte, dass ihm dies auch nichts nützte, ließ er sich nicht mehr blicken. Zumindest wenn es vermeidbar war. Während meiner weiteren Famulaturen hatte ich noch ein paar Male unfreiwillig mit ihm zu tun. Mal gewann ich, mal gewann er.

Mit Simone hatte ich nach dem Vorfall bei ihr daheim nicht mehr gesprochen, was mir eine ganze Zeit im Hinterkopf herumspukte. Letztlich hatte ich sie aber als verlorene Freundschaft abgehakt und war froh, Anja keine Erklärungen abgeben zu müssen, denn dafür lief es viel zu gut mit ihr. Anfangs befürchtete ich, dass ich ihr irgendwann nicht mehr genügen würde, schließlich war ich nicht wie ihr erster Freund Frank. Andererseits war das natürlich von Vorteil, denn immerhin betrog ich sie nicht.

Anja steckte im letzten Jahr ihres Studiums, während das Ende von meinem noch gar nicht abzusehen war. Der Druck und die Masse an zu bewältigendem Stoff waren nervenaufreibend. Das Gros des Stoffes war theoretischer Natur, was mich manchmal fragen ließ, ob und wann ich überhaupt etwas Praktisches lernen würde. Pathologie war fast das einzige »handgreifliche« Fach. Man hatte es mit Leichen zu tun, deren Armsehnen man gerne mal dazu brachte, den Stinkefinger zu zeigen. Im Rückblick scheint es vielleicht etwas sonderbar zu sein, dass man mit den toten Körpern den meisten Spaß hatte. In Mikrobiologie züchtete ich Bakterien auf Schafsblutagar und lernte, den süßlichen Geruch von Pseudomonas-Kolonien nicht zu vergessen. Letzteres half mir sogar bei einer weiteren Famulatur, als bei einem Patienten mit Beckenfraktur an der Naht plötzlich grünblauer Eiter auftrat, zusammen mit diesem typischen Duft. Überhaupt machte ich nur noch in meinen weiteren Famulaturen praktische Erfahrungen, die ich aber wohlweislich nicht mehr im Waldkrankenhaus absolvierte, um nicht Simone über den Weg zu laufen.

Anja schaffte es in all der Zeit, in der sie noch mit ihrem Studium beschäftigt war, mir bei meinem zu helfen, und hielt mich davon ab, den Verstand zu verlieren, wenn ich mal den Eindruck hatte, dass mir gleich der Kopf vor lauter Wissen platzen würde. Sie ging mit mir ins Kino, nahm mich mit auf Partys und verwandelte mich zu mancher Zeit in etwas, was man als einen sozial aktiven Menschen bezeichnen könnte.

Sie beendete ihr Studium gegen Ende 1998, und es gelang ihr tatsächlich, zum Beginn des Schulhalbjahres Anfang 1999 eine Stelle an einer Grundschule zu finden, an der ein Lehrer überraschend verstorben war. Die Stelle war zunächst befristet, aber immerhin besser als nichts. Es war nun klar, dass sie genug verdienen würde, um sich eine eigene Wohnung zu leisten. Wir waren wohl beide froh, dass es in Zukunft einen Ort geben würde, an dem wir auch mal ungestört wären. In Anbetracht der Tatsache, dass wir beide noch bei unseren Eltern wohnten, empfand zumindest ich es immer als etwas unangenehm, wenn sie bei mir oder ich bei ihr übernachtete. Nicht, dass ich das nicht wollte, ganz im Gegenteil, aber bei mir daheim trennte uns nur eine dünne Holztür vom Flur und dem Schlafzimmer meiner Eltern. Der Sex wurde somit eher zu einer Übung darin, möglichst wenig Geräusche zu machen, was der ganzen Sache irgendwie den Spaß nahm. Im Haus ihrer Eltern sah das etwas besser aus, aber dort stand ich morgens dann immer ihrer Mutter gegenüber, die mich noch nie richtig leiden konnte und welche die Nase so weit oben trug, dass sie an der Spitze des Empire State Buildings riechen konnte. Der Vater war nicht viel besser, akzeptierte mich aber irgendwann, auch wenn beiden Elternteilen wohl ein Banker oder Beamter lieber gewesen wäre.

Bis dahin war ich immer davon ausgegangen, dass Anja sich eine Wohnung nehmen würde und ich gelegentlich bei ihr vorbeischauen würde. Anja wollte allerdings von Anfang an mit mir zusammenziehen. Ich war gespalten, denn da ich praktisch kein Einkommen hatte, war klar, dass sie das Geld für die Miete, das Essen und alles andere aufbringen müsste. Ihre Eltern waren ebenfalls nicht begeistert, dass sie mich im Grunde aushalten wollte, und versuchten, ihr die Sache auszureden. Meinen Eltern war es egal, solange mein Studium nicht darunter leiden würde.

Im Frühjahr 1999 fanden wir eine Wohnung in Charlottenburg, die groß genug für uns beide und bezahlbar war. Ihre Eltern sorgten dafür, dass Anja Hauptmieterin wurde, sodass es keinen Stress geben würde, falls wir uns trennten. Den Gefallen taten wir ihnen nicht. Stattdessen zogen wir in unsere erste eigene Wohnung und feierten es damit, dass wir in allen Räumen so laut miteinander schliefen, dass in den Geschäften der Nachbarschaft sämtliche Ohrenstöpsel ausverkauft waren. Obwohl wir nur die alte Couch aus ihrem Zimmer hatten und auf einer Matratze auf dem Boden schliefen, war es für uns eine tolle Zeit. Und dann wurde mein Vater krank.

KAPITEL 37
KRANKENHAUSBESUCH

Kurz nachdem Anja und ich zusammengezogen waren, bekam mein Vater des Öfteren Bauchschmerzen. Ich versuchte, ihm mehr Informationen zu entlocken, immerhin war ich auf dem besten Weg, Mediziner zu werden, aber aus den spärlichen Dingen, die mein Vater von sich gab, konnte ich nichts Konkretes schließen. Meine Nervosität wuchs, weil ich immer an meine Vision denken musste, aber selbst nachdem ich diese noch einmal zuließ, konnte ich nicht sagen, ob ich nun wirklich Angst haben musste oder nicht.

Er ließ sich nicht beirren und war der Meinung, dass er »nur was Falsches gegessen« habe. Als er dann aber Fieber bekam, hatte ich einen Verdacht und bestand darauf, dass er ins Krankenhaus gehen sollte.

Ich schwänzte ein paar Vorlesungen, um ihn selber ins Waldkrankenhaus bringen zu können. Bei der vielen Zeit, die ich dort verbracht hatte, rechnete ich damit, von den Ärzten bessere Antworten zu bekommen als das normale Blabla. Also gingen wir zur Notaufnahme, wo ich hoffte, eventuell schneller dranzukommen, aber wir mussten warten wie alle anderen. Mein Vater war ohnehin nörgelig, weil er gar nicht ins Krankenhaus wollte, und nun konnte ich nicht mal dafür sorgen, dass es schneller ging. Der Gesprächsstoff ging uns relativ bald aus, und ich ging zum Automaten auf dem Flur, weil ich meinem Vater und mir etwas zu trinken holen wollte.

Einige Ärzte und Schwestern kamen aus der Notaufnahme und wirkten reichlich nervös. Kurz darauf fuhr ein Krankenwagen vor, und eine werdende Mutter wurde auf einer Fahrtrage hereingebracht. Dem Blut an Kopf und Armen nach zu urteilen, hatte sie gerade einen Autounfall hinter sich. Sie verschwanden in der Notaufnahme, und ich blickte ihnen hinterher, als mich jemand am T-Shirt zupfte.

»Hallo!«, sagte ein kleines Mädchen neben mir, nachdem ich mich umgedreht hatte.

»Hallo, Kleine«, sagte ich und stutzte. »Moment mal, ich kenne dich doch.«

»Na klar, ich bin Bibi«, sagte die Kleine und lächelte.

»Du meine Güte. Ich habe dich doch genau hier schon einmal getroffen.« Sie nickte nur. »Aber, aber ... du hast dich seitdem gar nicht verändert.«

Sie zuckte mit den Schultern. »Ach, ich habe mich schon gaaaaaanz lange nicht verändert.«

Ich konnte nicht umhin, sie anzustarren. Ich erinnerte mich an ihre Pirouetten vor ein paar Jahren, und nun war sie mir etwas unheimlich, da sie noch genauso aussah wie damals.

»Wer bist du? Was bist du?«

»Du bist wirklich nicht der Hellste, was?«, sagte die tiefe Stimme von Tod, der neben sie getreten war. Bibi schaute zu ihm hoch und verzog ihr Gesicht.

»Geh weg, du bist doof«, sagte sie.

»Charmant wie immer«, erwiderte Tod. »Hast du da drin nicht etwas zu tun?« Er zeigte mit dem Finger auf den Eingang zur Notaufnahme.

»Du machst es doch eh gleich wieder kaputt«, sagte Bibi schmollend.

»Als ob ich etwas dafürkönnte. Ich habe mir das doch auch nicht ausgesucht.« Tod schüttelte den Kopf.

»Hast du wohl, und jetzt willst du plötzlich nicht mehr.«

»Von plötzlich kann gar keine Rede sein.«

Bibi drehte sich wieder zu mir. »Hör nicht auf den, der macht nur böse Sachen. Ich muss jetzt aber gehen.«

Sie lächelte mich an und verschwand durch die geschlossene Tür direkt vor mir. Ich verstand nur noch Bahnhof. Tod musterte mich. Er schien fast genervt von meinem Unverständnis der Lage.

»Wer zum Teufel ...«, sagte ich, bevor Thanatos mich unterbrach.

»Du meine Güte. Ist das denn so schwer? Was könnte ich wohl kaputt machen? Was ist meine Aufgabe?«

»Du bist der verdammte Tod.«

»Genau. Der verdammte Tod. Und sie ist das verdammte Gegenteil.«

»Sie ist das Leben?«

»Hat ja lange genug gedauert«, sagte Tod. »Ich muss jetzt auch da rein. Du wirst ja ansonsten gleich wieder in Tränen ausbrechen, dass du mich nicht sehen willst und so weiter und so fort.«

»Die Frau, die dort eben hereingefahren wurde.«

»Ja, die war schwanger«, sagte Tod.

»Das Kind.«

»Genau darum geht es. Und bevor du auf die Idee kommen solltest, jetzt dort reinzurennen und den Helden spielen zu wollen … du hättest das Kind höchstens retten können, wenn du den Autounfall verhindert hättest. Der ist aber bereits etliche Minuten her.«

»Aber warum ein Kind?«

»Warum überhaupt irgendwer?«

»Aber das Kind kommt gerade erst auf die Welt. Es hat noch gar nichts getan oder erlebt.«

Tod seufzte. »Weißt du, ich glaube, dass so etwas passiert, damit irgendwer aus diesem Ganzen eine Lehre zieht. Ich hab nur leider überhaupt keine Ahnung, wer das sein könnte. Mir gefällt es genauso wenig wie dir oder der Kleinen, dass ich ein Baby holen muss, aber was bleibt mir übrig?«

»Du könntest Bibi ihre Arbeit machen lassen.«

»Lasse ich doch. Deswegen ist sie ja da. Und ich komme kurz darauf und mache meine Arbeit.«

»Du weißt, was ich meine«, erwiderte ich.

»Es ist nicht meine Entscheidung, wer am Leben bleibt«, sagte Thanatos und ging zur Tür. »War nett, wieder einmal mit dir zu plaudern.«

Nachdem er in der Tür verschwunden war, ging ich wieder zurück ins Wartezimmer, wo mein Vater fragte, was denn dort los gewesen sei. Ich erklärte ihm, dass die Mutter ihr Kind verloren hatte.

»Und woher willst du das wissen? Die Tür war doch zu.«

»Nur so ein Gefühl«, sagte ich und reichte ihm den Kaffee. Wir schwiegen, bis wir endlich an der Reihe waren.

Ich wünschte, ich könnte sagen, dass es mir erspart geblieben wäre, in der Notaufnahme auf Simone zu stoßen, aber leider passierte genau das. Als sie mich sah, verzog sich ihr Gesicht, als hätte sie einen Schlaganfall. Gerade als ein Schwall an Kraftausdrücken aus ihrem Mund zu fließen drohte, unterbrach ich sie und nahm sie beiseite.

»Bevor du jetzt irgendwas sagst ... ich weiß, du bist sauer auf mich, aber bitte stell das alles mal hintan und kümmere dich um meinen Vater. Ich vermute, er hat mit einem Divertikel zu kämpfen, und das Drama können wir uns jetzt allen ersparen.«

Sie schien sich wieder zu beruhigen. »Also schön, wie du meinst. Aber ich will dich während der Untersuchung hier nicht sehen, also verpiss dich ins Wartezimmer.« Sie ging hinüber zu meinem Vater, gab ihm die Hand und sagte: »Hallo, ich bin Simone. Freut mich, Sie kennenzulernen.«

»Hallo«, erwiderte mein Vater und wandte sich zu mir. »Irgendwann musst du mir mal erklären, was da gerade abgelaufen ist.«

»Ach, das kann ich ja gleich machen«, sprach Simone und lächelte dabei so breit, dass es mir eiskalt den Rücken runterlief.

»Mir wäre es wirklich lieber, wenn du dich auf die Untersuchung ...«, sagte ich, aber ich kam nicht dazu, den Satz zu Ende zu sprechen.

»Wartezimmer«, sagte Simone und machte eine »Husch, husch!«-Handbewegung. Also tat ich, wie mir befohlen.

Meine Vermutung darüber, was mein Vater für ein Problem hatte, stellte sich relativ bald als richtig heraus. Nach einer Röntgenaufnahme des Bauches und einer Ultraschalluntersuchung deutete alles auf Divertikel hin. Mein Vater wurde aufgenommen, und die Diagnose sollte am nächsten Tag durch eine Darmspiegelung bestätigt werden. Mein Vater war ganz und gar nicht begeistert, dass er im Krankenhaus bleiben sollte, und murrte.

»Darmspiegelung? Das ist doch auch wieder für den Arsch.«
»Quasi buchstäblich«, sagte ich.
»Und was dann? Müssen die mich operieren oder was?«
»Hoffentlich nicht. Sieht so aus, als wäre es ein halbwegs unkompliziertes Divertikel. Du kriegst ein paar Antibiotika und darfst wahrscheinlich zuerst nur Zeug wie Haferschleim essen, aber dann geht's dir bald besser. So lange musst du überwacht werden.«
»Klingt ja super.«
»Sei froh. Wenn Sie dich operieren müssten, würdest du vermutlich vorübergehend einen künstlichen Darmausgang bekommen, und ein Stück des Dickdarms müsste entfernt werden.«
»Ist ja gut. Ich freue mich, hier zu sein.«
Ich grinste und drückte ihn zum Abschied. »Ich erkläre Mama, was Sache ist. Mach dir keinen Kopf, in ein paar Tagen bist du hier raus.«
»Besser ist das. Hab nicht vor, im Krankenhaus zu verrecken.«
In mir krampfte sich alles zusammen. Genau das war es, was ich in meiner Vision gesehen hatte.
»Das wird schon nicht passieren«, sagte ich.
»Und wegen dieser Simone ...«, sagte mein Vater, »... also was die mir erzählt hat ...«
»Simone erzählt eine Menge, wenn der Tag lang ist. Ich glaube, die tickt nicht ganz richtig.«
»Du meinst, die tickt nicht richtig, und lässt mich von der untersuchen?«
»Okay, anders gesagt, ich glaube, sie ist eine fantastische Ärztin, aber sie hat einen geringen emotionalen Quotienten.«
»Was ist das denn jetzt schon wieder für ein Fachchinesisch?«

»Ich glaube, ihre soziale Kompetenz ist nicht sehr ausgeprägt, das ist alles.«

»Mann, Junge, im Studium bringen die dir wirklich die sonderbarsten Floskeln bei. Red deutsch, Junge.«

»Sie kann nicht so mit Leuten«, sagte ich schon leicht genervt.

»Und dann arbeitet sie im Krankenhaus?«

»Ist gut, Papa. Ich fahr noch schnell zu Hause vorbei und gebe Mama Bescheid.«

»Hoffentlich gibt's was im Fernsehen. Mir ist jetzt schon langweilig«, waren seine Abschiedsworte.

KAPITEL 38
DIE LETZTEN STUDIENTAGE

Mein Vater blieb nur etwa eine Woche in der Klinik und löcherte mich mit Nachfragen zu allem, was Simone ihm erzählt hatte. Ich hatte Mühe, ihm klarzumachen, dass ich mit ihm über sexuelle Dinge eher ungern diskutierte, vor allem nicht in einem Krankenzimmer, wo sich noch andere Leute aufhielten. Es gab ein wenig Zoff, ein Wort gab das nächste, und wir sprachen zwei Wochen nicht miteinander. Das wiederum hatte zur Folge, dass Anja fragte, weshalb wir denn aneinandergeraten waren, wofür mir keine Erklärung einfiel. Zumindest keine, die ich ihr auch tatsächlich geben wollte. Also war ich am Ende der Idiot, der sich wieder entschuldigen durfte, obwohl ich eigentlich gar nichts falsch gemacht hatte. Ich kann nur annehmen, dass sich Simone sehr über das ganze Tohuwabohu gefreut hätte.

Mit großen Schritten ging das Jahr zu Ende und damit das sogenannte Millennium. Der gleichnamige Song von Robbie Williams aus dem Jahr zuvor dudelte noch immer in den Radios, und in manchen Kreisen herrschte eine gewisse Hysterie darüber, ob zum Jahreswechsel alle Computer in die Luft fliegen und somit die Apokalypse einleiten würden. Dass die eigentliche Jahrhundertwende erst im darauffolgenden Jahr geschehen würde, wurde von den meisten geflissentlich übersehen. Es wurde »genullt«, also musste das gefeiert werden, und zwar ordentlich.

In Berlin gab es wie immer eine riesige Feier am Brandenburger Tor, und an der Siegessäule, nur etwas weiter die Straße runter, spielte Mike Oldfield die gefühlt hundertste Version von »Tubular Bells«, die für diesen Abend sinnigerweise in »The Millennium Bell« umbenannt wurde. Ich persönlich war der Meinung, dass wir irgendwo privat feiern sollten, weil ich keine Lust hatte, mich von den Menschenmassen tottrampeln zu lassen, aber Anja wollte unbedingt hin.

Generell bewog mich Anja dazu, Dinge zu tun, die ich vermutlich alleine nie in Erwägung gezogen hätte. Sie hatte ständig irgendwelche Ideen für Unternehmungen, wogegen ich ansonsten die Tage mit Medizinbüchern und Vor-dem-Fernseher-Einschlafen verbracht hätte. Manchmal war es auch andersherum, insofern ich noch auf der Couch las und sie an meiner Schulter beim Fernsehen einnickte. Ich trug sie dann ins Bett, was sie sehr mochte.

Es lief so gut zwischen uns, dass sowohl ihre als auch meine Eltern ab und an Andeutungen machten, ob in absehbarer Zeit eine Hochzeit anstünde. Der Ton dieser Andeutungen unterschied sich allerdings radikal. Bei meinen Eltern klang es nach »Oh, hoffentlich heiraten sie bald!« und bei Anjas Eltern eher nach »Oh Gott, ihr wollt doch nicht etwa bald heiraten?«. Anja und ich taten das immer relativ schnell mit einem Lachen ab. Trotzdem konnte ich sehen, dass es Anja beschäftigte.

Tod ließ mich die ganze Zeit in Ruhe, aber in diesem Jahr fiel er mir zum ersten Mal im Fernsehen auf. Auf Aufnahmen der Explosion einer Feuerwerksfabrik in Enschede sah ich ihn im Hintergrund herumspazieren. Auch beim Absturz der Concorde in Paris kam er kurz ins Bild. Später im Jahr entging mir nicht die große Anzahl von Schmetterlingen, die in den Beiträgen zum Gletscherbahnunglück in Kaprun zu sehen waren.

Als Letzteres passierte, sah ich Tod wieder öfter, da mein praktisches Jahr in der Charité angefangen hatte. Mich hatte es allerdings nicht an den Hauptsitz in Berlin-Mitte verschlagen, sondern ans Benjamin-Franklin-Klinikum in Lichterfelde, einen gigantischen Betonklotz in der Landschaft. Ich war für die unfallchirurgische Station eingeteilt und hatte somit unter anderem auch in der Notaufnahme zu tun, wo ich hoffte, Tod am ehesten dazwischenfunken zu können. Ich legte Zugänge, erhob Anamnesen, nahm Blut ab und assistierte bei Operationen, wo ich auch schon mal eine Naht machen durfte. Somit lernte ich als Mediziner dort das Standardprogramm. Für mich persönlich kam leider noch die Erkenntnis hinzu, dass ich, nur weil ich den Tod eines Patienten sehen konnte, noch lange nicht dazu in der Lage war, genau zu begreifen, warum beziehungsweise woran er gerade starb. Mir ließ das keine Ruhe, und ich wollte es nicht akzeptieren.

Das Krankenhaus bot an vielen Tagen noch zusätzliche Veranstaltungen an, die wir PJler besuchen konnten. Diese waren freiwillig, aber ich nahm an allem teil, was sich mir bot. Es gab ein chirurgisches Kolloquium, wo verschiedene Bereiche der Chirurgie dargestellt und diskutiert wurden. Außerdem gab es die sogenannte M&M-Konferenz, die Morbidity-and-Mortality-Konferenz. Dort wurden jeden Mittwochnachmittag die Operationen und Therapieformen besprochen und kritisiert, bei denen es zu Komplikationen gekommen war. Dann gab es noch den Journal Club, wo Assistenten eine interessante Arbeit aus einer Fachzeitschrift vorstellten. Und wir PJler hatten auch ab und an eine Fallvorstellung zu leisten, wo wir einen Patienten unserer jeweiligen Station, nun, vorstellten, um dann Krankheitsbild und Differenzialdiagnosen zu diskutieren.

Als Neuling hielt ich mich zunächst zurück und lernte, wie das Ganze genau ablief, aber nach ein paar Wochen war ich, wie mein zuständiger Stationsarzt es nannte, schon zu übereifrig. Bestimmte Fälle wollte ich genauer mit anderen Ärzten diskutieren, weil ich wusste, dass die Personen bald sterben würden, mir aber keinen Reim darauf machen konnte warum. Bei anderen Patienten waren die Umstände eindeutig, weil z.B. ein Tumor schon viel zu weit fortgeschritten war. In den Fällen konnte ich nichts mehr tun, aber ich suchte nach einer Möglichkeit, wie ich solche Krankheiten früher erkennen könnte. Dummerweise hatten die Patienten einen nicht unerheblichen Anteil daran, dass ihnen nicht mehr geholfen werden konnte. Sie gingen meist viel zu spät zum Arzt. Das war leider auch in meinem persönlichen Umfeld der Fall.

Bei jeder sich bietenden Gelegenheit nahm ich am Schichtdienst in der Ersten Hilfe teil und, auch wenn ich freihatte, am nächsten Tag an den bereits erwähnten Sitzungen. Die zuständigen Ärzte lobten mein Engagement, aber rieten mir zur Zurückhaltung, damit ich mich nicht schon im praktischen Jahr kaputtmachte. Tatsächlich bewirkte ich aber bereits etwas. Weil ich in die Zukunft von Patienten schauen konnte, gelang es mir manchmal, in der Gegenwart kleine Dinge zu bemerken, die mir einen Vorwand lieferten, etwas völlig Unbeteiligtes zu behandeln, was den Tod des Patienten verursacht hätte. Zum Teil waren das so banale Sachen wie ein eingewachsener Zehennagel, über den ein Patient kein Wort verlor, weil er mit einer Kopfverletzung nach einer Schlägerei eingeliefert wurde. Ich berührte seinen entzündeten Fuß, dass es wie zufällig aussah, und brachte ihn dazu, vor Schmerz beinahe an die Decke zu springen. Er ließ schließlich zu, dass ich mir das ansah, und ich konnte den Zeh behandeln und sein frühzeitiges Ende abwenden. Die meisten Patienten bekamen gar nicht mit, dass ich ihr Leben rettete. Im Falle des entzündeten Zehs wurde ich sogar noch wegen meiner Ungeschicktheit beschimpft. Undank war buchstäblich der Lohn für mein Engagement.

Durch meine Schichtdienste sah ich Anja weniger. Sie war an diesen Tagen meistens schon im Bett, wenn ich nach Hause kam. Meine Eltern hatte ich an einem gewissen Punkt sogar schon Monate nicht mehr besucht, obwohl ich zumindest mit ihnen per Telefon sprach. Anja fuhr meistens allein zu ihren Eltern, was mir ganz recht war. Sie hatte das ganze Jahr mehr oder weniger stillschweigend hingenommen, dass wir uns voneinander entfernten, weil ich in meiner eigenen kleinen Welt gefangen war und sie zuließ, dass ich mein Studium in Ruhe beenden konnte. Das Dilemma, dass ihr befristeter Vertrag in diesem Sommer auslaufen würde, war mir gar nicht richtig klar.

Unser Glück war, dass wir nicht viele Kosten hatten. Ich bekam im Krankenhaus etwas zu essen, und daheim gaben wir auch nicht viel Geld dafür aus. Die Wohnung war immer noch spartanisch eingerichtet, aber damit kamen wir klar. Eine kleine Durststrecke konnten wir also überleben. Tatsächlich hatten wir, also im Grunde Anja allein, einiges Geld gespart. Ihre Idee war es, damit nach meinem PJ und den Prüfungen endlich mal einen gemeinsamen Urlaub zu machen, nicht zuletzt, damit wir wieder etwas Zeit miteinander verbringen konnten. Ich wollte das auch mehr als alles andere, aber mein Enthusiasmus hielt sich in Grenzen, weil ich während unseres Urlaubs niemanden im Krankenhaus vom Sterben abhalten könnte. Außerdem befürchtete ich, dass wir das Geld eventuell zur Überbrückung bräuchten, wenn sie nicht gleich einen Job bekommen sollte, aber Anja ließ sich nicht davon abbringen. Sie wollte wenigstens zwei Wochen an der Ostküste der USA verbringen, um etwas mehr Gespür für die Sprache zu bekommen, die sie immerhin unterrichtete. Ich schätze, sie war ein wenig sauer auf mich, weil ich nicht sofort einen Luftsprung machte und die Hacken zusammengeschlagen hatte, als sie den Urlaub plante. Allerdings begann ich mich nach einer Weile doch darauf zu freuen, denn etwas Abwechslung und Ruhe nach all den Jahren Stress hatte ich wirklich nötig.

Ich schloss mein Studium mit einer relativ guten Note ab. Sie war nicht großartig, aber doch gut genug, dass ich mir um meine Zukunft keine großen Sorgen mehr machen musste.

KAPITEL 39

URLAUB

Meine Eltern brachten uns zum Flughafen, um uns eine gute Reise zu wünschen und mich, abgesehen von der Gelegenheit auf der kleinen Party, die Anja zum Bestehen meines Studiums gegeben hatte, mal wiederzusehen. Mein Vater half beim Tragen der Taschen und beschwerte sich gleich, ob wir zwei Wochen oder drei Jahre fahren würden.

»Ich wusste gar nicht, dass ihr umziehen wollt«, sagte er.

»So viele Taschen sind es auch wieder nicht.«

»Aber was ist da drin, Steine?«

»Weißt du, wir hätten auch ein Taxi nehmen können«, sagte ich leicht genervt.

Ich bemerkte, dass mein Vater sich ab und an den Oberbauch rieb, während wir am Check-in-Schalter warteten.

»Was ist mit dir? Hast du wieder Schmerzen?«

»Ach, halb so wild«, erwiderte er. »Ich glaube, das Essen gestern war zu fett.«

»Versprichst du mir was?«

»Macht er doch eh nicht«, ging meine Mutter dazwischen.

»Was wollt ihr denn jetzt von mir«, erwiderte er.

»Er wollte dasselbe sagen wie ich, nämlich dass du dich wieder untersuchen lassen solltest«, setzte meine Mutter fort.

»Hör auf deine Frau«, sagte ich.

»Ach, die wollen mich doch nur dabehalten.«

»Ja, vermutlich, weil du die immer so schön unterhältst. Hast du denn auch daran gedacht, dass die Ärzte dir wirklich helfen wollen?«

»Die machen das doch nur, weil die irgendwie die Betten vollkriegen müssen.«

»Du hast ja eine wirklich hohe Meinung von meinem Beruf«, zischte ich.

Anja hakte sich bei mir ein, und meine Mutter starrte meinen Vater böse an, der sich schließlich entschuldigte und sagte, dass er schon noch zum Arzt gehen würde.

Anja flüsterte mir zu, dass ich mich nicht darüber ärgern sollte. »Dein Vater meint es doch nicht so.«

»Ich denke schon, dass er es so meint. Wie kann man nur so starrköpfig sein.«

»Ich stehe direkt neben euch, übrigens«, sagte er. »Und ich habe bereits gesagt, dass ich hingehe. Ist gut jetzt.«

Wir verabschiedeten uns, als es an der Zeit war, in den Warteraum zu gehen. Ich umarmte meine Eltern, und sie umarmten Anja, als wäre sie ihre eigene Tochter. Meine Mutter flüsterte Anja irgendwas ins Ohr, und beide nickten sich zu, als würden sie etwas aushecken. In dem Moment freute ich mich einfach nur, dass sie sich so gut verstanden.

Mein erster Instinkt war, die anderen Passagiere des Fluges zu »scannen«, also in ihre Zukunft zu schauen und zu sehen, ob irgendwer im Flugzeug dran glauben müsste. Ich hatte nicht per se Angst vor dem Fliegen, aber nichts würde einem den Urlaub mehr versauen, als gleich am ersten Tag abzustürzen. Die Aussichten waren eher der normale Kram, größtenteils Krankenhaus, ein paar Autounfälle, Tod in der Badewanne. Einer stürzte von einem hohen Gebäude, das war zumindest mal was Neues. Wenigstens wusste ich nun mit Sicherheit, dass das Flugzeug nicht mit der Titanic kuschelte und auch sonst keine unangenehmen Überraschungen auf uns warten würden. Wir zwängten uns also in die Sardinenbüchse, in der wir die nächsten neun Stunden verbringen sollten, und ich für meinen Teil hoffte, dass ich nicht allzu häufig auf die Toilette musste. Zur Freude meiner Freundin lief als Bordfilm »Bridget Jones – Schokolade zum Frühstück«, den wir bis dahin noch nicht gesehen hatten. Mich dagegen regte er vor allem an, über die Sinnhaftigkeit der deutschen Übersetzungen von Filmtiteln zu reden, immerhin hieß er im Original, wörtlich übersetzt, »Das Tagebuch von Bridget Jones«. Ich schwatzte Anja über »Dawn Of The Dead« voll, der im Deutschen »Zombies im Kaufhaus« hieß, was in dem Fall zumindest eine treffende Bezeichnung war. »Dämmerung der Toten« wäre aber auch kein schlechter Titel gewesen. Eine weitere Verunglimpfung war »Ich glaub, mich knutscht ein Elch«, der im Original »Stripes«, also »Streifen«, hieß.

Anja war bald so von meinen Ausführungen gelangweilt, dass sie an meiner Schulter einschlief und ich den Film alleine sah. Im Grunde hieß das, dass ich ihn mit ihr noch einmal anschauen müsste. Aber wie sie mir da so süß schlummernd an der Schulter lehnte und in ein leichtes Frauenschnarchen verfiel, wurde mir klar, dass mir das eigentlich gar nichts ausmachen würde.

Das Thema Heirat stand schon eine Weile unausgesprochen im Raum. Mit 26 Jahren fand ich mich fast noch ein wenig zu jung zum Heiraten, aber wenn man sowieso fest entschlossen ist, den Rest des Lebens mit einer bestimmten Person zu verbringen, warum sollte man dann warten? Ich nahm mir vor, nach einem Ring Ausschau zu halten, sobald ich Geld hätte.

Wir kamen irgendwann gegen Mittag in Washington an und kämpften uns durch die Immigration. Bis zu dem Tag dachte ich, dass mein Englisch ganz passabel wäre, aber ohne Anja hätte ich wohl gar nichts auf die Reihe bekommen. Die Amerikaner schienen alle mit Kaugummis im Mund zu sprechen. Ich verstand kaum ein Wort. Wir mieteten uns ein Auto, stopften unsere Sachen hinein und fuhren zu dem Hotel, das wir im Vorfeld gebucht hatten.

Ich war vom Flug ziemlich erschöpft, so erschöpft, wie man halt sein kann, wenn man im Grunde den ganzen Tag nur gesessen und versucht hat, sich die Benutzung des Flugzeugklos zu verkneifen. Es war aber nicht daran zu denken, ins Bett zu gehen, immerhin war es vor Ort immer noch mitten am Tag. Also beschlossen wir, uns schon mal ein wenig umzusehen.

Mir wurde erst wieder bewusst, dass Washington zum damaligen Zeitpunkt die Stadt mit der höchsten Mordrate war, als ich

Tod während unseres Spaziergangs gleich mehrere Male zufällig erblickte. In der Nähe der Museen, des Capitols und der anderen politischen Einrichtungen fühlte ich mich relativ sicher, aber etwas weiter draußen, wie zum Beispiel in der Nähe unseres Hotels, hatte ich schon ein mulmiges Gefühl. Ich unterdrückte jegliche Absichten, weiter nachzuforschen, wenn ich Tod sah, da ich zumindest fürchten musste, dass Anja etwas passieren könnte und sie sicherlich wenig Verständnis gehabt hätte, wenn ich sie plötzlich hätte stehen lassen. Stattdessen spazierten wir in der untergehenden Sonne den Madison Drive an den Museen vorbei zum Washington Monument, bevor wir zurückfuhren und endlich wieder Schlaf bekamen.

Innerhalb der nächsten Tage schauten wir uns ausgiebig Washington mit all seinen Museen, dem Weißen Haus und den Memorials an, und ich versuchte, Tod zu ignorieren, der mir auf dem Arlington-Friedhof am Gedenkstein für die Opfer des Challenger-Unglücks erklärte, wie schwer es doch gewesen sei, die Schmetterlinge der Toten einzufangen. Am Grab von JFK machte er vage Andeutungen über eine Verschwörung, die mich dazu veranlasste, umso schneller wieder weiterzugehen. Den Rest der Woche besuchten wir Baltimore und Philadelphia. In Philadelphia ließ ich es mir nicht nehmen, die Treppe vor dem Kunstmuseum hochzurennen, um dann meine beiden Fäuste wie Rocky in die Luft zu strecken. Anja machte ein Foto von mir, wie ich mir die Lunge halb aus dem Leib huste und versuche, die Arme oben zu behalten. Auch hier begleitete mich Tod, der zusätzlich noch den Kescher hochhielt und »Adrian!« rief. Wäre ich nicht so aus der Puste gewesen, hätte ich vielleicht gelacht.

Unsere zweite Woche in den USA stand ganz im Zeichen von New York. Wir wohnten außerhalb der Stadt in New Jersey und fuhren morgens mit der Bahn bis zur Penn Station, von wo aus wir am ersten Tag den nördlichen Teil Manhattans anschauten. Am zweiten Tag standen wir extrem früh auf, um im Süden der Insel die Fähren nach Liberty Island, zur Freiheitsstatue, oder nach Ellis Island, dem Einwanderermuseum, zu nehmen.

Es war ungefähr Viertel vor neun, als das erste Flugzeug in den Nordturm des World Trade Centers flog.

KAPITEL 40
APOKALYPSE

Wir hörten nur einen dumpfen Knall und waren zunächst nicht sicher, was eigentlich passiert war. Die Bäume des Parks an der Anlegestelle verdeckten die Sicht, aber nachdem etwas weiter entfernt einige Leute anfingen zu schreien, war allen klar, dass etwas Schreckliches passiert sein musste. Anja und ich lösten uns aus der Schlange und liefen am Ufer entlang, bis wir sahen, was vorgefallen war. Rauch quoll aus einem der Türme des World Trade Centers, und irgendwer rannte panisch an uns vorbei, laut etwas rufend, was ich erst nicht verstand, bis ich Anjas fassungsloses Gesicht sah.

»Ein Flugzeug ist in das World Trade Center geflogen«, stammelte sie.

Ich sah die schemenhafte Gestalt von Tod durch den Park rennen und mir aus der Ferne signalisieren, dass ich kommen sollte. Mein Magen krampfte sich zusammen, aber mir war klar, was ich tun musste. Ich nahm Anja ganz fest in den Arm und sprach, so ruhig ich konnte.

»Hör mir zu. Fahr, so schnell es geht, zum Hotel zurück. Nimm am besten die Fähre, solange es noch geht. Einfach weg von dieser Insel. Ich komme später nach.«

»Was? Wo willst du hin?«

»Die Leute dort brauchen Hilfe. Ich bin Arzt, vielleicht kann ich helfen.«

»Die haben doch genug Ärzte hier. Warum musst du da hin?«

»Vermutlich gibt es eine Panik und eine Menge Verletzte. Ich könnte mir vorstellen, dass die für jeden Mann dankbar sind.«

Ich konnte sehen, dass Anja die Sache nicht guthieß, aber verstand, warum ich das tun sollte und musste. Sie nickte nur. Ich nahm sie ganz fest in den Arm, als ein Dröhnen über unseren Köpfen erscholl und immer lauter wurde. Während ich Anja noch hielt, sah ich die zweite Maschine im Anflug und beobachtete, wie sie in den Südturm flog. Spätestens jetzt war allen klar, dass das kein Zufall sein konnte.

»Was war das? Oh mein Gott, was war das?«, fragte Anja.

»Noch ein Flugzeug hat den zweiten Turm gerammt«, erklärte ich ihr fassungslos. Danach sprach ich ganz ruhig zu ihr: »Warte im Hotel auf mich. Keine Angst, mir passiert schon nichts. Ich liebe dich.«

Sie küsste mich noch einmal. »Pass auf dich auf, okay? Komme mir ja heil wieder.«

Ich rannte los. Sie rief mir hinterher. »Hey, ich liebe dich auch!« Das beflügelte mich.

Ich rannte hektisch die Straße entlang, und Leute strömten mir entgegen, die aus dem Unglücksgebiet zu entkommen versuchten. Aus meinem Rennen wurde recht schnell ein Schleichen, denn es wurde zunehmend mühsamer durchzukommen. Für eine Sekunde dachte ich darüber nach, einfach zum World Trade Center zu springen, aber da mir die Gegebenheiten dort zu unsicher waren, entschied ich mich lieber für die althergebrachte Art, um dorthin zu gelangen.

Tod tauchte wieder neben mir auf und versuchte, mich davon zu überzeugen, dass ich ihm beim Einsammeln der Schmetterlinge helfen sollte.

»Ich habe dir schon hundert Mal erklärt, was ich davon halte. Außerdem wirst du mit den paar Schmetterlingen doch fertig werden, oder?«, blökte ich ihm entgegen.

»Wenn es nur so einfach wäre. Es wird aber noch erheblich schlimmer«, sagte Tod.

»Was soll denn noch schlimmer werden?«, fragte ich.

»Das wirst du bald erfahren«, sagte Tod.

Ein einzelner Polizist versuchte, die Straße abzuriegeln, was definitiv für einen nicht ganz so einfach war. Als er sah, dass ich, statt aus dem Gebiet wegzugehen, darauf zulief, versuchte er, mich daran zu hindern. Ich brauchte geschlagene zehn Minuten, um ihm zu erklären, dass ich Arzt war. Er war trotzdem der Meinung, dass man auch ohne mich zurechtkommen würde. Am liebsten hätte ich ihm meine Faust aufs Kinn gesetzt, aber eines der widernatürlichsten Geräusche, welches ich je gehört habe, durchschnitt die Luft, als der erste Turm zerbarst und in einer Mischung aus Ächzen, Quietschen und Stöhnen zusammenbrach.

Kurz darauf schoss eine apokalyptische Staubwolke durch die Straßen, welche die Gesetze der Physik außer Kraft zu setzen schien, da sie sich in alle Himmels- und Windrichtungen ausbreitete. Es gelang mir gerade noch, mein T-Shirt über die Nase zu ziehen, als der Staub über uns hinwegfegte. Minutenlang war ich nicht in der Lage, irgendetwas zu erkennen. Als sich die Sicht besserte, ging ich erneut zu dem Polizisten, der mich nur schockiert anstarrte und kein Wort hervorbrachte. Ich sagte ihm, dass ich jetzt helfen gehen würde, woraufhin er nur geistesabwesend nickte und mich vorbeiließ.

Die Menschen sahen aus wie lebendige Geister. Grauer Staub lag auf ihnen, und das Licht brach unwirklich durch die Partikelschwaden, die weiterhin durch die Straßen zogen. Ich versuchte, mich weiter vorzuarbeiten. Immer wieder traten mir Feuerwehrleute und Polizisten in den Weg, die mich davon abhielten. Im Nachhinein kann ich nur sagen: zum Glück.

Als der zweite Turm einstürzte, brachte ich mich in einem Hauseingang in der Nähe in Sicherheit, wurde aber trotzdem von oben bis unten mit dem Staub der herabfallenden Überreste ehemaliger Büros und Fassadenteile eingedeckt. Während ich verzweifelt Schutz suchte, wurde mir klar, dass in dieser Staubwolke vermutlich auch Teile der Leute, die in den Twin Towers gearbeitet hatten, mitflogen. Ich war buchstäblich bedeckt von Staub, Asbest und menschlichen Spurenelementen.

Die meistens Leute, denen ich an diesem Tag begegnete, sagten nur einen Satz, und den wiederholt: »Oh my God!« Viele schauten in Schockstarre hoch zum Himmel, wo einmal die Türme über die Stadt ragten. Ich selbst brauchte auch einige Zeit, um nach Fassung zu ringen und mir zumindest mein Gesicht notdürftig sauber zu wischen. Die staubigen Leiber der Überlebenden in meiner Nähe schienen sich zu fragen, was sie nun tun sollten. Thanatos stand inmitten des Chaos und rief mir zu, dass ich ihm helfen solle. Sein Umhang war so schwarz wie eh und je. Nichts vom Geschehenen schien einen Einfluss auf ihn zu haben. Ich schaute ihn nur an und schüttelte den Kopf. Resigniert machte er sich davon. Dann sah ich es.

Während sich die Staub- und Aschewolke langsam verzog, erhob sich eine schillernde Masse daraus hervor. Sie war schwarz und rot und gelb und bewegte sich wie von einem unsichtbaren Puppenspieler geführt. Tausende von Schmetterlingen wogten wie ein Fischschwarm in der Luft und gewannen an Höhe, um dann die lange Straße, an der ich stand, hinunterzustürzen und in Richtung Süden zu verschwinden. Ich spürte den Windhauch kleiner Flügel auf meinem Gesicht, aber so schnell, wie er sich formiert hatte, war der Schwarm auch an mir vorbeigerauscht.

Ich schaute dem Gebilde hinterher. Hin und wieder tauchte eine dunkle Gestalt auf, die sich mit dem Kescher buchstäblich hindurchfallen ließ. Tod schien sehr beschäftigt zu sein, materialisierte sich an einer Stelle mitten in der Luft und kurz darauf wieder an einer anderen. Jedes Mal nahm er einen winzigen Bruchteil der Schmetterlinge gefangen.

Die Polizisten und Feuerwehrleute hatten sich in der Zwischenzeit wieder gesammelt und riefen, ob irgendwer in der Nähe verletzt sei. Ein paar Leute hatten geringe Hautabschürfungen, aber zum Glück nichts Schlimmeres. Dann baten die Einsatzkräfte uns zu gehen. Ich trat hervor und gab zu verstehen, dass ich Arzt war. Fragend schaute der Polizist vor mir den Feuerwehrmann an, der neben ihm stand und ihm schließlich antwortete: »I guess we could use every help we can get.«

KAPITEL 41
ZURÜCK AUS DER ASCHE

Es war bereits früher Morgen des Folgetages, als ich endlich ins Hotelzimmer kam. Anja lag angezogen auf dem Bett, schlafend. Der Fernseher lief noch bei geringer Lautstärke und zeigte immer wieder die gleichen Nachrichtenbilder, in denen die Türme, die zuvor das Stadtbild New Yorks geprägt hatten, in sich zusammenfielen. Wahrscheinlich war Anja irgendwann eingeschlafen, während sie auf mich gewartet hatte. Einen Moment lang stand ich vor dem Bett und schaute sie einfach nur an, dann zog ich meine Schuhe aus und ging ins Bad. Ich erschrak vor mir selbst, als ich mich im Spiegel erblickte.

Meine Haare hatten eine graue Färbung angenommen, und der Dreck der Staubwolke, der sich auf meiner Haut abgesetzt hatte, hatte sich mit meinem Schweiß von der Arbeit an den Verletzten vermischt und war mir in dunklen Rinnen die Wangen heruntergelaufen. Wie ich dort so stand, dachte ich an all die Toten, die der heutige Tag gesehen hatte. Ich spürte Hass in mir. Hass auf die Menschen. Hass auf Menschen, die zu so etwas in der Lage waren. Hass auf die Religionen dieser Welt, die Menschen zu so etwas bringen konnten. Zum ersten Mal hatte ich das Gefühl, dass ich ungern Teil dieser Welt bin. Und zum ersten Mal kam mir der Gedanke, nach meinem eigenen Tod in meinem Spiegelbild zu suchen.

Die Vision sträubte sich. Ich konnte das spüren. Es war fast so, als sollte ich nicht wissen, wie ich selbst sterbe. Aber ein paar Bruchstücke drangen durch. Ich sah Berlin. Ich sah den Lustgarten. Ich sah die Spree. Ich sah Thanatos. Ich sah aufgeregte Leute. Ich sah eine Zeitung und konnte fast schon das Datum erkennen, als plötzlich Anja vor der Tür stand und mich aus meiner Trance riss.

»Martin? Oh mein Gott, Martin!«, rief sie und umarmte mich, als hätte sie mich Jahre nicht mehr gesehen. »Ich hab mir solche Sorgen gemacht.«

»Mir geht es gut. Keine Bange.«

»Was ist passiert? Du … du siehst aus, als wärst du mittendrin gewesen.«

»Ja. Ich war ganz in der Nähe, als die Türme herunterkamen.« Anja schluchzte und umklammerte mich erneut.

»Pass auf, du machst dich noch ganz schmutzig«, sagte ich.

»Das ist mir jetzt echt egal. Ich bin bloß froh, dass du wieder da bist«, erwiderte sie.

Ich umarmte sie auch und fing an zu weinen. Ich kann nicht mal genau sagen warum. Die ganze Zeit hatte ich völlig klar denken können. Das Blut und Elend hatten mir nichts ausgemacht. Aber jetzt, in Anjas Armen, überkam mich die ganze Wucht der Ereignisse, und die Gefühle stürmten auf mich ein.

Ich sank vor ihr auf die Knie, dreckig, wie ich war, und hielt ihre Hand in meiner.

»Anja, ich weiß, es ist vielleicht nicht der beste Zeitpunkt. Ich habe auch überhaupt nichts vorbereitet und … und … gar nichts. Aber wenn mir eines heute klar geworden ist, dann, dass ich den Rest meines Lebens mit dir verbringen will. Nach dem, was heute passiert ist, weiß ich nicht, ob ich überhaupt Kinder in diese Welt setzen will, aber du sollst wissen, dass ich dich immer lieben werde.«

Nun fing Anja an zu weinen und zog mich zu sich hoch.

»Ich weiß, dass es etwas plötzlich kommt. Ich habe auch noch keinen Ring besorgt, aber ich musste das jetzt einfach loswerden«, sagte ich, und sie musste zwischen den Schluchzern grinsen.

»Von mir aus hätte es auch früher kommen können, Dummkopf«, erwiderte sie und küsste mich auf den Mund, bevor sie kurz darauf den Kopf wieder wegnahm und den Staub ausspuckte, den sie von meinem Gesicht aufgelesen hatte.

»Vielleicht solltest du dich erst mal sauber machen.«

»War das jetzt eigentlich ein Ja?«

»Was glaubst du denn?«, sagte sie und küsste mich noch einmal. Und wieder spuckte sie hinterher den Staub aus.

Ich duschte mich und stopfte alle meine Klamotten in eine große Tüte. Die Sachen wollte und konnte ich einfach niemals mehr anziehen. Dann gesellte ich mich zu Anja auf das Bett, die wieder auf CNN verfolgte, was es Neues gab. Während wir einander in den Armen lagen, fragte sie, was ich erlebt hatte.

»Ich habe ein paar Feuerwehrleuten und Polizisten geholfen. Größtenteils einfache Erste Hilfe. Ich bin mir ziemlich sicher, dass ich zumindest zweien das Leben retten konnte. Aber irgendwann konnte ich auch nicht mehr. Ich wollte weg, aber das öffentliche Nahverkehrsnetz ist komplett zusammengebrochen. Den größten Teil des Weges bin ich gelaufen. Erst in Jersey habe ich ein Taxi gefunden, das mich zumindest ein Stück mitgenommen hat. Der hat noch nicht mal Geld verlangt. Und wie bist du hierhergekommen?«

»Die Fähren haben einen ganzen Schwung von Leuten nach New Jersey gebracht. Von dort aus habe ich mich dann per Anhalter durchgeschlagen.«

Im Fernseher liefen die Bilder vom Einschlag der Flugzeuge und dem Moment, in dem die Türme zusammenstürzten. Immer und immer wieder. Außerdem erfuhren wir von den anderen Flugzeugen, die ebenfalls entführt wurden.

Ich schlief irgendwann völlig erschöpft ein und wachte erst am Nachmittag wieder auf. Anja hatte die Geistesgegenwart besessen, unsere Eltern anzurufen, während ich schlief. Sie waren außer sich vor Sorge, und sicherlich half ihr Anruf dabei, die Gemüter zu beruhigen. Sie wollten, dass wir schnellstmöglich nach Hause kommen, aber für die nächsten Tage waren überall die Flughäfen gesperrt. Wir hatten Glück und kamen wie geplant am Wochenende weg, aber es herrschte ein einziges Chaos, bevor wir endlich im Flugzeug und auf dem Weg zurück waren.

Die Gesichter der Leute sprachen Bände. Einige waren verunsichert, was das Fliegen anging. Wahrscheinlich war ich der Einzige auf dem Flughafen, der Gewissheit hatte, dass so etwas wie am

11. September nicht noch einmal passieren würde. Andere Gesichter zeigten Hass. War ich selbst eher wütend auf die Menschheit und die Religionen im Allgemeinen, waren andere Leute sehr schnell dabei, Personen zu verurteilen, die entfernt arabisch aussahen. Wir wurden Zeugen, als eine Gruppe von Leuten die Wachmannschaften aufforderte, einen Muslim amerikanischer Herkunft zu verhaften. Ein Inder, der einen Turban trug, wurde besonders hart überprüft, und ein Mann hinter uns in der Warteschlange meinte lauthals, dass man die alle umbringen müsste. Es dauerte eine Weile, bis ein anderer Amerikaner ihn darauf aufmerksam machte, dass Sikhs keine Muslime sind und demnach vermutlich mit den Attentaten nichts zu tun hätten. Aber der Mann in der Warteschlange wollte davon nichts wissen und nannte alle Turbanträger eine Gefahr.

Wir landeten wohlbehalten wieder in Berlin und wurden von einem wahren Komitee empfangen. Anjas und meine Eltern waren gekommen, und es wurde viel umarmt. Selbst Anjas Mutter drückte mich oder versuchte, mich zu erdrosseln, so ganz wurde ich nicht aus ihrer Art der Umarmung schlau. Aus dem Augenwinkel bemerkte ich, dass Anja und meine Mutter tuschelten. Kurz darauf gab meine Mutter einen kleinen Schrei von sich und umarmte Anja gleich noch einmal. Nun war mir klar, worüber sie bereits vor unserem Abflug geflüstert hatten. Damit war die Katze aus dem Sack, und zur allgemeinen Wiedersehensfreude kam noch die Freude unserer Verlobung dazu. Anjas Mutter meinte mich gleich noch einmal umarmen zu müssen, aber diesmal hielt ich meinen Hals auf Abstand.

Auf dem Heimweg sprach ich meinen Vater darauf an, was der Arzt zu seinen Bauchschmerzen gesagt hatte. Natürlich war er noch nicht zum Arzt gegangen. Er bestand darauf, dass es ihm wesentlich besser ginge und er sich die Untersuchung sparen konnte. Ich löcherte ihn den ganzen Weg deswegen, aber er wurde nur ärgerlich.

»Nur weil du jetzt Arzt bist, musst du dich nicht so aufspielen«, erklärte er.

Meine Mutter hatte nur ein Seufzen zur Diskussion beizutragen, und Anja begann, meine Hand zu drücken, um mir zu signalisieren, dass ich das Thema ruhen lassen sollte. Nicht einmal ein halbes Jahr später sollte mein Vater völlig anders über das alles denken.

KAPITEL 42

SCHLECHTE NACHRICHTEN

Nach unserer Rückkehr aus den USA hatte ich alle Hände voll zu tun. Anja wollte selbstverständlich den Ring haben, den ich ihr versprochen hatte. Zu dem Zeitpunkt konnte ich mir den aber nur schwerlich leisten. Als »Arzt im Praktikum« erhielt ich immerhin in den nächsten 18 Monaten ein übersichtliches Gehalt von 2.000 Mark brutto, was eine hundertprozentige Steigerung meiner Einkünfte bedeutete. Große Sprünge konnte ich mir damit aber nicht erlauben. Nachdem kurz darauf der Euro eingeführt wurde, wurden daraus nur rund 1.000 Euro, was irgendwie noch deprimierender auf dem Konto aussah.

Anja war bis zum Anfang des Jahres arbeitslos, fand dann aber eine Stelle, die versprach, längerfristig zu sein. Im Frühjahr machten wir unsere Verlobung offiziell mit einer kleinen Feier, bei der nur unsere Eltern und ein paar Freunde dabei waren. Der Ring, den ich ihr gab, war nicht besonders teuer, aber es machte ihr anscheinend nichts aus. Heiraten wollten wir trotzdem erst, nachdem ich endlich Assistenzarzt war, was im Grunde ein weiteres Wartejahr bedeutete. So langsam begann in mir die Erkenntnis zu dämmern, dass Anjas Eltern vielleicht doch eine Art Voraussicht, was mein Arztdasein anging, hatten.

Während der Feier nahm mich meine Mutter beiseite und sah etwas besorgt aus.

»Deinem Vater geht es nicht sehr gut.«

»Wieso, was ist denn?«

»Na ja, er hat es wieder mit dem Bauch.«

»Ich hab ihm doch schon tausendmal gesagt, dass er zum Arzt gehen soll.« Ich wurde sauer auf ihn.

»Er hat Fieber«, sagte sie.

»Und trotzdem seid ihr gekommen?«, fragte ich.

»Na ja, wir wollten uns das nicht entgehen lassen. Aber viel schlimmer ist, dass er so gelblich im Gesicht aussieht.«

»Ernsthaft? Ist mir nicht aufgefallen. Gut, das Licht ist auch nicht das allerbeste hier.«

»Achte mal darauf«, meinte sie zu mir, und ich nickte.

Tatsächlich sah mein Vater nicht gut aus, und mein Herz sackte ein ganzes Stück in meiner Brust nach unten. Ob er tatsächlich gelb im Gesicht war oder nicht, konnte ich aber nicht sagen. Ich bat ihn aber trotzdem noch einmal, zum Arzt zu gehen. Seine Reaktion war die übliche, allerdings lief er am darauffolgenden Tag derart gelb an, dass er sofort ins Krankenhaus gebracht wurde. Meine Mutter ließ mir über die Schwestern auf meiner Station eine Nachricht zukommen, aber ich konnte zunächst überhaupt nichts machen. Der Dienst ließ es nicht zu.

Mir war klar, dass die Gelbsucht irgendwas mit seiner Leber oder seinem Gallengang zu tun haben musste. Ich hoffte, dass es nur Gallensteine wären, aber tief im Innern ahnte ich bereits, dass meine Visionen bald wahr werden würden. Meinen Vater hatten sie gleich im Krankenhaus behalten und sogar schon unter das Messer genommen, aber noch hatten weder meine Mutter noch ich konkret erfahren, was eigentlich sein Problem war. Ich schaffte es, ein paar Dienste zu tauschen, sodass ich direkt mit meinen Eltern und den Ärzten meines Vaters sprechen konnte.

Der zuständige Arzt grüßte mich mit einem leichten Nicken, als wir uns alle im Ärztezimmer einfanden. Er war mir aus meiner ersten Famulatur beiläufig bekannt, auch wenn ich nie wirklich mit ihm zu tun hatte.

»Also, ich will gar nicht um den heißen Brei reden, es sieht nicht gut aus.« Mein Vater und meine Mutter blickten einander kurz an. »Die Probe hat sich als bösartig herausgestellt. Es handelt sich also um Bauchspeicheldrüsenkrebs.«

»Bauchspeicheldrüse? Ich dachte, es wäre was an der Leber«, sprach ich dazwischen.

»Ob die Leber eventuell auch befallen ist, bleibt noch abzuwarten. Tatsache ist, dass am Pankreas ein Tumor sitzt, der die Gallengänge abdrückt. Wir haben jetzt erst mal einen Stent gesetzt, damit die Galle abfließen kann.« Er wandte sich an meinen Vater. »Sie sollten dann also bald weniger gelb aussehen und sich auch besser fühlen.«

»Dann könnte ich ihn also mit auf meine Station nehmen?«, fragte ich.

»Quatsch!«, fuhr mein Vater dazwischen.

»Was? Warum? Wenn du auf meine Station kämst, dann könnte ich mich da um dich kümmern und dich vielleicht selbst behandeln.«

»Ja, aber das ist einmal durch die halbe Stadt. Deine Mutter müsste dann immer da hinfahren. Das kommt nicht infrage.«

»Aber ...«

»Darüber will ich jetzt nicht diskutieren«, sagte mein Vater, und an seinem Gesicht konnte ich erkennen, dass das Thema für ihn erledigt war. Stattdessen wandte er sich an den Arzt: »Also was jetzt? Wird das Ding rausoperiert oder ...«

Ich wusste, was der Arzt sagen würde, bevor er es tat.

»Nun, ich fürchte, ganz so einfach wird es nicht.«

»Was soll das heißen?«, fragte er.

»Nun, wir könnten versuchen, den Tumor herauszuschneiden, aber ich weiß nicht, ob das die beste Option ist.«

»Ist eine reine Chemotherapie nicht weniger erfolgversprechend?«, fragte ich.

»Wir führen momentan eine Studie durch, die genau dies untersucht. Wir könnten versuchen, Ihren Vater dort unterzubringen.«

»Und Sie glauben, dass beides die gleichen Chancen bietet?«

»Nun«, der Arzt atmete durch, »Sie wissen selbst, wie gut die Chancen sind, nicht wahr?«

Mein Vater sah sich zu mir um. »Was meint er damit?«

Ich schluckte. Vom Bauchgefühl her kam ich mir vor, als wäre mir gerade ein Traktor über die Eingeweide gefahren.

»Das Pankreaskarzinom ist eine der hinterhältigsten Krebsarten. Meistens ist es bei der Entdeckung schon zu spät.«

Meine Mutter schaute besorgt. »Zu spät?«

Mein Vater verstand viel besser. »Wie viel Zeit bleibt mir?«

Der Arzt rutschte unruhig auf dem Stuhl herum. Es ist halt nicht unbedingt die Lieblingsaufgabe von Ärzten, jemandem zu sagen, wie viel Lebenszeit ihm noch bleiben würde. »Nun, wollen wir doch erst mal sehen, ob die Chemotherapie nicht ...«

Mein Vater unterbrach ihn. »Wie lange?« Er schaute zwischen dem Arzt und mir hin und her.

»Ungefähr ein halbes Jahr«, sagte ich.

Einen Moment lang war es still im Raum. Schließlich war es mein Vater, der etwas sagte.

»Scheiße.«

Der Pieper des Arztes sprang plötzlich an.

»Ich muss mich leider entschuldigen, aber ich muss weg. Wenn Sie noch Fragen haben, stehe ich Ihnen gerne zur Verfügung. Ansonsten ist Ihr Sohn ein sehr kompetenter Ansprechpartner, denke ich.«

Wir verabschiedeten uns vom Arzt und setzten uns im Flur an einen kleinen Tisch mit Blick auf das Grün draußen.

Mein Vater fing plötzlich an zu weinen. »So eine Scheiße.«

Meine Mutter drückte ihn und konnte sich ebenfalls die Tränen nicht verkneifen.

»Sag jetzt nur nicht, dass du mir ja schon die ganze Zeit geraten hast, zum Arzt zu gehen.«

»Habe ich nicht vor«, erwiderte ich.

Auf dem Flur hinter meinem Vater stand Tod und blickte unverwandt auf unsere kleine Gruppe. Als ich ihn sah, stieg eine gewaltige Wut in mir hoch, ich musste den Impuls, aufzustehen und gewalttätig zu werden, heftigst unterdrücken.

»Erst mal abwarten, wie die Chemotherapie anschlägt«, sagte ich und versuchte, aufmunternd auszusehen.

Tod schüttelte nur den Kopf.

Meine Faust ballte sich unwillkürlich.

Wir saßen noch einen Moment da und unterhielten uns, wie wir denn nun vorgehen würden. Im Grunde kam nichts dabei heraus. Der Schock saß uns zu sehr in den Knochen. Mein Vater meinte dann, dass er allein sein wollte. Ich brachte meine Mutter nach Hause und verabschiedete mich von ihr, um Tod entgegenzutreten, der uns die ganze Zeit vom Krankenhaus gefolgt war.

Tod ging neben mir, bis ich außerhalb der Sichtweite der Wohnung meiner Eltern war.

»Du hast echt Nerven, dass du nicht vor mir abhaust«, sagte ich, holte mit der Faust aus und hätte ihn voll ins Gesicht getroffen, wenn er nicht plötzlich verschwunden wäre. Ich strauchelte derart, dass es mich einige Mühe kostete, nicht lang hinzufallen.

Tod stand plötzlich hinter mir und zuckte mit den Schultern.

»Na ja, ist ja nicht so, dass du mir groß was anhaben könntest.«

Wieder holte ich aus und schlug abermals ins Nichts. Diesmal war mein Schwung so stark, dass ich auf die Schulter fiel und mir ein stechender Schmerz durch die Knochen jagte.

»Tu mir einen Gefallen und hör auf mit dem Mist, ja?«, sagte Tod und hielt mir die Stange des Keschers hin, damit ich mich daran hochziehen konnte.

Aber ich rappelte mich selbstständig auf. Hilfe von Tod wollte ich nicht.

»Was willst du?«, fauchte ich ihn an.

»Ich bin lediglich vorbeigekommen, um dir mein Mitleid auszudrücken und dir zu sagen ... nun ... dass ich nichts damit zu tun habe.«

»Na toll, der Tod kommt, um sein Mitleid auszudrücken.«

»Ich gebe zu, dass ich da vielleicht nicht mehr ganz in Übung bin, aber ich dachte, das machen Freunde so«, sagte Thanatos.

»Freunde? Meinst du wirklich, wir wären nach all dem, was du mir angetan hast, noch Freunde?«

Tod blieb stehen und schaute mich traurig an.

Ich fuhr fort. »Sieh es endlich ein: Ich werde deinen Job nicht übernehmen. Punkt. Und jegliche Art von Erpressung, die du versuchst, wie jetzt meinen Vater umzubringen, wird nichts daran ändern.«

Tod schüttelte nur den Kopf. »Du glaubst es mir immer noch nicht. Es ist nicht meine Entscheidung, wer stirbt und wer nicht. Die Natur, die Zeit, von mir aus auch Gott, hat entschieden, dass es so weit ist. Ich bin nur der Sammler, nicht der Richter.«

»Was muss ich tun, damit er wieder gesund wird? Sag es mir!« Ich war völlig aus dem Häuschen und griff nach Tod, aber er verschwand erneut, bevor ich ihn packen konnte, und tauchte neben mir wieder auf.

»Nichts, gar nichts«, sagte Tod. »Du musst es einfach akzeptieren. Es gab nichts, was du hättest tun können, und es gibt nichts, was du noch tun kannst. Außer es zu akzeptieren.«

Ich lehnte mich erschöpft an eine Wand. Die Gefühle fielen über mich her, und, ob ich wollte oder nicht, die Tränen flossen. »Das will ich nicht! Das kann ich nicht! Ich will ihn nicht so dahingehen sehen. Alles wäre besser, aber nicht das. Das ist ein Tod mit Vorankündigung.«

»Sind sie das für dich nicht alle?«, fragte Tod.

»Du weißt ganz genau, was ich meine. Und genau das ist auch der springende Punkt: Wenn ich schon in der Lage bin, diese Dinge im Voraus zu sehen, warum gelingt es mir nicht, sie zu verhindern? Ich habe etlichen Menschen das Leben gerettet, aber bei meinem eigenen Vater soll es mir nicht gelingen? Das ist verdammt noch mal unfair!«

»Nun, ich könnte jetzt behaupten, dass es deinem Vater mit der Chemotherapie besser gehen wird, aber ich will dich nicht anlügen. Das wird nicht passieren«, sagte Tod.

»Diesmal willst du mich nicht anlügen, wolltest du sagen.«

»Ich mag dich angelogen haben, aber ich versichere dir, dass ich es immer in deinem Sinne getan habe. Ich hoffte, dich einfach vor meinem Schicksal zu bewahren.«

»Was meinst du damit?«

»Vielleicht sollten wir uns darüber an einem etwas ruhigeren Ort unterhalten. Die Leute könnten dich für verrückt halten, so wie du zu brüllen und in die Luft zu schlagen pflegst.«

KAPITEL 43

TODS GESCHICHTE

Ich hatte keine Ahnung, wohin Thanatos mich verschleppt hatte. Zumindest hatte er einen schönen Ausblick gewählt. Wir saßen an einer Klippe auf ein paar alten Baumresten. Die Tatsache, dass ein kleiner Haufen mit Feuerholz herumlag, ließ darauf schließen, dass Tod dieses Gespräch geplant hatte. Das Feuer brannte sogar bereits.

»Wird das länger dauern?«, fragte ich ihn.

»Wenn du von mir gelangweilt bist, kannst du jederzeit gehen. Ich zwinge dich zu nichts, ob du's glaubst oder nicht. Ich hatte lediglich angenommen, dass du vielleicht verstehen willst.«

»Warum du so ein Arschloch bist?«

»Wenn das deine Meinung von mir ist. Mir ist es gleich.«

Ich rutschte etwas näher ans Feuer. »Leg los.«

»Ich verstehe dich vielleicht besser als jeder andere Mensch auf der Welt, Martin.«

Ich schnaubte, als ich das hörte.

»Vielleicht siehst du das anders, aber ich war dir sehr ähnlich. Als ich noch ein Mensch war, hatte ich ebenfalls die Gabe, den Tod zu sehen. Und es verängstigte mich völlig. Zu der Zeit, als ich noch unter den Lebenden weilte, war das nicht unbedingt etwas, was man groß hinausposaunte.«

»Heutzutage übrigens auch nicht«, warf ich ein.

»Mag sein, aber heute würde man dich lediglich für verrückt halten und dich nicht gleich vierteilen oder auf einem Scheiterhaufen verbrennen.«

»Okay. Punkt für dich.«

»Als ich den damaligen Tod zum ersten Mal sah, war ich bereits ein junger Mann, heute würde man wohl Teenager sagen, und hatte kurz zuvor geheiratet. Die Begegnung ließ mich ziemlich aus der Fassung geraten. Ich ahnte, was ich gesehen hatte, konnte es aber nicht richtig begreifen. Im Gegensatz zu dir wechselte der Tod damals nicht ein einziges Wort mit mir.«

»Hey, manchmal habe ich mir das auch schon gewünscht.«

»Er ließ mich völlig allein mit meinen Fragen und den Fähigkeiten, die sich plötzlich zu entwickeln begannen. Stell dir vor, wie ich mich gefühlt habe, als ich plötzlich die Visionen vom Tod anderer Leute sah.«

»Du hast den bestgehenden Wahrsagestand auf dem Marktplatz aufgemacht und bist reich und berühmt geworden?«, sagte ich.

»Freut mich, dass du langsam deinen Humor wiedergewinnst, Martin.« Tod nickte gedankenverloren. »Ich liebte meine Frau und die Kinder, die wir mit der Zeit bekamen, sehr. Ich war angesehen in unserem Dorf und hatte viele Freunde. Eines Tages brach der Tod sein Schweigen und eröffnete mir, dass ich noch sieben Jahre zu leben hätte.«

»Und da warst du vor Freude ganz aus dem Häuschen, habe ich recht?«, fragte ich.

»Ich war verängstigt. Er erklärte mir, dass ich nach diesem Zeitraum entweder seine Aufgabe übernehmen oder meine Familie nie wiedersehen würde. Kurz darauf kam unser drittes Kind auf die Welt, und der Gedanke, nie wieder einen Blick auf meine Kinder oder meine geliebte Frau zu werfen, war mir zu viel. So lernte ich mit den Gaben, die ich durch den Tod bekam, umzugehen und bereitete mich vor. Ich dachte, wenn ich weiter bei ihnen sein kann, dann nehme ich alles auf mich, was auch kommen mag. Die sieben Jahre vergingen, und ich zeugte mit meiner Frau noch ein paar Kinder.«

»Auch ein Hobby«, sagte ich.

»Eines Tages fuhr ich mit meinen beiden ältesten Söhnen zum Markt in die Stadt und wurde überfallen. Ich versuchte, mich zu wehren und meine Waren zu retten. Dafür wurde ich erschlagen und meine Söhne gleich mit. Meine erste Aufgabe als Tod war es, die Schmetterlinge meiner beiden Söhne einzufangen.«

»Scheiße«, platzte es aus mir heraus.

»In der darauffolgenden Zeit musste ich mit ansehen, wie meine Frau mich begrub, ein weiteres Kind ohne mich auf die Welt brachte und erneut heiratete. Und in all der Zeit konnte ich sie zwar sehen, aber nicht mit ihr Kontakt aufnehmen. Ich sah sie alt werden und sterben. Meine Freunde wurden zu Schmetterlingen in meinem Netz. Die Seelen meiner Kinder und Kindeskinder wurden meine Beute. Und irgendwann konnte ich die Kinder der Kinder meiner Kinder nicht mehr von den anderen Menschen unterscheiden, und es war mir auch egal.«

»Verdammt«, sagte ich.

»Der Tod meiner Frau brach mir das Herz, und jeder Tod in meiner Familie oder auch nur meiner Bekanntschaft war ein Schmerz, der immer größer wurde. Ein Schmerz, so wie du ihn jetzt fühlst im Angesicht des Todes deines Vaters.«

Ich schüttelte nur den Kopf.

»Diese Tatsache ist unvermeidlich. Auch Anja wird eines Tages sterben, und wenn du sie bis dahin nicht aus deinem Herzen verbannt hast, wird es dich förmlich zerreißen.«

»Ich bin sicher, du hast recht«, sagte ich.

Tod nickte und sah erleichtert aus, dass ich es anscheinend endlich begriffen hatte.

»Die Geschichte, die du mir erzählt hast, war echt ganz nett. Aber ich habe eine andere Theorie, was diese ganze Sache betrifft«, sagte ich.

Tod stutzte. Ich glaube, es war das erste Mal, dass ich ihn so sah. Er drehte mit den knöchrigen Fingern seinen Kescher hin und her. »Ich höre«, sagte er schließlich.

»Ich glaube …«, setzte ich an, »… dass du diesen ganzen Hokuspokus nur veranstaltet hast, weil du ein egoistisches Arschloch bist.«

Ich ließ die Aussage einen Moment so im Raum stehen. Tod schaute mich mit geweiteten Augen an.

»Ich bin der Überzeugung, dass du mich belogen und mein Leben manipuliert hast, weil du einen Freund nur für dich haben wolltest. Du brauchst mich gar nicht so anzuschauen. Ich glaube dir sogar in gewisser Weise, dass du mich vor all diesen Gefühlen und den Schmerzen schützen wolltest oder immer noch willst. Ich meine sogar, dass du darin vielleicht wirklich einen Freundschaftsbeweis siehst. Aber du hast auch versucht, mich so von anderen fernzuhalten, damit mir gar nichts anderes übrigbleibt, als mich mit dir anzufreunden. So hattest du immer jemanden, zu dem du gehen und reden konntest, nicht wahr?«

»Also, das ist doch wirklich …«, sagte Tod entgeistert.

»Nachdem wir uns kennengelernt hatten, ganz am Anfang, als ich noch ein Kind war, da bist du für einige Jahre einfach verschwunden.«

»Weil ich dich schützen wollte«, warf Tod ein.

»Weil du mich schützen wolltest oder weil du nicht wusstest, was du mit einem kleinen Kind anstellen solltest? Das Schachspielen wurde zu langweilig, stimmt's? Und weil du dich mit mir in dem Alter noch nicht richtig unterhalten konntest, hast du dich einfach nicht mehr blicken lassen, bis ich etwas älter war und mehr mit mir anzufangen war.«

»Das geht wirklich zu weit.«

»Oh ja? Dabei habe ich den Hauptpunkt noch gar nicht ausgesprochen. Du versuchst, mir seit Jahren einzureden, dass ich deine Ablösung wäre, dabei suchst du nur jemanden, der dumm genug ist, deinen Job zu übernehmen, damit du aus deinem selbst gewählten Gefängnis entkommen kannst. Im Grunde machst du dasselbe, was dein Vorgänger mit dir gemacht hat, nur mit einem etwas freundlicheren Gesicht.«

Tod stand plötzlich auf und stampfte einen Fuß und den Stock des Keschers auf den Boden. »Genug. Ich dachte, wir wären Freunde und du würdest mich verstehen, stattdessen beleidigst du mich mit diesen Unterstellungen. Dir bleibt ebenso wenig dein Schicksal erspart wie mir.«

Ich schaute von unten zu ihm hinauf, und mein Gesicht machte vielleicht einen zu abgeklärten Eindruck, denn Tods innerer Kochtopf schien kurz vor der Explosion zu sein.

»Ernsthaft? Nach dem, was du mir gerade erzählt hast, sprichst du immer noch von Schicksal? Du hast doch dein Schicksal gewählt. Du hast es selbst gesagt.« Ich war total ruhig, Tod hingegen war außer sich.

»Was redest du da für einen Unsinn?«, spuckte er mir praktisch entgegen.

»Du hast vorhin erzählt, dass der Tod dir gesagt hat, dass du seine Aufgabe übernehmen musst oder deine Familie nie wiedersiehst. Stimmt das so ungefähr?«

»Ja, und?«, fragte Tod.

»Nun, das ist doch eine Wahl. Aufgabe übernehmen *oder* deine Familie nicht wiedersehen. Entweder oder. Ich habe also ebenfalls eine Wahl, und diese habe ich bereits vor einiger Zeit getroffen. Du bist nur derjenige, der das nicht akzeptieren will, weil du Angst davor hast, weiter in Einsamkeit diesen Job zu machen.«

»Du verstehst überhaupt nichts!«, brüllte Tod.

»Ich verstehe zumindest, dass meine zukünftige Frau im Moment daheim ist und auf mich wartet. Und genau dorthin werde ich jetzt auch zurückgehen.«

Ich stand auf und war gerade dabei, mich geistig auf den Sprung einzustellen, als Tod mich wütend ansah und mit kalter Stimme sagte: »Du hast noch genau sieben Jahre zu leben.«

Ich hörte die Worte, als ich gerade verschwand und gleichzeitig im Treppenhaus vor unserer Wohnung wieder auftauchte. Mein Gehirn brauchte einen Augenblick, um die Information zu verarbeiten. Instinktiv sprang ich sofort zurück, aber Tod war bereits verschwunden und hatte das Feuer sich selbst überlassen.

KAPITEL 44

KONSEQUENZEN

Anja interpretierte mein Zittern als die Reaktion meines Körpers auf die Nachricht, dass mein Vater aller Wahrscheinlichkeit nach bald sterben würde. Selbstverständlich war das ein Faktor für mein Befinden, die Hauptsache musste ich ihr allerdings verschweigen. Eine Weile versuchte sie, mich zu trösten, aber an diesem Abend kam ich nicht mehr zur Ruhe.

Als es an der Zeit war, ins Bett zu gehen, ging ich ins Bad und beschloss noch einmal, meine eigene Vision zu sehen. In meinem Schlafanzug stand ich vor dem Badezimmerspiegel und konzentrierte mich.

Wie schon zuvor sträubte sich die Vision, mir etwas zu zeigen, aber erneut sah ich verschwommen den Lustgarten, die Spree, einen Bus und eine Zeitung. Die Zeitung lag zerfleddert auf dem Boden und raschelte im Wind, aber plötzlich war ganz kurz die obere Ecke mit dem Datum in nie gesehener Schärfe zu erkennen. 5. Mai 2009.

Ich flog aus der Vision und schwankte so sehr, dass ich beinahe in die Badewanne gestürzt wäre. Es gelang mir, mich zu fangen, und setzte mich auf den Wannenrand, während ich mir das Blut von den Lippen leckte. Offenbar hatte ich mich so konzentriert, dass ich meine Unterlippe aufgebissen hatte. In dieser Nacht fand ich kaum Schlaf.

Am nächsten Morgen musste ich früh ins Krankenhaus, und ich kam zu spät, weil ich in der Bahn einschlief und zwei Stationen zu weit fuhr. Überhaupt stand ich an diesem Tag ziemlich neben mir. Ich wollte mit Tod sprechen und versuchte, jemanden zu finden, der bald sterben würde. Zum ersten Mal in meinem Leben hoffte ich, dass sich einer der Patienten mit dem Sterben beeilen würde. Aber alles Hoffen nützte mir da nichts.

Nach meiner Schicht ging ich einen großen Umweg durchs Haus und lief schließlich Bibi über den Weg, die in der Nähe des Kreißsaals ihre Pirouetten drehte.

»Hallo, Bibi«, sagte ich, und sie stoppte in ihrer Bewegung.

»Hallo, Martin. Wusstest du schon, dass ich Topfpflanzen mag, aber keine Blumen?«

»Nein, das wusste ich ehrlich gesagt nicht.«

Sie schlug ein Rad quer über den Flur. »Das habe ich schon auf sechs Kontinenten gemacht«, erklärte sie stolz.

»Hast du Tod irgendwo gesehen?«, fragte ich sie.

»Ach, der ...« Urplötzlich wirkte sie nicht mehr so fröhlich. »Weiß nicht. Ich sehe ihn nicht so oft. Und ich glaube, das ist auch ganz gut so.«

»Schade, aber trotzdem vielen Dank.«

Ich drehte mich um und ging. Bibi rief mir hinterher: »Wir sehen uns bald!«

Als ich daheim war, rief ich meine Mutter an, um zu erfahren, wie es meinem Vater ging. Man hatte ihm mittlerweile einen Zugang gelegt, damit man mit der Chemotherapie beginnen konnte. Am liebsten hätte ich diese ganze Sache gestoppt, da ich wusste, dass die Mühe umsonst war, aber dafür hätte ich meinen Eltern und den Ärzten einen plausiblen Grund nennen müssen. Den zu finden war mir nicht möglich. Im Endeffekt entschied ich mich, meinen Eltern zumindest die Hoffnung auf Genesung zu lassen, auch wenn ich keine mehr hatte. Im doppelten Sinne.

Die Tage vergingen, und Leute starben, aber Tod ging mir gezielt und sehr erfolgreich aus dem Weg.

Ich tat dasselbe mit Simone, die sich immerhin ebenfalls im Waldkrankenhaus rumtrieb. Einmal versteckte ich mich im Treppenhaus, als ich sie auf dem Flur sah, um ihr nicht zu begegnen. Nach ein paar Tagen wurde mein Vater entlassen und musste lediglich einmal die Woche ins Krankenhaus, um seine Chemo zu bekommen.

Anja begann, Pläne für die Hochzeit zu schmieden, und eines Abends im Bett wollte sie wissen, ob wir statt nächstes Jahr lieber noch dieses Jahr heiraten wollten, damit mein Vater dabei sein konnte.

Sie schaute mich gespannt an, während ich neben ihr lag, und schien meine Gedanken zu erraten.

»Du denkst, dass, wie auch immer wir uns entscheiden, die Hochzeit keine fröhliche wäre, oder?«

Ich nickte nur und starrte an die Decke, während sie sich an mich schmiegte.

»Du weißt, dass ich gerne eine große Feier hätte, immerhin heiratet man nur einmal im Leben. Hoffentlich«, sagte sie, während sie mir über den Bauch streichelte.

Ich schaute kurz zu ihr hinüber.

»Aber ich verstehe natürlich auch, dass du deine Eltern dabeihaben willst. Also wenn wir dieses Jahr standesamtlich heiraten und nächstes Jahr vielleicht kirchlich, dann wäre das doch vielleicht eine gute Option.«

Ich schwieg und versuchte, ihre Berührung zu genießen, aber sie hatte mit den Gedanken, die sie erraten hatte, nur zum Teil recht. Mich plagten noch viel mehr Sorgen. Sicher, mein Vater war eine davon. Darüber hinaus hatte mir aber die führende Koryphäe auf dem Gebiet des Ablebens erklärt, dass ich selbst nur noch wenige Jahre zu leben hatte. Das warf noch ganz andere Fragen in Bezug auf unsere bevorstehende Hochzeit auf.

Jeder Tag Dienst im Krankenhaus wurde für mich zu einer Tortur, da ich ständig die Augen nach Tod offen hielt. Drei Wochen nach unserer letzten Begegnung kam ich von der Mittagspause zurück zur Station und stand ihm plötzlich gegenüber. Er schien genauso überrascht zu sein wie ich.

»Ach, du«, sagte er wenig erfreut. Er drehte sich schon weg, als ich ihn aufhielt.

»Ich will mit dir reden.«

»Ein Novum! Wo du doch sonst immer vor mir davongerannt bist. Ich schätze, gewisse Informationen haben dich in letzter Zeit zum Nachdenken angeregt?«

»Können wir irgendwohin?«, fragte ich.

»Wir können überallhin, wie du ja weißt. Ich werde dich aber mit Sicherheit nicht einfach irgendwohin bringen. Sonst muss ich mir hinterher wieder anhören, ich, Zitat Anfang, egoistisches Arschloch, Zitat Ende, hätte dich verschleppt.«

»Der gleiche Ort wie beim letzten Mal«, erwiderte ich lediglich und konzentrierte mich.

Als ich an der Stelle unseres Lagerfeuers ein paar Wochen zuvor wieder erschien, stand Tod bereits an der Klippe und schaute in die Ferne.

»Was willst du wissen?«, fragte er.

»Sieben Jahre noch?«

Sein Blick ging kurz zu mir und dann wieder zurück zum Meer, das sich bis zum Horizont erstreckte.

»Deine Zeit ist gekommen. Du wirst sterben, und ich werde nichts dagegen tun. Danach ... nun, darüber haben wir uns bereits etliche Male unterhalten. Und fang jetzt gar nicht an zu betteln, dass du noch nicht sterben willst et cetera pp. Du solltest das besser wissen.«

»Ich habe nur gedacht, dass ich mehr Zeit hätte. Ich hab das Gefühl, mein Leben hat noch gar nicht richtig begonnen.«

»Du hast immerhin noch sieben Jahre. Ich verstehe ohnehin nicht, was die Menschheit heutzutage so treibt. Zu meiner Zeit waren die Leute froh, wenn sie so alt wurden. In deinem Alter hatten viele schon eine fünfköpfige Familie.«

Ich seufzte. Irgendwie fehlte mir die Kraft, sauer auf Tod zu sein. Er hatte immer und immer wieder betont, dass er keinen Einfluss darauf hatte, wer wann stirbt.

»Kann ich irgendwas unternehmen, damit das nicht passiert?«

»Das willst du ausgerechnet von mir wissen?«

»Ich dachte, es wäre eine freundschaftliche Geste deinerseits.«

»Plötzlich bin ich dir Freund genug dafür? In dieser Hinsicht habe ich dir nichts zu sagen. Du kennst die Antwort bereits. Außerdem hast du die freundschaftliche Geste schon bekommen. Ich habe dir gesagt, wie viel Zeit du noch hast.«

Er blickte mich erneut an und sah todernst dabei aus.

»Was war daran freundschaftlich?«, fragte ich. »Mir kam es eher wie eine Drohung vor.«

»Du sprichst doch immer davon, dass wir unser Leben selbst bestimmen und Entscheidungen treffen. Ich habe dir nun die Möglichkeit gegeben, gewisse Entscheidungen zu treffen und das Richtige oder das Falsche zu tun.«

Ich hockte mich auf den Baumstamm und starrte in die erkaltete Asche des Feuers. »Du meinst Anja.«

»Selbstverständlich.«

»Du hast mir mal gesagt, dass sie irgendwas mit meinem Tod zu tun hätte.«

»Hat sie auch. Sie ist nicht dafür verantwortlich, aber natürlich hat die Tatsache, wie sehr du dich auf sie einlässt, Konsequenzen für deinen Tod und die Zeit danach.«

»Also hast du da auch gelogen.« Tod blickte mich durchdringend an, und ich starrte müde zurück. »Na ja, zumindest hast du es so gesagt, dass ich annehmen musste, dass sie direkt damit zu tun hat. Ich nehme an, dass mich das auch nur schützen sollte.«

Tod setzte sich nun ebenfalls.

»Sag mir eines, Martin. Jetzt, wo du weißt, wie lange du noch zu leben hast, bist du innerlich völlig zerrissen darüber, ob du sie heiraten sollst oder nicht, habe ich recht?«

»Selbstverständlich. Das war es doch, was du hören wolltest, oder etwa nicht?«

Tod seufzte.

»Verstehst du nicht, dass dies genau eines der Dinge ist, vor denen ich dich beschützen wollte? Jetzt bist du in der Situation, wo du entweder jemandem wehtun musst, den du liebst, um sie später vor Schmerzen zu bewahren, oder es gegebenenfalls darauf ankommen lassen musst, ein paar Jahre glücklich bist und es am Ende noch schlimmer wird.«

Ich blickte weiter in die Asche und sagte kein Wort. Im Augenwinkel sah ich, wie Tod den Stock des Keschers zwischen den Fingern drehte.

»Nun gut«, sagte er, »dann lass ich dich mal mit deinen Gedanken allein.«

Ich saß noch lange auf dem Baumstamm und erwog, ob ich mich von Anja trennen sollte oder nicht. Was war die schlimmere Variante? Sie allein zurückzulassen und dadurch vielleicht ihr Leben verpfuscht zu haben oder sie jetzt dazu zu bringen, einen anderen zu finden, der ihr für den Rest ihres Lebens Glück und Liebe schenkt? Mein Magen revoltierte, und die offensichtliche Antwort, nämlich die, die für Anja besser war und nicht für mich, schmeckte mir überhaupt nicht.

Ich kehrte ins Krankenhaus zurück, wo ich mir von meinem Chefarzt eine Standpauke anhören durfte, da ich nirgends zu erreichen oder aufzufinden gewesen war. Ich ließ die Worte über mich hinwegschwappen und hörte gar nicht richtig zu. Irgendwie schaffte ich es, den Tag zu Ende zu bringen und nach Hause zu kommen.

Als ich durch die Tür trat, merkte ich, dass Anja vom Sofa aufgesprungen war. Sie kam mir im Flur entgegen und zögerte, mir um den Hals zu fallen, als sie sah, dass ich offenbar schlechte Laune hatte.

»Schlimmen Tag gehabt?«, fragte sie.

Ich zuckte mit den Schultern und nickte halb. Sie nahm mich schließlich doch in den Arm.

»Ich muss dir etwas sagen«, flüsterte sie mir ins Ohr.

»Was denn?«, fragte ich ohne großes Interesse.

»Ich glaube, ich bin schwanger.«

KAPITEL 45
FREUDIGE EREIGNISSE

Anja sah mich mit erwartungsfrohen Augen an, die langsam von hoffnungsvoll zu fragend und schließlich zu verwirrt wechselten. Da ich mit offenem Mund rumstand und in die Luft starrte, war das nicht weiter verwunderlich.

»Sag doch was!«, rief sie schließlich, und ich kam wieder in die Realität zurück.

»Ich, äh, Entschuldigung, ich musste das gerade erst mal verarbeiten. Was, wie … also … bist du dir sicher?«

»Nein, bin ich mir nicht, aber ich bin überfällig, und die letzten Tage war mir immer wieder mal übel«, sagte Anja.

»Und dass du vielleicht einfach nur was Falsches gegessen hast?«, fragte ich.

»Hast du mir nicht zugehört? Ich bin überfällig.«

»Ja. Ja, doch.«

Anja sah etwas enttäuscht aus. »Ist das alles, was du dazu zu sagen hast? Freust du dich nicht?«

»Ich … doch, schon … ich … bin nur etwas überrascht. Sag mal, ich dachte, du nimmst die Pille.«

»Ja, und offenbar hat die sich nicht mit den Antibiotika vertragen, die ich vor einer Weile nehmen musste. Jedenfalls schätze ich mal, dass es daran liegt.«

»Aha«, sagte ich und stand weiterhin perplex im Flur und bewegte mich nicht.

»Na toll«, sagte Anja und stampfte verärgert ins Wohnzimmer, wo sie sich auf die Couch fallen ließ und auf den ausgeschalteten Fernseher starrte.

Ich brauchte einen Moment, um mich aus meiner Starre zu lösen. In meinem Kopf gab es ein Durcheinander, das ich ohne Erfolg krampfhaft zu ordnen versuchte. Nachdem ich endlich meine Schuhe ausgezogen hatte, setzte ich mich neben Anja auf das Sofa und umarmte sie.

»Entschuldige bitte, dass ich eben so komisch war. Ich hatte einfach einen schlechten Tag und war überhaupt nicht darauf gefasst. Bitte glaube mir, ich freue mich wirklich riesig darüber.«

Anja schaute zu mir herüber. »Sag das mal deinem Gesicht.«

Sie sprang auf, ging mit schnellen Schritten ins Schlafzimmer und schmiss die Tür hinter sich zu. Ich war auf dem Sofa sitzen geblieben. Ich wusste schon von früheren Streitigkeiten, dass sie eine Weile brauchen würde, um sich wieder zu beruhigen.

Ein paar Tage darauf fanden wir uns bei ihrem Gynäkologen wieder. Frauen mit dicken Bäuchen saßen neben uns im Wartezimmer und strahlten wie Honigkuchenpferde. Nur Anja schaute eher unbeteiligt drein. So richtig hatte sie sich nach meiner ersten Reaktion noch nicht beruhigt. Deswegen zeigte sie mit dem Finger auf mich, als sie schließlich aufgerufen wurde, und sagte mit fester Stimme: »Du bleibst hier sitzen.«

Ich bemerkte, wie alle Köpfe im Raum urplötzlich in meine Richtung schwenkten. Bis zu einem gewissen Grad hatte ich wohl verdient, dass ich mich nun so unwohl fühlte. Ich schnappte mir ein Wochenmagazin, auf das ich mich konzentrieren konnte. Wenn ich keinen anschaue, schaut mich vielleicht auch keiner an, dachte ich mir.

Zwei Nachrichtenmagazine und eine Ausgabe einer Elternzeitschrift später kam Anja schließlich zurück.

»Und?«, fragte ich übertrieben aufgeregt, aber Anja wünschte erst in aller Seelenruhe den Arzthelferinnen einen schönen Tag und schubste mich hinaus. Sie sprach kein Wort, bis wir endlich im Auto saßen.

»Nun sag doch endlich, was los ist, verdammt«, platzte es aus mir heraus, weil sie immer noch aus dem Fenster schaute und schwieg.

Sie drehte sich zu mir um und versuchte, ein ernstes Gesicht zu machen, aber schließlich konnte sie das Lächeln nicht mehr zurückhalten.

»Ja? Ja?«, rief ich und fiel ihr um den Hals, als sie nickte. Sie umarmte mich ebenfalls, und ich spürte, wie ihr die Tränen kamen.

»Hey, alles okay?«, fragte ich.

Sie nickte. »Ja, ich freue mich nur so. Aber ich frage mich, was wir mit der Hochzeit machen sollen.«

»Was meinst du?«

»Na ja, wenn das Kind vor nächstem Jahr kommt, dann ...«

»Du willst kein uneheliches Kind?«

Sie schüttelte den Kopf.

»Na, dann heiraten wir eben so bald wie möglich«, sagte ich lapidar. Ein breites Lächeln huschte über ihr Gesicht, und sie umarmte mich gleich noch einmal.

Die nächsten Tage strahlte sie förmlich die ganze Zeit. Ich kam nicht umhin festzustellen, dass mir das ziemlich gut gefiel. Meine Freude hatte trotzdem immer einen recht melancholischen Beigeschmack. Es ging mir nicht aus dem Kopf, dass ich drauf und dran gewesen war, sie zu verlassen. Und immer wenn ich daran dachte, dachte ich unweigerlich daran, was Tod mir mitgeteilt hatte. Die Zeit mit meinem zukünftigen Kind war dazu bestimmt, kurz zu sein.

Wir sagten unseren Eltern bis zum nächsten Wochenende nichts. Wir wollten ihnen die freudige Nachricht persönlich überbringen, was bedeutete, dass ich nach langer Zeit wieder ihre Eltern besuchen musste. Die machten gute Miene dazu, dass ihre Tochter ein Kind von jemandem bekam, der immer noch kein richtiges Gehalt erhielt und deswegen kaum in der Lage war, eine Familie zu ernähren. Die Diskussion drehte sich immer wieder darum, wie wir das schaffen wollten und ob die schnelle Hochzeit denn wirklich so eine gute Idee war. Ich hatte immer noch den Eindruck, dass sie ihre Tochter davon abzuhalten versuchten, mich zu heiraten, obwohl sie ein Kind von mir bekommen würde.

Einen Tag später waren wir bei meinen Eltern, und der Besuch war etwas angenehmer als bei Anjas Eltern. Meine Mutter war ganz aus dem Häuschen und startete eine große Umarmungsrunde, als wir mit den Neuigkeiten herausrückten. Auch mein Vater war sichtlich gerührt, aber ich merkte, wie er in Gedanken abschweifte.

Es war nicht schwer zu erraten, was ihm durch den Kopf ging. Ihm blieb weniger als ein halbes Jahr zu leben. Sein Enkelkind würde er nicht mehr kennenlernen. Als Anja meiner Mutter in der Küche half, das Essen vorzubereiten, blieb ich im Wohnzimmer bei meinem Vater, der sich sonst immer um das Essen gekümmert hatte, mittlerweile aber zu schwach dafür war.

»Ich habe ganz schön Schiss«, platzte es plötzlich aus ihm heraus, und ich bemerkte seine feuchten Augen.

Mir fielen partout keine tröstenden Worte ein. Was sollte ich ihm auch sagen? Alles wird okay? Ich wusste, dass das eine Lüge war.

»Ich sollte mich wohl glücklich schätzen, dass ich zumindest noch die Hochzeit mitbekomme, was?«, sagte er. »Obwohl ich da wohl auch keine große Spaßkanone sein werde.«

»Mach dir darüber mal keine Gedanken. Bis dahin geht es dir besser, und dann springst du wieder rum«, log ich. Ich fand mich relativ überzeugend. Mein Vater erwiderte nichts und rieb nur seinen Bauch.

☫ ☫ ☫

Thanatos tauchte eines Tages bei einer Operation auf, die bis dahin relativ gut verlaufen war. Alle Versuche, den Patienten doch noch durchzubringen, scheiterten. Bevor ich die Ursache für den plötzlichen Blutdruckverlust fand, war es schon zu spät. Während wir noch Wiederbelebungsmaßnahmen durchführten, schnappte sich Tod den Schmetterling und wandte sich mir zu.

»Du wirst es noch bereuen, sie nicht verlassen zu haben.«

Ich stand wie erstarrt da, was meine Kollegen mit verwirrten Blicken untereinander quittierten, bevor sie den Zeitpunkt des Todes festlegten.

☦☦☦

Die Hochzeit fand Anfang August statt. In zwei Wochen würde Anja zurück an die Schule gehen müssen. Immerhin hatten wir so die Möglichkeit, wenigstens kleine Flitterwochen zu genießen. Ihr Bauch war mittlerweile schon etwas runder, und sie jammerte darüber, wie fett sie geworden war, aber für mich sah sie trotzdem bezaubernd aus, als sie in ihrem weißen Kleid vor den Standesbeamten trat. Es war nur eine kleine Gruppe von Leuten, die uns dorthin begleitet hatte. Ihre Eltern saßen mit Tränen in den Augen da, wobei ich mir nicht ganz sicher war, ob das Freudentränen oder Tränen des Ärgers waren, weil ihre Tochter den Falschen heiratete. Bei meiner Mutter wüsste ich, dass die Freudentränen echt waren. Bei meinem Vater, der mittlerweile so sehr abgenommen hatte, dass er in seinen alten Anzug passte, war ich mir nicht ganz sicher, ob er nicht auch wegen seiner Schmerzen weinte.

Ein paar Freunde, die Anja in unser Leben gebracht hatte, waren ebenfalls dort. Von meiner Seite war allerdings nur ein Freund da, unbemerkt von den anderen.

»Ich hoffe, deine Anwesenheit hat nichts mit dem Gesundheitszustand eines unserer Gäste zu tun?«

»Keine Bange. Übrigens will ich dir auch nichts mehr ausreden. Ich bin nur um der alten Zeiten willen hier. Und wegen der Hochzeit, natürlich«, sagte Tod.

Vermutlich wusste er, dass seine bloße Anwesenheit mich an mein Schicksal erinnern würde. Und an seine Warnung. Aber ich akzeptierte, dass er, der mich so lange in meinem Leben begleitet hatte, dabei war, als ich »Ich will« sprach. Wie könnte ich die schönste Frau der Welt, die neben mir stand und mein Kind erwartete, verlassen?

Es war fast irreal, wie schnell die Zeremonie vorbeiging. Die Worte purzelten aus mir heraus. Unterschriften wurden gesetzt. Es gab Umarmungen, Hände wurden geschüttelt, Glückwünsche ausgesprochen. Es wurde gegessen und getrunken, doch da war mein alter Freund schon wieder verschwunden und ging seiner Berufung nach. In gewisser Weise vermisste ich ihn bei den Festlichkeiten. Und für meinen Vater war es die letzte Feier seines Lebens.

KAPITEL 46
TOD IN DER FAMILIE

Ende September lief mein Vater erneut gelb an und wurde wieder stationär im Krankenhaus aufgenommen. Der Stent, der ihm vor einem halben Jahr eingesetzt worden war, musste erneuert werden. Wieder war ich dazu verdammt, anderen die Arbeit zu überlassen, was mir mit fortschreitender Zeit immer weniger in den Kram passte. Es wurde schlimmer dadurch, dass die Operation meines Vaters nicht erfolgreich verlief.

»Ich wünschte, du wärst zu mir ans Klinikum gekommen, wo ich mich selbst um dich hätte kümmern können«, sagte ich ihm während eines Besuchs. Er hatte bestimmt 20 Kilo weniger auf den Rippen, und die Farbe seiner Haut war unangenehm.

»Quatsch«, war alles, was er erwiderte.

»Dann hätte Mama eben ein bisschen durch die Stadt fahren müssen, aber vielleicht müsstest du dann jetzt nicht noch einmal unters Messer.«

»Und wenn du mich operiert hättest und es auch nicht geklappt hätte, was wäre dann? Du würdest dir doch nur noch mehr Sorgen machen. Oder wenn ich während der Operation sterben würde. Was dann? Könntest du dir das jemals verzeihen?«

Ich musste zugeben, dass ich das noch gar nicht bedacht hatte. Es war ein valider Punkt, aber dabei zusehen zu müssen, wie mein Vater auf dem Weg in den Tod war, beruhigte mich auch nicht gerade.

»Ich weiß, dass du nur mein Bestes willst«, sagte mein Vater, »aber ich will nicht, dass du dir womöglich Vorwürfe machen musst.«

»Das ist nett gemeint, aber meinst du nicht, dass ich das selbst entscheiden sollte?«

»Und meinst du nicht, dass *ich* das selbst entscheiden sollte?«, betonte mein Vater und drehte den Kopf in meine Richtung. Ich sah in seine Augen und ahnte, dass es nicht mehr lange dauern würde.

»Ich schätze, du hast recht, aber ...«, setzte ich an zu sagen.

»Kein Aber. Ich will mich jetzt nicht streiten. Dafür habe ich im Moment nicht die Kraft«, unterbrach er mich.

Der Typ im Bett gegenüber röchelte im Schlaf.

»Das macht der Kerl die halbe Nacht. Das nervt vielleicht«, sagte mein Vater. Er lenkte vom Thema ab und begann schließlich, über Anja zu sprechen, die daheim geblieben war, weil sie mittlerweile eine größere Kugel von Bauch mit sich herumzuschleppen hatte. Es war Small Talk, der uns beide davon ablenken sollte, dass unsere gemeinsame Zeit begrenzt war. Aber mein Vater wusste, dass er das Kind nie sehen würde, und so schwang das Thema Sterblichkeit doch immer wieder in die Konversation zurück.

»Ich wünschte, ich könnte nach Hause«, sagte er unvermittelt.

Es gab die Möglichkeit für ihn, nach Hause zu kommen. Wenn er jede weitere Behandlung ablehnen würde, könnte er nach Hause gehen und dort sterben. Es würde aber auch bedeuten, dass er jegliche Hoffnung auf Genesung aufgeben würde. Ich wusste, dass ihm nicht mehr viel Zeit bleiben würde, auch wenn ich nicht genau wusste, wie viel. Aber ich konnte nicht auch noch dafür sorgen, dass der Prozess schneller vonstattengehen würde.

»Sie werden dich noch einmal operieren und den Stent fixen, dann ist alles wieder gut. Danach kannst du bald nach Hause.« Wieder log ich. Ich musste daran denken, wie ich als kleines Kind begonnen hatte, meine Eltern zu belügen, weil ich nichts über Tod verraten wollte. Ich verabschiedete mich von meinem Vater und küsste ihn auf die Wange. Ich hatte das seit Jahren nicht getan. Als ich auf den Flur trat, stand Tod direkt vor mir.

»Hi«, sagte die Stimme.

Ich sah schnell zurück ins Zimmer, aber Tod beruhigte mich.

»Keine Panik. Noch ist es nicht so weit.«

Ich schloss die Tür und ging mit ihm den Gang hinunter.

»Du hast mich, verdammt noch mal, ganz schön erschreckt.«

Tod grinste. »So langsam solltest du dich daran doch gewöhnt haben, oder?«

»Ich denke nur jedes Mal, dass gleich etwas Schreckliches passieren wird.«

»Was Schreckliches passiert immer, zu jeder Zeit. Ich kann dir nur versichern, dass hier gerade nichts Schreckliches passiert«, sagte er mit einem leichten Lächeln auf den Lippen.

»Was treibst du hier?«

»War gerade in der Gegend. Dachte, ich schau mal vorbei.«

Ich wandte mich ihm zu. »Du warst in der Gegend, meint, dass irgendwer gestorben ist.«

Tod zuckte nur mit den Schultern. »Wie geht's der Familie?«

Ich wunderte mich schon über Tods Interesse. »Ganz gut. Der Kleine wird vermutlich ein Christkind.«

»Oh, es wird ein Sohn?«, fragte Tod. »Herzlichen Glückwunsch«, ergänzte er, nachdem ich genickt hatte.

»Und zu einer Tochter hättest du mir nicht gratuliert?«

»Willst du schon wieder Streit anfangen?«, fragte er. »Ich habe lediglich höflich nachgefragt.«

»Ich kann nichts dagegen machen, aber jedes Mal, wenn du dich für irgendetwas interessierst, macht mich das nervös.«

»Wie geht es deinem Vater?«

Ich schüttelte den Kopf. »Siehst du, genau das meine ich! Das weißt du doch besser als ich, oder etwa nicht? Ich befürchte, er kommt nicht mehr aus dem Krankenhaus raus. Habe ich recht?«

Tod blickte mich an und nickte kurz darauf.

»Scheiße«, sagte ich. »Wann?«

»Hast du es nicht selbst sehen können?«, fragte Tod.

»Ich weiß nicht. Bei meinem Vater ist das schwieriger. Bei anderen Leuten scheint das besser zu klappen.«

Tod spitzte die Lippen und brummte vor sich hin. »Ja, das kann schon sein. Mir erging es ähnlich.«

Wir schwiegen einen Moment.

»Ich muss dann gehen«, sagte Tod.

»Irgendwann musst du mir mal erklären, warum du gehen musst, wenn du dich doch vervielfältigen kannst.«

»Weil es anstrengend ist.« Er zuckte mit den Schultern und hob die Hand zum Gruß.

Bevor er verschwand, unterbrach ich ihn. »Kannst du mir sagen, wann es so weit ist?«

Tod drehte den Kescher zwischen den Fingern. »Ich werde dir noch Bescheid geben«, sagte er und verschwand.

Als ich ebenfalls verschwand, ahnte ich nicht, dass ich kurz zuvor das letzte Mal mit meinem Vater gesprochen hatte. Tod hatte mich nicht angelogen. Mein Vater starb nicht an diesem Abend, und auch die Operation, bei der erneut versucht werden sollte, den Stent zu ersetzen, verlief erfolgreich. Allerdings hatte der zu lange währende Verschluss der Gallengänge dazu geführt, dass sich der Körper meines Vaters quasi selbst vergiftet hatte. Nach und nach fuhr er nun seine eigenen Lebenserhaltungssysteme, wenn man das denn so ausdrücken will, herunter. Mein Vater wachte nach der OP nicht mehr auf, und seine Atmung wurde immer mehr zu einem Schnappen nach Luft.

Die Station hatte meiner Mutter Bescheid gegeben und sie wiederum mir. Gemeinsam fuhren wir ins Krankenhaus und besuchten ihn in dem Zimmer, in das man ihn von anderen Patienten getrennt zum Sterben verlegt hatte. Obwohl mir der Anblick vertraut war, erschrak ich doch, als ich ihn dort liegen sah. Seine Wangen waren eingefallen und die Augen in ihren Höhlen nach oben verdreht. Auch ohne medizinische Ausbildung war klar, dass es zu Ende ging. Meine Mutter begann zu weinen, und ich drückte sie, um sie zu beruhigen, dabei war ich selbst aufgewühlt.

Wir verbrachten gut eine Stunde am Bett und redeten mit meinem Vater, als wäre er bei Bewusstsein. Schließlich verabschiedeten wir uns, und ich nahm meine Mutter mit zu Anja und mir nach

Hause, wo Anja uns beiden Trost spendete und dafür sorgte, dass wir etwas aßen.

In der Nacht lag ich erst lange wach und war irgendwann endlich eingeschlafen, als mich ein Stechen in der Seite weckte. Tod stand neben dem Bett und hatte mich mit dem Kescher gepikt.

»Es ist so weit«, sagte er rundheraus.

Ich stand leise auf, um Anja nicht zu wecken. Dann sprangen Tod und ich in das Zimmer, in dem mein Vater lag.

Eine der Nachtschwestern stand gerade neben dem Bett, um zu schauen, wie es ihm ging. Fast hätte ich vor Schreck geschrien, aber Tod schaute mich durchdringend an und hielt mich davon ab. Die Frau ging direkt an mir vorbei und schien mich gar nicht zu bemerken. Als sie endlich draußen war, fragte ich Tod, was das zu bedeuten hatte.

»Du bist tot, mein Junge«, sagte er.

»Was?«, platzte es aus mir heraus.

»War nur ein Scherz. Die Leute sehen dich nicht, wenn du es nicht willst. Ist eine der Eigenschaften, die du mit dem Job bekommst.«

»Mein Vater liegt im Sterben, und du machst Scherze?«

Tods Grinsen verschwand urplötzlich. »Tut mir leid. Das war gedankenlos von mir.«

Mein Vater schnappte nach Luft. Ich zuckte zusammen, so überraschend kam es.

Ich ging um das Bett herum und rückte mir den Stuhl näher an das Krankenbett. Tod blieb auf der anderen Seite stehen und lehnte sich an die Wand. Fast mechanisch nahm ich die leblose Hand meines Vaters in die meinen und verspürte darin nichts als Kälte. Die Pause zwischen den Atemzügen war unerträglich.

»Alles sieht genauso aus wie in meiner Vision«, sagte ich zu Tod.

»Ganz genau so?«, fragte Tod.

»Nun, in der Vision sah ich dich und mich nicht in diesem Raum, aber ansonsten ... Das ist echt beunruhigend.«

Mein Vater zuckte zusammen und schnappte erneut nach Luft, aber diesmal atmete er danach lange aus und blieb dann ruhig liegen. Und in diesem Moment wusste ich, dass es vorbei war.

Meine Augen füllten sich mit Tränen. Ich stand auf und wollte fast wie im Reflex irgendetwas tun, um ihm zu helfen, aber Tod trat dichter ans Bett heran und sagte schlicht: »Martin.«

Ich wusste, es hatte keinen Zweck. Ich ließ mich wieder auf den Stuhl fallen und beobachtete, wie ein schillernder Schmetterling aus dem Mund kroch und seine Flügel spreizte.

Scheinbar ohne Anstrengung war das Geschöpf auf einmal in der Luft und schwirrte durch den Raum auf mich zu. Ich streckte meine Hand aus, und der Schmetterling ging darauf nieder. Es sah fast so aus, als würde er mich ansehen.

»Mach's gut, Papa«, sagte ich, als Thanatos den Kescher über das Bett hielt.

Er forderte mich nicht auf, den Kescher zu nehmen, ich sollte einfach nur den Schmetterling hineinsetzen. Ich zögerte einen Augenblick, aber dann stand ich auf und ließ ihn hineinfliegen. Nachdem ich meine Hand wieder herausgezogen hatte, begann der Kescher warm zu leuchten, und im nächsten Augenblick war er leer.

»Komm«, sagte Thanatos. »Lass uns woanders hingehen.«

KAPITEL 47
UNTERSTÜTZUNG

Er hatte mich wieder zu unserem alten Treffpunkt an der Klippe gebracht und deutete mir, mich zu setzen. Wir sagten eine Weile nichts, und ich hing einfach nur meinen Gedanken nach. Hin und wieder schluchzte ich auf.

»Wo ist er hin?«, fragte ich ihn schließlich.

Thanatos zuckte lediglich mit den Schultern. »Wo alle hinterher hingehen, nehme ich an.«

»Du weißt es nicht?«

»Ich bin noch hier, oder?«

Die Antwort befriedigte mich nicht wirklich, aber irgendwie hatte ich auch keine große Lust nachzuhaken.

»Geht es dir einigermaßen?«, fragte Tod.

»Wie soll es mir schon gehen?«

»Selbst der Umstand, dass du den Tod deines Vaters vorher gesehen hast, hat keinen Unterschied gemacht, oder?«

Ich schüttelte den Kopf. »Nein. Gar nicht. Ich wusste ja, was passiert, aber … es wirklich zu erleben ist noch etwas anderes. Ich dachte, all die Jahre mit den Visionen von den anderen Menschen hätten mich irgendwie vorbereitet, aber … aber … all die anderen Menschen waren nur …«

»Waren nur Menschen?«, fragte Tod und schaute mich durchdringend an. »Ich glaube, deine Qualifikation für meinen Job ist größer, als du annehmen möchtest.«

»Ich will darüber jetzt nicht reden.«

»Keine Angst. Hatte ich nicht vor.«

Ich schaute hinaus auf das Meer, wo sich der Mond im Wasser spiegelte. Er schien die einzige Lichtquelle weit und breit zu sein.

»Ob-La-Di, Ob-La-Da«, sagte Tod plötzlich.

»Wie bitte?«

»Ob-La-Di, Ob-La-Da. Life goes on, bra. Das Leben geht weiter.«

»Soll mich die Weisheit der Beatles trösten?«, fragte ich.

»Selbstverständlich. Es gibt so viel Tod und Elend auf der Welt, aber weißt du was? Das Leben geht weiter. Und gerade du solltest dich momentan mehr darauf konzentrieren. Immerhin setzt du bald neues Leben in die Welt.«

»Anja setzt neues Leben in die Welt«, widersprach ich.

»Gut, aber du hast ja dazu beigetragen.«

Ein schwacher Wind strich über die Klippe, und mir wurde bewusst, dass mir langsam etwas kalt wurde.

»Du solltest nach Hause gehen«, sagte Tod.

»Ich weiß nicht, ob ich jetzt ein Auge zumachen kann.«

Tod lächelte leicht. »Wusstest du eigentlich, dass ›Ob-La-Di, Ob-La-Da‹ eigentlich gar nicht ›Das Leben geht weiter‹ heißt? Es heißt eher so was wie ›Es kommt, wie es kommt‹. Aber ich finde das Lied trotzdem gut. Hat so was Lebensbejahendes.«

Tod verwunderte mich. Seinen Beruf übte er nun schon Jahrhunderte aus, aber trotz dessen negativer, sogar unheimlicher Natur gelang es ihm, dem Ganzen noch positive Seiten abzugewinnen.

»Warum McCartney aber am Ende noch das ›bra‹ anhängt, ist mir ein Rätsel. Einen Büstenhalter wird er doch wohl nicht meinen«, sinnierte er.

Erneut schüttelte ich mich kurz wegen der Kälte.

»Ich gehe nach Hause«, sagte ich.

Tod nickte nur.

»Danke«, schickte ich hinterher.

Tod blickte zu mir herüber. »Gern geschehen.«

Ich landete wieder daheim im Flur und hoffte, dass Anja nicht wach geworden war. Draußen wurde es langsam hell. Am Morgen würde ich mich nicht nur wegen des Todes meines Vaters elend fühlen, so viel stand fest.

Leicht zitternd legte ich mich zurück ins Bett. Ich wollte mich gerade in meine Decke einwickeln, als ich bemerkte, dass Anja die Augen schläfrig aufgeschlagen hatte.

»Wo warst du denn?«, fragte sie.

»Nur kurz auf dem Klo«, log ich.

Sie murmelte irgendetwas, aber sie schien schon wieder in den Halbschlaf zu sinken. Trotzdem schaffte sie es noch, meinen Arm zu greifen und zu sich herüberzuziehen. Also schmiegte ich mich an sie und fiel in einen leichten Schlaf.

Das Telefon weckte uns wenige Stunden später. Anja nahm ab, weil ich mich partout weigerte, das Klingeln zur Kenntnis zu nehmen. Die Gute-Laune-Stimme, die Anja in der Regel am Morgen hatte, erstarb relativ schnell. Ihr Gesicht sah erschrocken aus, als sie mir den Hörer weiterreichte. Meine Mutter war kurz zuvor vom Krankenhaus angerufen worden und überbrachte nun die Nachricht, dass mein Vater tot war.

Anja weinte fast mehr als ich, denn obwohl ich natürlich immer noch über meinen Vater nachdachte und trauerte, hatte ich bereits in der Nacht das Gros meiner Gefühle herausgelassen.

Während der Rest der Nation den Jahrestag der Wiedervereinigung feierte, trösteten Anja und ich meine Mutter und sammelten die restlichen Habseligkeiten meines Vaters im Krankenhaus ein.

Zwei Wochen später fand die Beisetzung in einer kleinen Zeremonie statt, bei der nur wenige Leute anwesend waren. Ein klischeebeladener Nieselregen ging auf uns Trauernde nieder, während wir dem Mann vom Bestattungsinstitut hinterherliefen. Tod gesellte sich an der ersten Weggabelung zu uns und lief schweigend mit. Es gab keine langen Reden, und der einzige Gedanke, der mir durch den Kopf ging, als die Urne in die Erde hinabgelassen wurde, war, dass die Überreste eines Lebens einen ziemlich kleinen Eindruck machten.

Auf dem Rückweg blieb Tod stehen, und ich drehte mich zu ihm, um ihm zum Dank zuzunicken.

KAPITEL 48
NEUES LEBEN

Der Termin für die Geburt unseres Kindes war auf den 24.12. angesetzt, aber Anja, ihre Eltern, meine Mutter und ich saßen sowohl am Heiligabend als auch am ersten Weihnachtsfeiertag auf heißen Kohlen und nichts geschah. Als wir am zweiten Weihnachtsfeiertag meine Mutter verabschiedeten, setzten plötzlich bei Anja die Wehen ein.

Wir hatten uns darauf geeinigt, dass die Entbindung bei mir am Klinikum stattfinden würde, also fuhren wir durch die halbe Stadt. Alles Gezeter von Anjas Seite, dass das Baby jeden Moment kommen könnte, erwies sich als Quatsch, denn die Prozedur zog sich bis spät in die Nacht hinein. Komischerweise hatte Anja kaum Lust darauf, von mir zu erfahren, dass Kreißsaal im Grunde vom Wort »kreischen« abstammte. Auch andere medizinische Hintergrundinfos, die mir durch den Kopf schossen, stießen auf taube Ohren. Es ging so weit, dass mich schließlich die Hebamme ansprach.

»Ich verstehe ja, dass Sie sehr aufgeregt sind, aber wenn Sie nicht sofort mit dem Geplapper aufhören, muss ich Sie leider bitten, bis nach der Entbindung draußen zu warten.«

Von da an hielt ich lieber meinen Mund.

Als irgendwann Bibi buchstäblich durch die Wand gesprungen kam, wusste ich, dass es nicht mehr lange dauern konnte. Sie drehte ein paar Pirouetten und lächelte mir zu. Ich lächelte zurück, aber meine Freude schlug in Entsetzen um, als Tod hinter ihr durch die Wand trat. Bibi schaute ihn kurz an, ignorierte ihn dann aber. Ich selbst hatte plötzlich einen Schweißausbruch.

»Geht es Ihnen gut?«, fragte mich die Hebamme.

Ich stammelte nur irgendetwas Unverständliches. Die Hebamme schickte eine Schwester zu mir, vermutlich weil sie Angst hatte, ich würde gleich umkippen. Tod schien erst nicht verstanden zu haben, warum seine Anwesenheit mich so aus dem Konzept brachte. Bibi war es, die mir schließlich alles erklärte.

»Keine Angst. Er ist nicht wegen des Kindes hier.«
»Nein, ich bin wegen dir hier«, sagte Tod.
Meine Augen weiteten sich.
»Moment. So war das auch nicht gemeint«, ergänzte Tod. »Ich wollte einfach nur dabei sein, wenn du Vater wirst.«

Das beruhigte mich immerhin ein wenig, aber mein Herz schlug mittlerweile so schnell, dass ich das Gefühl hatte, es würde mir gleich aus der Brust springen.

Bibi fummelte an ihrem Kleid herum und riss einen der Aufnäher ab. Zumindest sah es so aus. Erst jetzt fiel mir auf, dass ihr ganzes Kleid über und über mit kleinen Schmetterlingen bestickt und benäht war. Fasziniert sah ich zu, wie das Stück Stoff in ihrer Hand plötzlich begann, mit den Flügeln zu schlagen. Bibi hauchte den kleinen Schmetterling kurz an, der dann davonflog und zwischen Anjas Beinen verschwand.

Die Hebamme gab Anja Anweisungen zu pressen oder zu atmen, und Anja tat, wie ihr befohlen. Die Anstrengung war ihr ins Gesicht geschrieben, und mittlerweile hingen ihre Haare, vom Schweiß nass, herunter. Die Hebamme machte weiter auf Stabsfeldwebel und kommandierte Anja. Ich fand es etwas sonderbar, eine fremde Frau zwischen den Beinen meiner Frau herumfuhrwerken zu sehen. Ehe ich es mich versah, hatte sie ein kleines menschliches Wesen auf dem Arm. Die üblichen Tests wurden durchgeführt, bis die Hebamme uns endlich sagte, dass Anja einen gesunden Jungen auf die Welt gebracht hatte. Ich küsste Anja und nahm schließlich unseren Kleinen entgegen, um ihn seiner Mutter vorzustellen. Bibi klatschte voll Freude in die Hände und sprang wieder umher. Tod nickte lächelnd und wünschte dem Kleinen ein langes Leben.

Nachdem Anja eingeschlafen war, fegte ich überglücklich durch meine Station und holte mir Glückwünsche von allen Kollegen ab. Ich rief alle Verwandten und Freunde an, um das Ereignis zu verkünden, und fiel gegen Mittag zu Hause endlich für eine kurze Zeit in einen geruhsamen Schlaf. Mein letzter für eine ganze Weile.

Der kleine Tobias stellte sich als ein Bürschchen von enormer Stimmgewalt heraus. Er hielt nicht nur Anja und mich auf Trab, auch die Nachbarn hatten bei den dünnen Wänden etwas davon und warfen uns ein ums andere Mal übermüdete Blicke zu, wenn wir ihnen begegneten. In der Anfangszeit brachten wir selbst aber kaum mehr als ein Gähnen als Antwort auf.

Anja hatte für den Rest des Schuljahres Elternzeit genommen, und jetzt lebten wir von dem wenigen Gesparten und meinem bescheidenen Praktikumsgehalt. Glücklicherweise waren es nur noch wenige Monate, bis ich meinen Status als ausgebeuteter Arzt im Praktikum endlich hinter mir lassen konnte und zum Assistenzarzt mit dem dreifachen Gehalt wurde.

Im Grunde war die Assistenzzeit dazu gedacht, sich der Ausbildung zum Facharzt zu widmen. Je nachdem, auf welches Gebiet man sich festlegen wollte, dauerte die Ausbildung zwischen vier und sechs Jahren. Ich hatte all die Jahre gehofft, irgendwann Chirurg zu werden. Selbstverständlich dauerte genau diese Ausbildung am längsten von allen. War ja klar, dass ich, der gerade noch sechs Jahre zu leben hatte, mir ausgerechnet diese Fachrichtung aussuchen musste.

KAPITEL 49

EINE BEMERKENSWERTE PATIENTIN

Während der kleine Tobias wuchs und wuchs, tickte meine Uhr immer schneller ihrem unvermeidlichen Ende entgegen. Mehr und mehr Ereignisse oder Dinge erinnerten mich an meine eigene Vergänglichkeit, sei es ein Besuch auf dem Friedhof bei meinem Vater oder ein Gespräch mit Patienten, die dem Tod aus den verschiedensten Gründen ins Auge blickten. Manchmal buchstäblich, obwohl sie es selbst natürlich nicht wussten, wenn Tod direkt vor ihnen stand, um mir bei meiner Arbeit über die Schulter zu schauen.

Thanatos und ich hatten eine Art Waffenstillstand geschlossen. Ich war ihm sehr dankbar, dass er mich in der Nacht, als mein Vater starb, mitgenommen hatte. Er selbst, schätzte ich, wollte einfach jemanden haben, mit dem er reden konnte. Selbstverständlich tat ich trotzdem alles, um das Leben meiner Patienten zu retten, obwohl meine Einstellung Risse bekam. Das lag nicht an Tod, sondern hauptsächlich an einer Frau mittleren Alters namens Baranski.

Kurz vor ihrem 50. Geburtstag wurde bei ihr Lymphdrüsenkrebs diagnostiziert, eine der wenigen Varianten, bei der die Heilungschancen relativ hoch liegen. Leider hatte Frau Baranski nicht so viel Glück. Monate und Jahre hatte sie in Chemo- und Strahlentherapien verbracht, die den Krebs zwar zunächst zurückdrängten, aber nicht besiegen konnten. Man probierte es mit einer Hochdosis-Chemotherapie und einer Knochenmarkstransplantation bei ihr, allerdings half auch das nichts. Ich lernte sie kennen, als der Krebs so weit gestreut hatte, dass auch ihre Brüste befallen waren. Zur Sicherheit sollten diese nun abgenommen werden, und ich war dem Eingriff als Assistenzarzt zugeteilt.

Ich sah Tod, während ich mich auf die OP vorbereitete. Er war nicht angetan davon, dass wir sie unters Messer nehmen wollten.

»Ihr verlängert ihr Leiden nur noch«, sagte er.

»Wir versuchen, sie vor dem Tod zu bewahren. Und wir können das. Es ist eine relativ einfache Prozedur.«

»Hast du sie dir denn einmal genau angesehen? Mit deiner Gabe, meine ich?«

»Sie stirbt. Im Krankenhaus. Aber das tun viele Leute. Ich habe nichts gesehen, was darauf schließen lässt, dass es bald passiert. Sie könnte durchaus noch ein paar Jahre haben.«

»Wofür?«, fragte Tod.

Ich wollte antworten, aber der Chirurg kam herein, um sich ebenfalls vorzubereiten. Er sprach mich an und machte Small Talk, was eine weitere Konversation mit Tod verhinderte. Als wir den OP betraten, war er bereits weg.

Die Operation verlief zufriedenstellend, und Frau Baranski war bald wieder frohen Mutes und lachte, wenn ihr Mann und ihre Kinder zu Besuch kamen. Selten erlebte ich eine herzlichere Patientin als sie. Es standen noch ein paar Routinenachuntersuchungen an, bei denen ich half. Während der Auswertung stellten wir fest, dass ihr Krebs erneut gestreut hatte. Diesmal war er bis in die Lunge gelangt.

Zu diesem Zeitpunkt wanderte sie schon über fünf Jahre durch die Krankenhäuser und versuchte, den Krebs zu bekämpfen, der aber vehement allen Behandlungen trotzte. In all der Zeit hatte sie schmerzhafte Therapien mitgemacht und auch Teile ihres Körpers eingebüßt. Als ich ihr mitteilen sollte, dass der Krebs sich erneut ausgebreitet hatte, war ihre Reaktion im Grunde wenig überraschend, für mich aber zunächst unverständlich.

»Ich habe schon geahnt, dass es nicht vorbei ist«, sagte sie ruhig und blickte aus dem Fenster.

»Es gibt viele Möglichkeiten, wie wir das behandeln können«, erwähnte ich, aber sie schüttelte den Kopf.

»Nein. Danke. Ich glaube, das war es für mich.«

»Sie werden doch nicht aufgeben wollen, oder? Das ist alles therapierbar«, erklärte ich.

Sie schaute mich mit einem fast mitleidigen Blick an. »Ich glaube nicht, dass ich noch einmal eine Chemotherapie oder eine der anderen Maßnahmen überstehen kann. Wenn Sie über Jahre hinweg nur noch Schmerzen hätten und zu fast nichts mehr in der Lage sind, als nur noch im Bett oder im Krankenhaus zu liegen, was denken Sie, würden Sie tun?«

Ich setzte mich auf den Stuhl neben ihrem Bett und wollte nicht akzeptieren, dass jemand einfach so sein Leben verschenkt. »Ich würde kämpfen.«

»Würden Sie das? Obwohl, Sie sind jung, bei Ihnen ist das vielleicht noch etwas anderes.«

»So alt sind Sie doch auch wieder nicht.«

»Danke für die Schmeichelei. Aber ich schätze, ich bin alt genug. Sicher, mir wäre es auch lieber, wenn ich noch 20 oder 30 Jahre hätte, aber nun ist es halt nicht so.«

»Aber Sie haben Familie. Ihren Mann, Ihre Kinder.«

Sie zuckte mit den Schultern. »Die Kinder sind schon alt genug oder fast alt genug, um selbst in die Welt hinauszuziehen. Wenn sie nicht mehr im Hause sind, dann habe ich eh nichts mehr zu tun.«

»Deswegen werden Sie ihnen doch trotzdem fehlen«, sagte ich. »Und was wird Ihr Mann ganz alleine machen?«

»Ach, der hat dann genug Zeit für seine Modelleisenbahn.«

Mir blieben fast die Worte weg. »Aber das ... das ...«

»Klingt so nüchtern?«, fragte sie.

Ich nickte.

»Wissen Sie, diese ganze Krebsgeschichte geht jetzt schon so lange, dass ich einige Zeit damit verbracht habe, über den Tod nachzudenken«, sagte sie völlig ruhig. »Schon vor geraumer Zeit hatte ich mich mit meiner Familie darauf geeinigt, dass wir das

Unvermeidliche nicht um jeden Preis hinauszögern wollen. Ich will niemandem zur Last fallen.«

»Aber Ihrer Familie sollte das keine Last sein!«, protestierte ich.

»Ja, und sie versichern mir auch immer wieder, dass sie keine Probleme damit haben, aber glauben Sie wirklich, dass das alles spurlos an ihnen vorübergeht? Manchmal habe ich das Gefühl, dass mein Krebs meinen Mann mehr schmerzt als mich. Ich will ihm das ersparen. Und ehrlich gesagt, mir auch.«

»Haben Sie denn gar keine Angst?«

»Nein. Nicht wirklich. Obwohl, vermutlich ist das eine Lüge. Sicherlich habe ich ein wenig Angst davor, meine Familie nicht mehr zu sehen, aber die Aussicht, keine Schmerzen mehr zu haben, ist weitaus beruhigender für mich.«

Sie sah mir wohl an, dass ich nicht überzeugt war.

»Haben Sie noch Ihre Eltern?«, fragte sie plötzlich.

»Ja, meine Mutter.«

»Und Ihr Vater?«

»Ist vor ein paar Jahren gestorben. Krebs. Bei ihm ging es schnell. Innerhalb eines halben Jahres war es vorbei.«

»Hat er gelitten?«, fragte sie interessiert.

»Nun, die Chemotherapie hat ihm schon zugesetzt, aber eigentlich machte er immer einen ganz guten Eindruck.«

»Nun stellen Sie sich vor, er hätte noch weitergelebt und sein Zustand wäre über Jahre schlechter und schlechter geworden. Hätten Sie sich das für ihn gewünscht?«

Ich dachte nach. Rückblickend empfand ich seinen Tod wirklich als eine Art Erlösung. Er starb, bevor es ihm richtig schlecht gegangen wäre. Ich wusste wirklich nicht, ob er, meine Mutter und ich die ganzen Prozeduren ertragen hätten, die Frau Baranski mitgemacht hatte.

»Da haben Sie Ihre Antwort«, sagte sie unvermittelt, ohne dass ich etwas gesprochen hatte. »Glauben Sie mir, ich hatte ein gutes Leben. Ich glaube, ich kann frohen Mutes gehen.«

In diesem Moment ging die Tür auf, und die Familie von Frau Baranski trat herein. Sie gab mir zu verstehen, dass sie die Situation der Familie beibringen würde. Also stand ich auf, begrüßte alle und wartete noch einen Moment in der Tür, bis sie anfing zu erklären. Dann stahl ich mich davon.

Tod versuchte, mich davon abzuhalten, Frau Baranski weiter zu überzeugen, aber ich hörte nicht auf ihn. Nur nützte mir meine Halsstarrigkeit nichts, da Frau Baranski noch viel dickköpfiger war als ich. Über Tage versuchte ich, ihren Mann und auch ihre Kinder davon zu überzeugen, dass es Heilungschancen gab, doch sie alle hielten zusammen und waren derselben Meinung wie sie. Es ging so weit, dass mich der Oberarzt beiseitenahm und mir sagte, dass ich den Wunsch der Patientin zu respektieren hätte.

Ich war schlecht gelaunt, als ich am Tag nach meiner Belehrung nach Hause ging und Tod mir am Ausgang auflauerte.

»Du fehlst mir gerade noch«, sagte ich.

»Warum bist du eigentlich so sauer?«, fragte er mich, während ich an ihm vorbeiging.

»Weil der Frau zu helfen wäre und sie schmeißt ihr Leben einfach weg.«

Tod erschien ein paar Meter vor mir plötzlich wieder, ganz ruhig an den Kescher gelehnt. »Du weißt genauso gut wie ich, dass das nicht stimmt.«

»Nur weil sie sterben muss, heißt das ja nicht, dass sie *gleich* sterben muss«, sagte ich erneut im Vorbeigehen.

»Nein, das nicht, aber ist es nun schon so weit, dass du für andere entscheiden willst?«

»Das sagt mir genau der Richtige.«

Tod erschien jetzt direkt vor mir, sodass ich fast in ihn hineingerannt wäre. Überrascht stoppte ich.

»Du warst der, der mir die Leviten gelesen hat und mir klarmachte, dass das, was ich tat, nicht in Ordnung war. Und nun machst du denselben Fehler.«

»Den mache ich nicht. Den kann ich nicht machen, denn man lässt mich ja nicht.«

»Vielleicht ist es manchmal doch besser, dir deinen Willen nicht zu lassen«, sagte Tod.

»Menschen sollten nicht entscheiden dürfen, wann sie sterben wollen«, unterstrich ich meinen Punkt.

»Dann dürftest du mit deinem Tod in ein paar Jahren ja einverstanden sein.« Thanatos schaute verträumt auf seine Fingernägel, während er dies sagte.

Da ich bereits weitergegangen war, drehte ich mich zu ihm um. Ich wollte irgendwas Gemeines sagen, aber mir fiel partout nichts ein, was ich ihm an den Kopf werfen konnte. Stattdessen tauchte nur dieses flaue Gefühl in meinem Magen auf, das sich jedes Mal einstellte, wenn ich an meinen eigenen, kurz bevorstehenden Tod dachte.

»Du bist so sehr damit beschäftigt, andere Leute vor dem Tod zu retten, dass ich nur annehmen kann, dass du nach einer Möglichkeit suchst, für dich selbst einen Ausweg zu finden. Stimmt das so ungefähr?«

Ich war noch immer sprachlos. Aber als Tod diese Worte ausgesprochen hatte, war mir klar, dass er recht hatte. Ich hatte die Hoffnung, irgendwie den Tod zu besiegen, nie aufgegeben.

»Du brauchst mir nicht zu antworten«, sagte Tod. »Mir ist klar, dass du immer noch dem Glauben nachhängst, dass du es vermeiden kannst. Aber alles, was du tun kannst, ist, es aufzuschieben. Die Frau dort oben auf dem Zimmer hat das eingesehen und versucht, mit dem letzten bisschen Würde abzutreten, das ihr noch geblieben ist. Und du versuchst, ihr das zu verwehren.«

Ich stand dort auf dem Weg und fühlte mich schlecht. Hatte ich mich so sehr in die Sache hineingesteigert? Für einen Moment standen wir beide nur herum und sagten nichts. Tod zog eine Augenbraue hoch und war dann verschwunden.

Am nächsten Tag ging ich in das Zimmer von Frau Baranski, um mich für mein Verhalten zu entschuldigen. Sie wollte davon nichts hören und sie war mir auch keineswegs böse. Sie nannte mich lediglich übereifrig und verstand, dass es meine Aufgabe war, Leuten zu helfen. Tod lehnte am Schrank in der Ecke und lächelte, als ich mich verabschiedete, um nach anderen Patienten zu sehen.

Frau Baranski starb nach knappen drei Monaten friedlich im morphinlastigen Schlaf.

KAPITEL 50

EINE FOLGENSCHWERE BEGEGNUNG

Während Frau Baranski den Weg alles Irdischen ging, erfreute sich Tobias des Lebens. Ich hatte das Gefühl, dass ich ihm beim Wachsen zuschauen konnte. Hatten wir gerade erst seinen ersten Geburtstag gefeiert, standen auch schon sein zweiter und dritter vor der Tür. Wenn mir etwas daran nicht gefiel, dann war es die Tatsache, dass ich nicht genug Zeit mit ihm verbringen konnte.

Anja hatte schon längst wieder angefangen zu arbeiten, und im Grunde lief alles bei uns wunderbar. Nur manchmal kamen Spannungen auf, wenn Anja andeutete, dass sie gerne noch ein zweites Kind hätte. Ich wiegelte jedes Mal ab, dass es doch zu viel Arbeit sei, aber sie fand das albern. Natürlich hatte sie recht, aber ich konnte ihr schlecht sagen, dass sie vier Jahre später alleine für zwei Kinder sorgen müsste.

Es ging so weit, dass es unangenehm wurde, wenn wir Sex miteinander hatten. Ich wurde das Gefühl nicht los, dass Anja versuchte, schwanger zu werden, um mich dann mit einem Kind zu überraschen. Zumindest musste ich das glauben, als mir im Badezimmer zufällig ihre Pillenpackung in die Hände fiel. Offenbar hatte sie seit einiger Zeit keine mehr genommen.

Als ich sie darauf ansprach, wich sie meinen Fragen aus. Es dauerte eine Weile, bis sie es endlich zugab. Wir stritten uns ziemlich heftig und brachten schließlich auch Tobias zum Weinen. Abends im Bett wollte Anja Versöhnungssex mit mir, aber nachdem sie mich derart angelogen hatte, konnte ich ihr nicht mehr vertrauen und stieß sie fort. Unser Liebesleben war danach praktisch nicht mehr vorhanden, was zu weiteren Unstimmigkeiten in unserer Beziehung führte.

Beruflich hatte ich mit nicht weniger Spannungen zu tun. Zwar lernte und assistierte ich weiterhin, aber ein Großteil meiner Arbeitszeit ging mittlerweile für organisatorische Aufgaben drauf. Berichte zu schreiben war dabei noch die dankbarste Aufgabe, Aktenberge kopieren und sortieren dagegen offenbar eine Tätigkeit, für die man sechs Jahre Medizin studiert haben musste. Immerhin hatte ich wenigstens manchmal das Gefühl, dass zum Auffinden von Röntgenaufnahmen mein kriminalistischer Spürsinn gefragt war.

Mein Berufs- und Familienleben kollidierten auf fatale Weise miteinander, als ich auf einer Fortbildungsveranstaltung in Bochum war. Während ich den Vorträgen lauschte, hatte ich das Gefühl, beobachtet zu werden. Sobald ich mich ein wenig umsah, entdeckte ich ein paar Reihen von mir entfernt Simone, die mich unverwandt anstarrte. Als sie bemerkte, dass ich sie ebenfalls gesehen hatte, winkte sie mir zu.

Nachdem der Vortrag beendet war, machte ich den Fehler, nicht schnell genug zu verschwinden. Sie kam auf mich zu und verwickelte mich in ein Gespräch. Es wurden die üblichen Floskeln ausgetauscht. Wir fragten uns, wie es dem jeweils anderen ging. Sie sagte mir, dass ich gut aussehen würde, ich sagte dasselbe über sie. Das stimmte tatsächlich. Sie hatte zwar die mittleren 40er überschritten, hatte sich aber gut gehalten. Zu allem Überfluss stellten wir dann noch fest, dass unsere Hotels nur ein paar Meter auseinanderlagen. Als sie mich auf einen Drink einlud, blieb mir fast nichts anderes übrig, als Ja zu sagen.

Noch immer war ich kein großer Trinker, aber Simone gelang es, mir an der Bar zumindest zwei Kurze aufzuschwatzen. Sie selbst kippte sich ein paar mehr hinter die Binde und schien relativ schnell einen sitzen zu haben. Im Nachhinein war mir natürlich klar, dass sie nur simuliert hatte, aber zu dem Zeitpunkt war ich derselben Meinung wie der Barmann, nämlich dass sie besser ins Bett gehörte.

Als ich sie durchs Foyer zum Aufzug brachte, wurde sie ziemlich anzüglich. Der Concierge und einige Gäste wurden Zeuge, wie sie mir am Ohr knabberte und mir in den Schritt fasste. Im Aufzug, in dem wir nicht allein waren, rieb sie sich an mir, bevor ich sie wieder einigermaßen gerade hinstellen konnte und nervös die anderen Gäste anblickte. Noch immer war ich der Meinung, dass es lediglich ein Freundschaftsdienst war, wenn ich sie auf ihr Zimmer bringen würde.

Kaum hatte sie die Tür aufgesperrt, warf sie mich hinein und auf ihr Bett. Sie riss mir buchstäblich die Hosen des Anzugs auf, sodass der Knopf quer durch den Raum flog. Während sie weiter an meiner Hose herumnestelte, küsste sie meinen Hals und versuchte, mein Hemd zu öffnen. Ich wand mich aus ihren Armen und ließ sie auf dem Bett liegen.

»Was?«, fragte sie.

»Ich kann das nicht.«

»Kriegst du plötzlich keinen mehr hoch?«, sagte sie, und sie klang dabei nicht so angetrunken wie die Minuten zuvor.

»Meine Ehe ist im Moment vielleicht nicht sehr glücklich, aber ich werde bestimmt nicht meine Frau betrügen.«

Sie pustete sich ein paar Haare aus dem Gesicht. »Okay.«

Sie lag einfach nur auf dem Bett und schaute mich an. Kein weiteres Wort folgte. Im Grunde war ich nur froh, dass es noch so glimpflich ausgegangen war, denn ehrlich gesagt wusste sie immer noch sehr genau, wie sie mich anzupacken hatte, und mein Körper wäre nur allzu gern auf ihr Angebot eingegangen. Stattdessen zog ich mir die Hose zurecht und verabschiedete mich in mein Hotel.

Am nächsten Tag gab es bis mittags noch einige Veranstaltungen, dann nahm ich den Zug zurück nach Berlin. Im Grunde war die Bahnkarte unnütze Geldverschwendung meinerseits, da ich einfach nach Hause hätte springen können. Aber erstens gönnte ich mir so im Zug noch etwas Ruhe, und zweitens wäre mir keine plausible Erklärung für mein frühes Erscheinen daheim eingefallen. So kam ich am Abend nach Hause, wo mich Anja sehr unterkühlt empfing.

»Na, hast du Spaß gehabt?« Es klang eher wie ein Vorwurf als eine ernst gemeinte Frage.

Ich hatte gerade erst die Wohnungstür geschlossen und stand quasi noch mit Sack und Pack im Flur. »Kann eigentlich nicht behaupten, dass es viel Spaß gemacht hätte. Die Vorträge waren ziemlich dröge.«

»Und was hast du abends so getrieben?«

Jetzt fiel mir ein, weswegen sie vermutlich sauer war. »Oh, verdammt. Ich hab vergessen anzurufen.«

»Dein Sohn hätte sich sicher gefreut, wenn du ihm eine gute Nacht gewünscht hättest.«

»Tut mir leid, ich werd's wiedergutmachen. Ist er noch wach?«

»Sollte er besser nicht sein, aber du kannst ja mal nachsehen.«

Ich schlich mich ins Kinderzimmer, wo Tobias an seinen Teddy gekuschelt schlief, und versuchte, möglichst keine Geräusche zu machen, auch dann nicht, als ich auf einen der Duplosteine trat, die im Zimmer herumlagen, und mir ein Schwall Flüche in den Kopf schoss, von denen Tobias auf immer seelisch geschädigt worden wäre. Er war gut zugedeckt, und ich wollte ihn auch nicht wecken, weil er sonst wieder ewig gebraucht hätte, um erneut einzuschlafen. Also humpelte ich wieder zurück, um meine Tasche im Schlafzimmer abzustellen und mir bequemere Sachen anzuziehen.

Anja stand in die Tür gelehnt, während ich die Kleidung aus meiner Tasche in den Wäschekorb warf. Dann ging sie ganz gemächlich hin und nahm die Hose heraus, die ich während des Symposiums anhatte. Die Hose, die mir Simone fast zerrissen hätte.

»Die ist ja kaputt«, sagte sie.

»Ja, der Knopf ist mir dummerweise abgefallen. Könntest du vielleicht so lieb sein und mir einen neuen annähen?«

Anja antwortete nicht. Sie wühlte nur weiter in der Wäsche und zog mein Hemd heraus. »Vielleicht kannst du mir das ja auch erklären.«

Am Kragen meines Hemdes prangte Lippenstift. Simones Lippenstift. Ich lachte nur.

»Ach du meine Güte. Das kommt jetzt so richtig klischeehaft rüber, oder? Ich habe eine alte Freundin getroffen, und die war etwas angetrunken. Ich hab sie auf ihr Zimmer gebracht, und dabei hat sie wohl meinen Kragen in Mitleidenschaft gezogen. Ich versichere dir, dass nichts Unanständiges passiert ist.«

»Das hat sie mir aber ganz anders erzählt.«

Ich brauchte einen Moment, um die Information zu verarbeiten, die Anja mir gerade an den Kopf geworfen hatte.

»Äh, wie war das bitte?«, fragte ich völlig verdutzt.

»Ich hatte vorhin einen interessanten Anruf von deiner alten Freundin.« Sie betonte die Worte »alte Freundin« so, dass ich die Anführungszeichen hören konnte. »Sie hatte gehofft, dich zu erreichen, und war dann ganz schockiert zu erfahren, dass du verheiratet bist und ein Kind hast.«

Ich starrte Anja nur mit offenem Mund an.

»Sie erzählte mir dann von letzter Nacht und deinen Liebesschwüren …« Wieder eines dieser Worte in Anführungszeichen. »… und sie entschuldigte sich dafür, dass sie mit dir geschlafen hatte.«

»Was? Das ist doch kompletter Blödsinn.«

Anja blieb weiter ruhig. »Ist es das? Ich habe dann mal in ihrem Hotel angerufen und mich etwas erkundigt. Die Leute da scheinen ihre Geschichte zu bestätigen.«

»Aber das … sie war angetrunken, und ich habe sie nur auf ihr Zimmer gebracht!«

»Ja, sicher. Und dann habt ihr euch noch ein wenig im Bett unterhalten, während du sie gevögelt hast, nehme ich an.«

»Ich schwöre dir, da ist überhaupt nichts gelaufen. Zugegeben, sie wollte durchaus, aber ich habe abgelehnt und bin wieder gegangen.«

Anja schaute mich einfach nur an. Ich wusste, dass sie innerlich kochte, und erinnerte mich, wie sie damals reagiert hatte, als sie herausfand, dass ihr erster Freund Frank sie betrogen hatte. Aber sie schien sich im Griff zu haben. Mir war nur nicht klar, ob das besonders gut oder besonders schlecht für mich war.

Schließlich brach sie ihr Schweigen.

»Ich verstehe es ja. Wir schlafen nicht mehr miteinander, weil du mir nicht mehr vertraust, und nun suchst du dir jemand anderen. Aber war dir klar, dass ich ein Kind wollte, weil ich dich geliebt habe?«

Ich versuchte weiter zu beschwichtigen. »Glaub mir, ich habe keine Ahnung, warum Simone so einen Schwachsinn erzählt. Da war überhaupt ...«

Und dann wurde mir alles klar.

Die ganze Sache war abgekartet. Simone war gar nicht betrunken und hatte extra so eine Szene gemacht, damit möglichst viele Leute im Hotel sich daran erinnern würden, wenn sie schließlich Anja dazu brachte, nachzufragen. Und es war ihr gelungen. Nur weil ich sie acht Jahre früher für Anja verlassen hatte.

»Hinterhältiges Miststück«, sagte ich laut.

Anja schaute mich fragend an. Ich erklärte ihr meine Theorie und ergänzte, wie ich Simone kennengelernt hatte, sie erst für eine überarbeitete, aber normale Frau hielt, was sich nach dem Vorfall in der Disco änderte. Erst als ich Anja davon erzählte, wurde mir klar, dass sich Simone nach dem Discoabend in eine psychotische Furie zu verwandeln schien. Vielleicht hätte ich sie damals doch zu einem Psychologen schicken sollen.

Anja schien sich während meiner Ausführungen immer weiter zu entspannen, und irgendwann saß sie mir gegenüber auf dem Bett und nickte ernst mit dem Kopf.

»Ich glaube dir«, sagte sie recht nüchtern.

»Gott sei Dank«, meinte ich erleichtert. »Ich hatte schon Angst, dass diese Psychotussi es schafft, uns auseinanderzubringen.«

»Nein, sie schafft das nicht«, sagte Anja, schaute aber immer noch betrübt drein. »Ich schätze, das haben wir schon selbst geschafft.«

Ich war verwirrt. »Wie bitte?«

»Im Grunde beweist das Ganze doch nur, dass wir uns beide nicht mehr vertrauen. Du willst seit Wochen keinen Sex mehr mit mir, wegen dieser Geschichte mit der Pille. Und ich war völlig bereit zu glauben, dass du eine Affäre hättest.«

»Ja, aber das ist doch nun geklärt.«

»Ist es das? Ich habe mich in den letzten Wochen mehr über dich geärgert, als ich glücklich gewesen wäre. Und dir ging es offenbar nicht anders.«

»Aber deswegen werfe ich doch nicht gleich die Flinte ins Korn. Das ist doch verrückt.«

»Ich fände es besser, wenn du heute auf der Couch schlafen würdest«, sagte sie.

Ich war sprachlos. Für einen Moment konnte ich mich gar nicht bewegen. Schließlich versuchte ich, sie zu umarmen, aber sie wies mich zurück. Perplex schnappte ich mir mein Bettzeug und zog ins Wohnzimmer um.

Aus einer Nacht auf der Couch wurden zwei Nächte. Aus zwei Nächten wurde eine Woche. Da ich Spätschichten hatte, bekam ich Anja und Tobias kaum noch zu sehen.

Nach einem Monat meinte sie, dass wir uns trennen sollten.

KAPITEL 51
ALLEIN MIT TOD

Es halfen keine Blumen, keine Geschenke oder netten Gesten. Anja war überzeugt davon, dass die Chemie zwischen uns einfach nicht mehr stimmen würde. Manchmal, wenn ich Anja so reden hörte, kam es mir vor, als hörte ich die Stimme ihrer Souffleuse, Anjas Mutter. Diese hatte nun nach Jahren endlich Oberwasser und konnte behaupten, dass sie es ja immer schon gewusst habe. Sie stellte Anja einem netten jungen Anwalt vor, der nicht nur auf Familienrecht und somit Scheidungen spezialisiert, sondern auch noch gut aussehend, Single und der Sohn einer Bekannten war.

Ich musste mir eine eigene Wohnung suchen und fand eine, die zumindest halbwegs in der Nähe von unserer gemeinsamen Wohnung war, in der Anja mit Tobias blieb. So machte ich des Öfteren nach dem Dienst noch einen Abstecher, um Tobias zu besuchen.

Ich nahm das Einsiedlerdasein, das ich vor der Beziehung mit Anja geführt hatte, wieder auf. Die Kontakte zu Freunden, die ohnehin zum Großteil von Anjas Seite stammten, rissen ab. Es gab fast nur noch die Arbeit und gelegentliche Besuche bei Tobias für mich. Ich wurde immer unglücklicher, was mir bei meinen kleinen Versuchen, Anja wieder für mich zu gewinnen, nicht half. Im Grunde blieb mir wieder einmal nur der eine Freund, der von Zeit zu Zeit versuchte, mich auf andere Gedanken zu bringen.

»Wir sollten mal wieder bowlen gehen«, sagte Tod eines Abends, als ich mir vor dem Fernseher Mühe gab, Gefallen an einer Flasche Whiskey zu finden, was mir aber nicht gelang. »Dazu müsstest du dich allerdings anziehen und wieder wie ein Mensch aussehen.«

Zur Antwort grunzte ich nur.

»Willst du die Zeit vor deinem Tod tatsächlich als besserer Gammler verbringen?«, fragte er.

»Warum nicht? Es interessiert doch keinen.«

»Mich interessiert es. Und Anja vermutlich auch. So wird sie sich bestimmt nicht wieder in dich verlieben.«

»War es nicht das, was du immer wolltest?«

Tod schaute mich einen Moment traurig an. »Nein, ganz und gar nicht. Ich hatte mir für dich ein besseres Leben gewünscht. Und daher auch einen besseren Tod.«

»Ich schätze, ich sollte froh sein, dass ich immerhin geliebt habe. Wenn es nach dir gegangen wäre, hätte ich das nicht tun sollen.«

Tod seufzte.

»Wir reden zu viel«, sagte ich. Ich griff unter den Couchtisch und zog meine Schachtel mit dem Spielbrett und den Schachfiguren hervor. »Lass uns spielen.«

Es war Jahre her, dass ich Schach gespielt hatte. Tatsächlich war Tod mein letzter Gegner bei diesem Spiel gewesen. Und so merkwürdig es klingt: Ich hatte unsere Partien vermisst.

»Mir gefällt nicht, wie du dich gehen lässt«, sagte Tod etliche Züge später zu mir.

»Mir gefällt nicht, dass du mich ins Schach gesetzt hast«, erwiderte ich.

Der Fernseher lief nebenbei, und in den Nachrichten kam die Meldung über ein heftiges Erdbeben in Peru. Ich sah Tod fragend an. Er setzte nur sein typisches Grinsen auf.

»Keine Bange. Ich kümmere mich bereits darum.«

»Schlimm?«

»Ungefähr 500 Tote. Hab gerade ganz gut zu tun.«

»Und du bleibst trotzdem hier?«

»Sollte ich dich etwa allein lassen? Ich mache mir nämlich Sorgen um dich. Ich will nicht, dass du dir vor deiner Zeit das Leben nimmst.«

Ich lachte. »Willst du mir etwa sagen, dass du versuchen würdest, mich vom Selbstmord abzuhalten? Pass bloß auf, nachher fängst du noch an, mit mir im Krankenhaus Patienten zu retten.«

Tod grübelte einen Moment lang darüber nach.

Ich schüttelte den Kopf. »Ich bin nicht der Selbstmord-Typ, obwohl ich weiß Gott genug Grund dazu hätte.«

»Hast du denn schon alle Vorbereitungen getroffen?«, fragte Tod interessiert.

»Was meinst du damit? Lebensversicherungen? Meine Bestattung schon im Voraus bezahlen? So etwas?«

Er nickte.

»Scheiß drauf«, sagte ich. »Na ja, eine Lebensversicherung habe ich schon. Die ist dann für Tobias. Ansonsten ... nach mir die Sintflut.«

»Du nimmst die ganze Sache lockerer, als ich angenommen hatte«, bescheinigte mir Tod.

»Tue ich das? Ich weiß nicht. Ich habe schon eine Scheißangst. Du hast mir heute außerdem noch gar nicht deinen Job angeboten.«

»Du hast deine Wahl getroffen, oder etwa nicht?« Ein wenig Hoffnung schwang in seinen Worten mit.

Ich nickte nur und konzentrierte mich auf das Brett. Er hatte mir zwar Schach angesagt, aber mir blieben noch ein paar Optionen offen. Dummerweise ahnte ich, dass ich, selbst wenn ich mich sofort um seine Dame kümmerte, mich an anderer Stelle zu sehr öffnen würde.

»Ich glaube, du hast mich geschlagen«, sagte ich.

Tod schaute sich das Brett an. »Ja, ja, das habe ich.«

Ich legte meinen König um.

Tod schaute mich fragend an. »Was? Das Spiel ist noch nicht zu Ende.«

»Ich habe sowieso verloren, weshalb das noch herauszögern.«

»Gibst du so schnell auf?«

Ich stand auf, brachte die nahezu volle Whiskeyflasche raus und holte eine neue Flasche Saft aus der Küche. »Ja, ich denke schon. Hat doch alles keinen Sinn. Ich werde mich jetzt übrigens hinhauen. Muss morgen früh raus.«

Tod sah so aus, als würde er sich über meine Reaktion wundern, zuckte aber mit den Achseln und verabschiedete sich. Dann war er verschwunden. Ich schaute noch eine Weile aus dem Fenster, bevor ich endlich schlafen ging.

Am folgenden Tag gelang es mir, zwei Patienten vor dem sicheren Tod zu retten, aber ich verspürte keine Genugtuung mehr. Tod schien es mittlerweile egal zu sein, wenn ich in sein Handwerk pfuschte, auch wenn er zunehmend grüblerischer wirkte. Bald würde ich ihn ohnehin nicht mehr dabei belästigen.

✞✞✞

Anderthalb Jahre vergingen, nachdem ich ausgezogen war, bis Anja endlich so weit war, die Scheidung einzureichen. Ich habe keine Ahnung, warum sie damit so lange gewartet hatte. Vielleicht hatte sie noch auf eine Chance für uns beide gehofft, andererseits hatte ich oft genug probiert, wieder alles in Ordnung zu bringen. Der Schleimbrocken von Anwalt, mit dem Anja eine Zeit lang ausgegangen war, erledigte den ganzen Papierkram für die Scheidungsvereinbarung. Ein kleiner Trost für mich war, dass die beiden zumindest in meiner Gegenwart nicht freundschaftlicher miteinander umgingen als Kunde und Brotverkäufer. Hatte Anja doch noch Geschmack bewiesen und sich nicht mit ihm eingelassen? Mir war es mittlerweile egal, weswegen auch alles eher zu meinen Ungunsten ausfiel.

Tod leistete mir Gesellschaft, als ich, nachdem die Scheidung rechtskräftig war, auf eine einsame Insel im Pazifik sprang, um dort eine Woche lang apathisch auf das Meer zu starren. Er versuchte, mich davon zu überzeugen, dass ich den Rest meiner Tage nicht als Trauerkloß verbringen und mehr Spaß haben sollte. Tatsächlich brachte er mir das Surfen bei, nachdem er ein Brett auf Hawaii geklaut hatte. Ich vergaß Anja darüber nicht, aber es fraß mich nicht mehr ganz so auf wie vorher. Und in all der Zeit auf der Insel sprach er mich nie auf meine Rolle als sein Nachfolger an.

Bei meiner Rückkehr hatte ich mich wieder in einen funktionierenden Menschen verwandelt. Besuche bei Anja konnte ich mit etwas mehr Optimismus und weniger flauem Magen absolvieren. Wir begannen uns wieder zu verstehen und zu akzeptieren. Bald sah ich Anja und Tobias fast genauso oft wie in der Zeit, wo wir noch alle unter einem Dach wohnten. Ich ließ keine Gelegenheit aus, um mit Tobias etwas zu unternehmen. Mittlerweile war er zu einem kleinen Bengel geworden und fing an, in die Schule zu gehen. Das war im September 2008. Noch bevor sein erstes Schuljahr vorbei war, kam mein großer Tag.

KAPITEL 52

DIE LETZTEN TAGE

Der Mai brach an, und ich beschloss, noch einmal mit Tobias ins Sea-Life und in den Aquadom zu gehen. Der Kleine hatte eine derartige Leidenschaft für das Wasser und seine Bewohner entwickelt, dass jegliche Zweifel an meiner Vaterschaft nie aufkommen könnten. Aus dem Glastunnel, wo er von allen Seiten von Fischen und Haien umgeben war, wollte er gar nicht mehr weg und starrte fasziniert das künstliche Riff und die Korallen an, die man in das Aquarium gesetzt hatte. Immer wieder rannte er den Weg zurück, um durch die anderen Glasfenster zu schauen, wenn er gerade wieder einen interessanten Fisch gesehen hatte, den er länger beobachten wollte und der sich nun in eine andere Ecke des Bassins bewegte.

Ich ließ ihn einfach laufen und seinen Spaß haben. Es freute mich, ihn so fröhlich zu sehen. Allerdings war er etwas unachtsam, wie er durch die Gegend rannte. Eine Mutter Anfang 30 wollte gerade mit ihrer kleinen Tochter in den Glastunnel gehen, als Tobias herausgeschossen kam und mit vollem Schwung das Mädchen umstieß. Sie fielen beide hin, taten sich aber glücklicherweise nichts. Ich sprang sofort auf, um zu helfen und Tobias zurechtzuweisen.

»Tobi, ich hatte dir gesagt, dass du vorsichtig sein sollst!« Ich half dem kleinen Mädchen auf und wandte mich an seine Mutter. »Es tut mir wirklich sehr leid, aber er ist immer total kirre, wenn er im Aquarium ist.«

Sie schaute mich aus nussbraunen Augen an, in denen ich Lebensfreude ebenso wie Verlust spürte. Ein verschmitztes Lächeln huschte über ihr Gesicht, als sie die Kleine an die Hand nahm, der nichts weiter passiert zu sein schien.

Als ich mich von ihrem Anblick löste, wandte ich mich an Tobi, der mit schuldigem Blick neben mir stand. »Entschuldigst du dich bei den beiden Damen?«

»Tut mir leid«, sagte Tobias. »Ich hatte einen Napoleon gesehen und wollte dem hinterher.«

»Was ist denn ein Napoleon?«, fragte das kleine Mädchen.

Tobias schien wie angeknipst zu sein, nahm das Mädchen an die Hand und rief nur laut: »Komm mit, ich zeig's dir!«

Ehe die Frau oder ich reagieren konnten, rannten die beiden zu den Fenstern hinter der Ecke, und wir standen beide mit offenem Mund da. Wir gingen den beiden hinterher und beobachteten, wie Tobi der Kleinen die verschiedenen Fischarten erklärte, wobei er weit ausholende Gesten machte und zum Teil sogar die lateinischen Namen der Fische sagte.

»Ihr Sohn ist ein ziemlich aufgewecktes Kerlchen«, sagte die Frau und lächelte.

»Danke. Er überrascht mich auch immer wieder. Ihre Tochter scheint aber auch ernsthaft an seinen Ausführungen interessiert zu sein.«

»Sie ist zum ersten Mal hier und völlig fasziniert. Ich werde wohl Probleme haben, sie hier wieder herauszubekommen.«

»Wem sagen Sie das. Aber glücklicherweise zieht bei meinem immer, wenn ich ihm sage, dass wir noch zum Aquadom wollen. Da muss man ja ins andere Gebäude.«

»Ach so?«, sagte die Frau erstaunt. »Hab mich schon gefragt, wo das ist.« Dann setzte sie fröhlich hinzu: »Vielleicht können Sie uns das ja zeigen.«

»Aber gern doch«, erwiderte ich und lächelte sie an, woraufhin sie ihre Hand ausstreckte und zurücklächelte.

»Ich bin übrigens Monika.«

Monika und ihre Tochter Sophie begleiteten uns durch den Rest des Aquariums. Tobi und Sophie schienen sich prächtig zu amüsieren und waren auf einmal Feuer und Flamme hinauszugehen, nachdem Tobi der Kleinen vom Aquadom erzählt hatte. Kaum waren wir im Erdgeschoss, zerrte er uns schnellstmöglich ins andere Gebäude, damit wir durch die gewaltige Glasröhre fahren konnten, welche im

Grunde ein haushohes Fischbecken mit einem Aufzug in der Mitte war. Sophie bekam den Mund nicht mehr zu, während Tobi die ganze Zeit plapperte und sogar die Frau, die den Besuchern erklärte, um welche Fische es sich handelte, korrigierte. Im Anschluss lud uns Monika alle auf ein Eis ein und verstand es geschickt, mir die Information zu entlocken, dass ich geschieden war. Sie selbst hatte ihren Mann fast zwei Jahre zuvor bei einem Autounfall verloren.

So wie ich das erzähle, klingt das, als wäre das der Beginn einer wunderbaren Freundschaft. Die Hollywood-Version würde vermutlich so enden, dass wir uns wiedersehen und unsterblich ineinander verlieben würden. Ach was, zu diesem Zeitpunkt hätten wir uns natürlich schon auf den ersten Blick längst über beide Ohren verliebt. Eine ab zwölf freigegebene Sexszene würde folgen, wobei der Sex unter der Bettdecke stattfände und Monika noch einen BH anhätte. Die volle »Sie lebten glücklich bis an ihr Lebensende«-Packung.

Monika machte den Vorschlag, dass wir uns wieder zufällig über den Weg laufen könnten. Dieser Zufall könnte auch das nächste Wochenende sein. Und dann lächelte sie. Ihr Lächeln wirkte so ganz anders als das Lächeln von Anja. Und ich wusste, dass mich nie wieder eine Frau so im Innern berühren würde wie Anja. Ganz abgesehen davon, dass mich ohnehin bald niemand mehr berühren würde.

Also sagte ich zu Monika, dass wir das mit dem Zufall doch besser dem Zufall überlassen sollten. Und dann lächelte sie nicht mehr. Sie schnappte sich Sophie, drehte sich um und schaute nicht mehr zurück. Tobias nahm meine Hand und fragte, warum Monika so grummelig aussehen würde.

»Ich glaube, sie hat für einen Moment gedacht, dass sich ihre Zukunft erfreulicher entwickeln könnte, als sie angenommen hatte. Aber das hat sich als Irrtum erwiesen«, erklärte ich.

»Das verstehe ich nicht«, sagte Tobias, und ich ergänzte, dass das auch gar nichts ausmachen würde.

Ich fuhr mit Tobias zurück und versuchte, all die glücklichen Paare zu ignorieren, die sich verschworen hatten, um mir in der U-Bahn aufzulauern. Tobias rannte wie meistens den letzten Absatz der Treppe zu Anjas Wohnung vor, um ihr, die schon in der Tür wartete, in die Arme zu fallen. Meistens streifte er dabei bereits seine Jacke ab, um dann schnellstmöglich in seinem Zimmer zu verschwinden, wo sein Spielzeug sehnsüchtig wartete. Auch jetzt schaute ich ihm nur hinterher, als er gleich wieder verschwand.

Anja fragte mich, ob alles in Ordnung mit mir sei.

»Ja, geht schon. Ich stehe vielleicht etwas neben mir«, meinte ich und kratzte mir die Stirn.

»Willst du vielleicht einen Moment reinkommen?«, fragte sie und trat demonstrativ beiseite, um mir Platz zu machen. Ich ließ mich nicht zweimal bitten.

Wir verquatschten uns am Küchentisch, und für eine Weile vergaß ich Zeit und Raum. Diesen Effekt hatte sie schon immer auf mich gehabt. Ich kam aber wieder auf den Boden der Tatsachen zurück, als sie mich fragte, warum ich im Urlaub nicht für ein paar Tage weggefahren sei.

Tatsächlich hatte ich mir eine Woche freigenommen, aber was Anja nicht wusste, war, dass ich das nur tat, um meine letzten Tage mit Tobias und ihr zu verbringen. In der Vorwoche hatte ich den letzten Arbeitstag meines Lebens hinter mich gebracht. Nun überbrückte ich nur noch die Zeit.

»Ich schätze, ich wollte euch nur noch mal in Ruhe sehen«, antwortete ich.

Anja runzelte die Stirn. »Du klingst, als würdest du für längere Zeit weggehen wollen.«

Ich glaube, ich murmelte mehr in meinen Dreitagebart, als dass ich zu ihr sprach. »Wollen trifft es nicht wirklich.«

Aber für den Kleinen war es Zeit, ins Bett zu gehen, und so half ich ihm im Bad und steckte ihn unter die Decke, wobei ich ihn noch einmal viel zu lange in den Arm nahm und versuchte, meine Tränen zu unterdrücken.

Anja bemerkte natürlich, dass ich viel emotionaler als gewöhnlich war. Sie fragte erneut, ob wirklich alles in Ordnung mit mir sei. Als Antwort zog ich sie zu mir heran und gab ihr einen viel zu langen Kuss.

»Wow, was … also … wo kam das denn auf einmal her?«, fragte sie überrascht.

»Ich habe das gerade gebraucht«, erklärte ich mit einem resignierten Unterton. »Mach es gut«, ergänzte ich und wandte mich zum Gehen.

»Er vermisst dich wirklich«, rief sie mir hinterher, als ich schon ein paar Treppen weiter unten war. Ich nickte ihr ein letztes Mal zu. »Ich dich übrigens auch«, schickte sie hinterher.

✞✞✞

Nachdem ich in meinen Flur daheim gesprungen war und meine Jacke und Schuhe abgelegt hatte, sah ich, dass Tod es sich bereits auf der Couch bequem gemacht hatte.

»Du suchst schon mal den Film raus, ich mache uns noch was zu essen«, rief ich ihm zu und verschwand in der Küche.

Als ich mit einer Riesenschüssel überbackener Nachos zurückkam, schaltete Thanatos den DVD-Player ein.

»Mit dem Haufen Käse und all dem Fett ist ein Herzanfall bei dir aber auch nur eine Frage der Zeit«, sagte er.

Ich riss mir ein großes Stück mit viel Käse ab und schob es mir in den Mund. »Ist ja nicht so, als ob es jetzt noch viel ausmachen würde, oder?«, mampfte ich und drückte auf Play. »Die Verurteilten« lief. Ein großartiger Film über eine großartige Freundschaft.

KAPITEL 53

DAS ENDE

Da sitze ich nun auf der Bank im Lustgarten und beobachte die Leute. Die Frau, die gerade ihr Kind stillte und an Brustkrebs sterben wird. Den Frisbeespieler, der das nächste Jahr nicht mehr erleben wird. Die Frau, die von ihrem Freund mit Aids angesteckt wird, weswegen dieser sich vor die U-Bahn wirft.

Tod setzt sich neben mich auf die Bank, und ich bin gleichzeitig nervös und erfreut, ihn zu sehen. Ein Schmetterling fliegt vorbei, aber es ist tatsächlich nur ein Schmetterling. Und Thanatos pfeift »Ob-La-Di, Ob-La-Da«.

»Lass uns ein wenig spazieren gehen«, sagt er zu mir.

»Sonst klappt das mit dem Unfall nicht, oder?«, frage ich ihn. Es ist mehr eine rhetorische Frage. Er tut so, als wüsste er von nichts.

Wir gehen über den Kies in Richtung Schlossbrücke mit ihren Götter- und Engelfiguren. Eine leichte Brise kommt auf.

»Ein guter Tag zum Sterben«, sage ich.

»Findest du es adäquat, für deine letzten Worte aus 80er-Jahre-Hollywood-Filmen zu zitieren?«, fragt mich Tod.

»Wahrscheinlich kommt es nicht drauf an«, erwidere ich, »immerhin wird die ja kaum jemand aufschreiben und in einem Buch herausbringen.«

Tod nickt. »Vermutlich nicht.«

»Weißt du«, schiebe ich nach, »ich frage mich, ob ich heute wirklich sterben würde, wenn ich dich nie gekannt hätte.«

»Jetzt bin ich gespannt.«

»Na ja, ich frage mich halt, ob ich heute überhaupt hier wäre, wenn wir uns nicht hier verabredet hätten, weil ich ja weiß, dass ich hier heute sterben werde.«

Tod schaut mich verdutzt an.

»Wenn ich dich nie getroffen hätte, wäre ich vielleicht gerade im Urlaub und ganz woanders.«

Tod denkt einen Moment nach. »Aber wahrscheinlich würdest du dann dort irgendwo sterben.«

»Wahrscheinlich oder vielleicht? Ich glaube, dass ich genug Leute gerettet habe, um das Letztere anzunehmen.«

Tod rollt mit den Augen. »Mach, was dir beliebt. Ich werde dich dahingehend nicht mehr beeinflussen.«

»Alles, was ich sagen will«, versuche ich ihn zu beschwichtigen, »ist, dass mir das alles wie eine selbsterfüllende Prophezeiung vorkommt.«

Wir haben die Brücke erreicht und laufen nun nach Westen in Richtung Unter den Linden.

»Das klingt schon wieder zu sehr nach deinen Science-Fiction-Filmen«, entgegnet er ein wenig zu nachdenklich.

»Vielleicht suche ich einfach nur nach einem Sinn«, sage ich. »Ich war 34 Jahre auf dieser Welt und habe das Gefühl, es war für nichts. Ich rede mir ein, dass ich bereit dafür bin, aber bin ich es wirklich?«

»Niemand ist je dafür wirklich bereit. Aber ich dachte, dass du zumindest deinen Frieden damit gemacht hättest.«

»Ich habe mich lang genug darauf vorbereiten können, denke ich.«

»Über die Jahre habe ich gelernt, den Tod, also mich, als notwendiges Übel zu sehen. Wo kämen wir hin, wenn keiner mehr stürbe?«

»Es gibt manchmal so Momente, wo mir klar wird, wie lange du dich schon rumtreibst. ›Stürbe‹ klingt irgendwie altmodisch.«

»Korrekte Grammatik ist nicht altmodisch. Sie stirbt nur aus«, sagt er, und wir beide lächeln.

»Aber im Ernst«, ergänzt er, »eine Welt ohne Tod würde einfach nicht funktionieren. Den Leuten würde schlicht der Antrieb fehlen.«

»Ich hätte eher die Überbevölkerung als Problem gesehen«, schiebe ich dazwischen.

»Sicher auch ein valider Punkt. Aber wozu sollte irgendwer irgendwas tun, wenn ihn die Zeit nicht drängt? Was hielte sie davon ab, es nicht erst in hundert Jahren zu erledigen.«

»Oder tausend.«

»Eben. Nimm nur die Medizin«, sagt er und zeigt auf mich. »Warum sollte man dort forschen? Es stirbt ja keiner. Man könnte also sagen, dass der Tod für Fortschritt sorgt. *Ich* bin der Fortschritt!« Seine Brust schwillt etwas an, als er das ausspricht.

»Du machst mir das gerade richtig schmackhaft, vielleicht sollte ich doch deinen Job übernehmen«, sage ich ihm. »Vielleicht würde ich dann etwas Sinnvolles in meinem Leben tun. Äh, meinem Tod, meine ich.«

»Du hast vielen Menschen das Leben gerettet. Anja glücklich gemacht. Tobias das Leben geschenkt. Ich würde argumentieren, dass das durchaus sinnvoll gewesen ist.«

»Aber im Endeffekt für nichts.«

»Meine Güte, nun sei doch nicht so depressiv.«

»Du erinnerst dich schon noch, dass ich gleich sterben werde, oder?«, erwidere ich.

Tod rollt mit den Augen und lehnt sich ans Brückengeländer. »Du hast Leuten eine Zukunft gegeben und sie glücklich gemacht. Kein schlechter Schnitt für ein Leben. Ist aber lediglich meine Meinung.«

»Und jetzt könnte ich dir noch helfen, zur Ruhe zu kommen, wenn du mich deinen Job machen lässt.«

»Nein, ich halte das für keine gute Idee«, entgegnet er.

Ich bin überrascht. »Aber das wolltest du doch all die Jahre über«, sage ich.

»Schon, aber du hast mir über die Jahre auch einiges beigebracht. Darüber, wann man einen freien Willen haben soll und wann nicht zum Beispiel. Oder über Freundschaft. Und jetzt will ich dir gerade ein guter Freund sein.«

»Aber ich könnte dich davon erlösen«, sage ich.
»Ja. Aber ich kann das aushalten. Du nicht, glaube ich.«
In der Ferne höre ich eine Polizeisirene.
»Du hast mir vieles zum Nachdenken gegeben«, sagt Tod. »Und als Freund bleibt mir nicht viel, was ich für dich tun kann.«
Die Polizeisirene wird lauter.
»Du musst sterben«, sagt er mir knallhart ins Gesicht.

Ich sehe, wie ein Wagen, der von zwei Polizeifahrzeugen verfolgt wird, sich durch die Autos schlängelt. Eine Frau beachtet das ganze Treiben nicht. Sie will gerade über die Straße gehen, als das verfolgte Auto hinter einem Bus hervorschießt. Dem Lenker des Fluchtfahrzeugs bleibt nichts anderes übrig, als ihr auszuweichen, verliert dabei aber die Kontrolle über seinen Wagen und kommt von der Fahrbahn ab.

Wie ein Reh im Licht der Scheinwerfer stehe ich auf dem Gehweg der Brücke und sehe, wie das Auto auf mich zurast. Links und rechts von mir springen die Leute aus dem Weg. Tod steht immer noch am Geländer und nickt mir zu.

»Ob-La-Di, Ob-La-Da«, sagt er als Letztes zu mir, bevor mich der Wagen an den Beinen erfasst und nach vorn schleudert. Mit der Brust krache ich an das Geländer und falle schließlich vornüber hinunter in die Spree.

Als ich in das Wasser eintauche, versucht meine malträtierte Lunge, die Luft zu ersetzen, die aus ihr herausgepresst wurde, aber sie zieht nur Wasser. Mein Überlebensinstinkt versucht mich dazu zu bringen, an die Oberfläche zu schwimmen. Ich bewege Arme und Beine, aber der Schmerz in den Beinen ist zu stark, und ich spüre, wie die letzten Sauerstoffreserven aufgebraucht werden und meinem Körper entweichen.

Während ich unter Wasser nach der nicht vorhandenen Luft japse, geht mir durch den Kopf, wie ironisch es ist, dass ich vermutlich der einzige Mensch auf Erden bin, der in der Lage ist, über das Wasser zu laufen. Aber diese Eigenschaft nützt mir jetzt nichts.

Ich mache mir Vorwürfe, weil ich nicht kraft meiner Gedanken gesprungen bin, als ich das Auto auf mich zurasen sah. Dann denke ich daran, dass ich mich ja jetzt einfach irgendwohin teleportieren könnte. Aber es funktioniert nicht. Vermutlich starren mich auch Leute von der Brücke aus an. Und ich kann mich einfach nicht konzentrieren.

Und während die Zuckungen meiner Lunge immer kürzer und schwächer werden, schießen mir Bilder von meinen Eltern, meiner Oma, Gerrit, Cornelia, Michael, Frank, Simone, Anja und meinem kleinen Sohn durch den Kopf. Die letzte Umarmung von Tobias. Der letzte Kuss von Anja.

Ich spüre keine Schmerzen in meinen Beinen oder in meiner Brust mehr. Es ist ruhig. Nur mein langsamer werdender Herzschlag pocht in meinen Ohren. Im trüben Wasser vor mir taucht plötzlich Tod auf, dessen Umhang doppelt so groß wie normal erscheint, während er schwerelos um ihn schwebt. Sein Kescher leuchtet, und sein fahles Gesicht hebt sich von dem dunklen Hintergrund ab, als er seine Hand erhebt und sie mir auf den Mund drückt.

Ich kann mein Herz nicht mehr hören. Ich fühle mich so leicht.

KAPITEL 54

EPILOG

Nein, ich starb nicht. Ich könnte sonst schlecht davon erzählen, oder?

Als ich das erste Mal wieder die Augen aufschlug, musste ich mich zunächst einmal an die Helligkeit gewöhnen. Dann diese Schwere. Ich fühlte mich wie ein Betonklotz in einem Krankenhausbett. Meine Beine waren eingegipst, und auch meine Brust war von Verbänden umwickelt. Mein Atemgeräusch dröhnte durch den Schlauch in meinem Hals.

Tod stand am Fußende meines Bettes und schaute mich an.

»Ganz ruhig. Dir geht es gut. Na ja, nicht gut, aber den Umständen entsprechend.«

Ich wollte etwas sagen, aber der Tubus in meinem Hals hinderte mich daran. Tod lächelte ein wenig.

»Ich werde die Gelegenheit einfach für einen Augenblick nutzen, immerhin kannst du mich ja nicht unterbrechen.« Er zeigte auf den Schlauch und stützte sich dann wieder auf den Kescher.

»Erst mal tut es mir leid, dass du jetzt gerade Schmerzen hast. Ehrlich gesagt, war es ein recht kurzfristiger Entschluss, dich nicht sterben zu lassen. Na ja, stimmt so auch nicht. Gestorben bist du schon.«

Ich runzelte die Stirn, und er bemerkte das.

»Ich hatte etwas Hilfe«, gestand er.

Bibi tauchte in meinem Blickwinkel auf und machte einen Knicks. Sie lächelte erst mich an und dann sogar Tod. Sie strahlte noch mehr als gewöhnlich. Sie warf mir eine Kusshand zu, drehte eine Pirouette und war dann plötzlich weg.

Ich versuchte, mich verständlich zu machen, indem ich die Augen aufriss und die Schultern nach oben bewegte, obwohl mir das sehr wehtat.

»Irgendwie schaffst du es trotzdem, mich zu unterbrechen, oder? Wie auch immer. Du willst wissen warum? Weil ich über deine Worte nachgedacht habe. Ich glaube tatsächlich, dass du vermutlich nicht gestorben wärst, wenn du mich nicht kennengelernt hättest. Irgendwie erschien mir das ... nicht richtig.«

Ich runzelte wieder die Stirn. Es gab ja kaum andere Möglichkeiten, meine Fragen zu formulieren.

»Keine Sorge, ich bin immer noch der Meinung, dass alle sterben müssen. Ich bin der Fortschritt, wie du weißt.« Er zwinkerte. »Außerdem hat Bibi dir einfach deine Seele wieder reingepustet, oder wie auch immer man das nennen will, was sie da macht. Wenn du also nach den 34 Jahren sterben solltest, dann werden wir uns vermutlich in 34 Jahren wieder irgendwo finden. Wer weiß das schon. Mir sagt ja auch keiner was.«

Er stampfte seinen Kescher auf den Boden auf. »Also, dann wünsche ich dir noch einen netten Abend!«

Er wollte verschwinden, aber es gelang mir, laut genug zu stöhnen, um auf mich aufmerksam zu machen.

»Hm?«, machte Tod und schaute mir in die Augen.

Ich blinzelte einmal lang.

Er lächelte. »Gern geschehen. Ganz uneigennützig war es nicht, weißt du. So viele Freunde habe ich ja auch nicht auf der Welt.«

Er verschwand in dem Moment, als die Krankenschwester das Zimmer betrat und mich bei Bewusstsein vorfand. Sie holte einen Arzt, und gemeinsam befreiten sie mich von dem Tubus und erklärten mir, was vorgefallen war.

Offenbar hatte ein japanischer Tourist von allen Zuschauern als erster reagiert und mich aus dem Wasser geholt, während seine Frau das Ganze auf Video für die Nachwelt festhielt. Die Polizisten, die mittlerweile die flüchtigen Personen aus dem Auto festgenommen hatten, halfen bei der Wiederbelebung, bis der Krankenwagen eintraf. Mir war hingegen klar, dass es hauptsächlich Tods und Bibis Verdienst war, dass mein kleiner Schmetterling mich nicht verlassen hatte.

Am nächsten Tag ließen die Ärzte endlich Anja und Tobias zu mir ins Zimmer. Sie warnten sie, dass ich noch ziemlich angeschlagen sei, aber das hielt Anja nicht davon ab, mir um den Hals zu fallen. Eine der Schwestern musste einschreiten, weil Anja nicht aufhören wollte, mich zu küssen. Selbst Tobias hatte sich schon umgedreht und gesagt, dass er das eklig fand. Ich selbst hingegen sah das ganz und gar nicht so.

Es dauerte noch etliche Tage, bis ich endlich das Krankenhaus im Rollstuhl verlassen konnte, aber die Ärzte machten mir Mut, dass mit mir nach einiger Zeit wieder alles in Ordnung sein würde. In den Tagen zuvor und während mich Anja durch die Glastüren des Krankenhauses schob, gingen mir die Sätze, die Tod an meinem Bett gesprochen hatte, durch den Kopf. Hatte ich wirklich noch einmal 34 Jahre? Weniger? Mehr? Wusste es überhaupt irgendwer?

Auf einem der breiteren Schilder an der Seite des Weges saßen Bibi und Tod und schienen mich gar nicht zu bemerken. Die beiden waren zu beschäftigt, gemeinsam »Ob-La-Di, Ob-La-Da« zu singen. Ich lächelte.

Anja bemerkte es und fragte mich: »Was ist denn?«

Ich lächelte noch breiter. »Nichts. Alles ist gut.«

NACHWORT

Zuerst einmal möchte ich Ihnen danken, dass Sie dieses Buch gekauft haben. Wenn Sie es denn gekauft haben. Vielleicht haben Sie es ja geschenkt bekommen. Dann danke ich dem Schenker und Ihnen, dem Beschenkten, weil sie es bis zu Ende gelesen haben. Sollten Sie das Buch geklaut haben, dann bin ich zwar irgendwie gerührt, weil Sie das Buch so dringend haben wollten, obwohl Sie es nicht bezahlen konnten, aber gleichzeitig würde mich das sehr unglücklich machen. Das Unglücklichsein zwingt mich wahrscheinlich dazu, mich dem Alkohol zuzuwenden. Dadurch werde ich etwas wirr im Kopf und schreibe nur noch merkwürdige Sachen, die sich nicht mehr verkaufen lassen, was wiederum dazu führt, dass ich mehr Alkohol konsumiere, weil mich das so unglücklich macht. Sie sehen, wohin das führt! Am Ende bin ich wahrscheinlich tot. Oder Ernest Hemingway. Obwohl der ja auch tot ist. Auch wegen des Suffs. Sehen Sie, wohin uns das bringt, wenn Sie einfach so Bücher stehlen?

Aber im Ernst, ich möchte Ihnen danken. Also nicht nur Ihnen. Auch allen anderen, die das Buch gekauft und nicht geklaut haben.

Seit Ende 2013 »Der Tod und andere Höhepunkte meines Lebens« zunächst als E-Book erschienen ist, hat mich jeder Monat aufs Neue überrascht. Das Buch war plötzlich auf Bestsellerlisten, wurde zum drittbesten E-Book des Jahres von Lovelybooks gewählt usw.

Anders gesagt: Ich bin berührt und zutiefst dankbar.

Und nun halten Sie es auch noch als Printausgabe in den Händen. Und das, obwohl eine Leserin mich auf einen Fehler aufmerksam gemacht hat, den ich, alle Leser der Rohfassung und alle Lektoren übersehen hatten. Und wissen Sie was? Der Fehler ist immer noch im Buch. (Hinweis: In Moskau ist es nicht zwei Stunden früher als in Berlin.)

Den Fehler habe ich trotzdem im Buch gelassen. Warum? Zwei Möglichkeiten.

a) Ich war zu faul.

b) Das Buch sollte so erscheinen, wie es als E-Book erschienen ist.

Suchen Sie sich aus, was Ihnen als Antwort besser gefällt.

Aber ich will nicht nur Ihnen danken. Als das E-Book erschien, habe ich vor lauter Aufregung ganz vergessen, den Leuten zu danken, die mir dabei geholfen haben, es auf den Weg zu bringen.

Also:

Dank an meine Erstleser André, Marko, Claudia und Bianca. Ohne euren Input wäre das Buch nicht das, was es ist.

André, ich will wissen, wie es mit »Godos Reisen« weitergeht.

Marko, schreib dein Buch endlich!

Claudia, dito!

Bianca …

Dank an meine Lektoren Ilona und Christina. Wir waren zwar nicht immer einer Meinung, aber größtenteils schon. Schön!

Dank an meine Ex-Agentin Antonia. Ich werde nie den Blick auf die Tafel vergessen, an der die ganzen interessierten Verlage standen.

Dank an die Verleger Beate, Tim und jetzt auch Oliver. Ich weiß nicht mehr, mit wem ich alles per Du war. Egal. Ihr seid super.

Dank an die Kollegen vom Autorenstammtisch Berlin, die mich auch immer wieder mit ihren Geschichten überraschen.

Und noch einmal: Dank an die Leser und Fans, die sich auf meiner Facebookseite (https://www.facebook.com/SebastianNiedlich.Autor) mit mir austauschen.

Ob-La-Di, Ob-La-Da!

Sebastian Niedlich

SEBASTIAN NIEDLICH, 1975 in Berlin-Spandau geboren, ist Autor aus Überzeugung und schrieb bereits zahlreiche Graphic Novels und Drehbücher. DER TOD UND ANDERE HÖHEPUNKTE MEINES LEBENS ist Sebastian Niedlichs erster Roman.

Sebastian Niedlich
DER TOD UND ANDERE HÖHEPUNKTE
MEINES LEBENS
Roman

1. Auflage Februar 2015
2. Auflage März 2015
3. Auflage April 2015
4. Auflage Juni 2015
5. Auflage August 2015

Genehmigte Lizenzausgabe | © der Printausgabe Schwarzkopf & Schwarzkopf Verlag GmbH, Berlin 2015 | ISBN 978-3-86265-483-3 | Erstmals 2013 veröffentlicht als E-Book von dotbooks Verlag | © 2013 dotbooks GmbH, München | Alle Rechte vorbehalten. Dieses Werk ist urheberrechtlich geschützt. Jede Verwendung, die über den Rahmen des Zitatrechtes bei korrekter und vollständiger Quellenangabe hinausgeht, ist honorarpflichtig und bedarf der schriftlichen Genehmigung des Verlages. | Redaktion: Christina Seitz | Titelbildgestaltung: Nele Schütz Design, München, unter Verwendung eines Motivs von Pushkin/shutterstock.com

KATALOG
Wir senden Ihnen gern kostenlos unseren Katalog.
Schwarzkopf & Schwarzkopf Verlag GmbH
Kastanienallee 32, 10435 Berlin
Telefon: 030 – 44 33 63 00
Fax: 030 – 44 33 63 044

INTERNET | E-MAIL
www.schwarzkopf-schwarzkopf.de
info@schwarzkopf-schwarzkopf.de